반도의
흔한 영문법

반도의 흔한 영문법

지음 **임진현**

감수 Karena Elizabeth Hill

Ashley Stone

개쉬움

좋은땅

유치원 때부터 동네 회화학원에서 영어를 배웠습니다. 나중에 수많은 고수를 만나 여기저기서 박살났습니다만, 동네에서는 나름 영어를 제일 잘하는 아이 중 한 명이었습니다. 그래도 그놈의 문법만 나오면 영어에 대한 정이 뚝뚝 떨어지더라고요. 대학/대학원 때 모두 통역을 전공했음에도 그것은 여전히 알기 싫었습니다.

이거 나만 불편한가 싶어서 동료 통·번역사들 및 주변 영어 고수들에게 제가 가진 고민을 나눴습니다. 문법 고수들도 많았으나, 의외로 많은 분이 공감해 주더라고요. 그렇다고 영어를 못하는 친구들도 아니었습니다. 고등학교 때부터 토익/토플 만점을 맞은 친구, 영어가 훨씬 더 편한 친구, 비행기도 못 타봤지만 주변에서 가장 원어민처럼 영어를 구사하는 동생 등 배경도 다양했죠.

그것은 왜 알기 싫었는가?

그럼 문법이 왜 불편했을까요? (1) 용어가 너무 어려워요. 가정법의 종속절에 주장/명령/요구/제안을 의미하는 동사가 어쩌고저쩌고…. 참 알기 싫게 생겼죠? (2) 문법을 위한 문법도 많이 나와요. 물론, 문법책이라 어쩔 수 없는 면도 있지만, 원어민 친구들이 보기엔 그렇게 잘 안 쓰는데? 나 평생 이런 거 못 봤는데? 이런 내용도 있어요. (3) 또 너무 옛날 문법만 다룬 책들도 있었습니다.

항상 이런 문제를 해결한 문법책을 써보고 싶었습니다. 제 장점을 최대한 활용하고, "내가 이 책을 어렸을 때 만났더라면 좋았을 텐데." 이런 느낌의 책을 써보고 싶었어요.

대상 독자는?

영어 초·중급인 분들이 보기에 좋습니다. 기존 문법책이 너무 딱딱해서 힘들었던 분들이 보기에도 좋고요. 특히, 노베이스인 분들과 인터넷 드립에 익숙하신 분들께 강추합니다. 또한, 실용적인 문법책을 원하셨던 분께도 추천해 드리고 싶습니다. 아무쪼록 많은 분께 도움이 됐으면 합니다.

장점은?

(1) 어때요? 참 쉽죠?

설명과 예시를 최대한 쉽게 쓰려고 했어요. 비유도 될 수 있으면 많이 넣었고요. 비교급에 대한 개념을 예로 들어보죠. 비교급을 정석으로 설명하면, "형용사나 부사의 어형을 변화시켜 사용하는 용법으로 성질이나 상태 따위에서 나타나는 우열을 비교하는 개념이다." 요런 식으로 나옵니다. 근데 우리 책에선 어떻게 설명할까요?

> **비교급=형용사나 부사 모양 바꿔서 비교질 하는 거**
> 예시) 네가 더 못생김

이런 느낌으로 좀 가볍게 설명했습니다. 의도적으로 어려운 용어는 빼고 최대한 쉽게 가려고 했어요. 여기에 병맛 예시를 비롯해 인터넷 및 게임 용어를 많이 넣었습니다. 수동태를 설명할 때 "갱킹"(게임 용어!)만큼 편한 개념도 없더라고요. 가정법을 설명할 때는 "이불킥"이 완전 유용했어요. 또 위와 같은 용어를 전혀 모르는 분들 역시 지장 없이 보실 수 있도록 예시를 많이 넣었습니다!

(2) 엄격 근엄 진지

그렇다고 내용까지 병맛이면 안 되겠죠? 문법을 정확하게 알려드리기 위해 참고문헌을 엄선했습니다. 예를 들어, Oxford Dictionary of English Grammar(Oxford University Press 2014), The Cambridge Grammar of the English Language(Cambridge University Press 2002)는 권위 있고 깊이가 있는 저서로, 원어민들도 영문법을 다룰 때 참고문헌으로 자주 삼는 영양가가 높고 귀중한 책입니다. 그 외에도 다양한 외국서적과 논문을 참고해서, 옛날 문법은 좀 줄이고 더 정확하면서도 최대한 쉬운 문법을 다룰 수 있도록 노력했습니다.

(3) 각양각색의 매력

마인드맵을 여기저기 적극 활용했습니다! 내용을 빠르고 더 쉽게 파악할 수 있게끔 말이죠. 문법 책인지라 한계는 있지만, 그래도 자연스러움은 더하고 어색한 문장은 줄이기 위해 모든 예문은 원어민 전문 감수를 거쳤어요. "설명충의 부연설명" 코너를 통해서 자세한 지식을 파악하고, "세 줄이 넘어가는 세 줄 요약" 코너를 통해 빠르게 복습해 볼 수 있게끔 책을 구성했습니다.

Chapter 2

환상의 똥꼬쇼는 잊어라, 환상의 부품쇼!

두뇌풀가동: 수식류 섞어 먹기

Chapter 1

이거만 알면
영어 절반은 끝?
배를 만들자!

·
·
·

굳이 제 책을 사보지 않으셔도 좋고, 책에 있는 다른 내용 다 까먹으셔도 좋습니다. 영어 실력을 쉽게 끌어올리고 싶으시다면 꼭 이 부분만은 이해하고 가세요. 이 부분만 이해하시면 영어 구조를 훨씬 쉽게 파악하실 수 있습니다!

근데 배를 만든다니 무슨 소리일까요? 갑자기 누가 여러분 보고 **배(=영어문장)**를 만들라고 합니다. 뭐 다양한 접근 방식이 있겠지만, 차근차근 부품부터 알아나가겠습니다.

배의 부품(=품사)

우리가 알고 있는 모든 배를 잡아다가 싹 다 분해해 봅시다. 카누고, 돛단배고 싸그리 잡아다가 다 분해를 해요. 그럼 부품들이 엄청 많이 나오겠죠? 돛도 나오고, 노도 나오고, 방향키도 나오고, 핸들도 나오고, 엔진도 나오고, 선체도 나오고 뭐 많이 나왔습니다. 그리고 또 대포, 깃발, 술통 등 이것저것 다 나오네요.

애들을 <u>같은 부품끼리 분류</u>를 합니다. 돛은 돛대로, 엔진은 엔진대로, 대포는 대포대로 쭉 분류해요. 같은 놈들끼리 묶는 거죠. 그럼 다음과 같이 나타낼 수 있어요!

애를 정리하면? 다음처럼 됩니다!

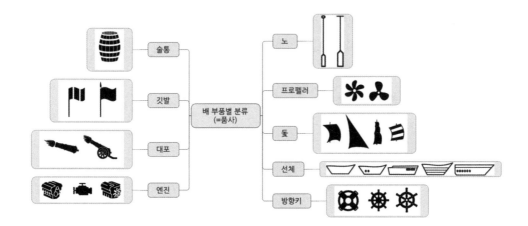

마찬가지로, 모든 영어문장(=배)을 싹 다 분해합니다. 그 다음, 나온 애들을 특성에 따라서 분류를 해요. 이렇게 분류한 거를 **품사**라고 해요. 쉽게 말하면 특성이 같은 놈들끼리 묶은 거죠. 예컨대 명사는 "이름"이라는 특성을 가진 애들이고, 대명사는 명사를 대신하는 "대신맨" 같은 특성이 있는 애들이죠.

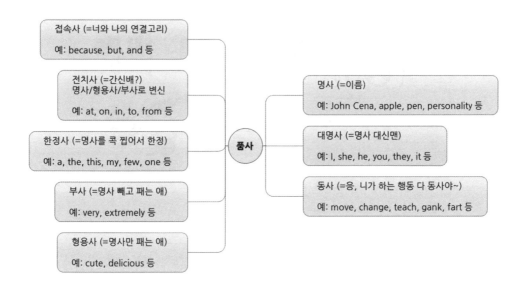

주요 기능(=문장성분)

배를 부품별로 정리를 해봤습니다. 이번에는 배를 주요 기능별로 나눠볼까요? 배에서 꼭 필요한 주요 기능에는 뭐가 있을까요?(배알못 주의! 제 마음대로 나눴습니다!)

A. 배를 앞으로 가게 해주는 기능
B. 배의 몸뚱아리 기능
C. 방향 전환 기능
D. 엔진 기능

이렇게 있다고 칩시다! 그럼 얘를 아까 그림에서 표시하면 다음과 같이 나타낼 수 있어요.

위에 부품 별 분류랑 다른 게 보이시죠?

그리고 배의 주요 기능이다 보니, 대포, 술통, 깃발은 여기서 빠집니다. 얘를 정리하면 다음 그림과 같이 나타낼 수 있어요.

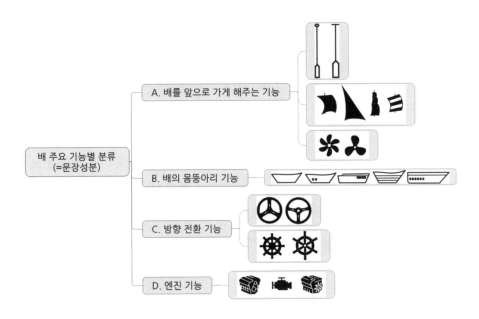

자, 마찬가지로 영어문장도 문장을 쭉 잡아다가 기능별로 분류해 보면 크게 네 가지 **주요 기능**(주어, 동사, 보어, 목적어)이 있어요. 이런 분류를 **문장성분**이라고 합니다.

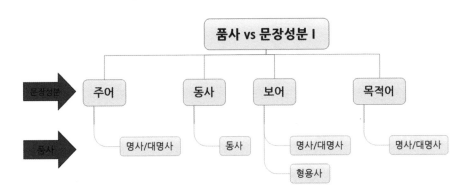

설계도(=형식)

배를 부품별로 분류도 해보고 주요 기능별로도 분류를 해봤어요. 이제는 배의 설계도에 대해서 이야기해봅시다.

여러분도 잘 아시듯, 배는 한 종류만 있는 게 아니에요. 카누도 있고, 돛단배도 있고, 모터보트도 있고, 범선도 있고, 크루저도 있고 여러 종류가 있겠죠? 배를 분류하는 방법은 굉장히 다양하겠지만, 일단 위처럼 다섯 가지로 분류했다고 쳐봅시다. 이 <u>다섯 가지 배(=영어문장)에 대한 설계도가 바로 **5형식**이에요.</u> <u>영어문장을 다섯 가지 종류로 구분해서 필수적인 뼈대를 알려주는 거죠.</u>

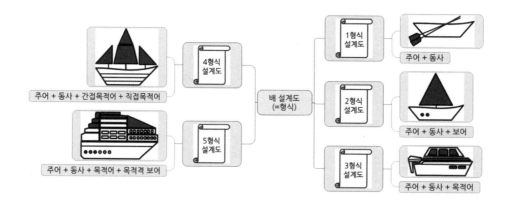

<u>설계도는 주요 기능(=문장성분)으로 쓰여 있어요.</u>

참고로, 카누는 위에서 배운 주요 기능 중 A, B만 있으면 됩니다만, 크루저는 A, B, C, D가 다 필요합니다. 마찬가지로, 1형식은 "주어 + 동사"로 끝나는 반면, 5형식은 네 가지가 다 필요해요.

그럼 총정리를 해볼까요?

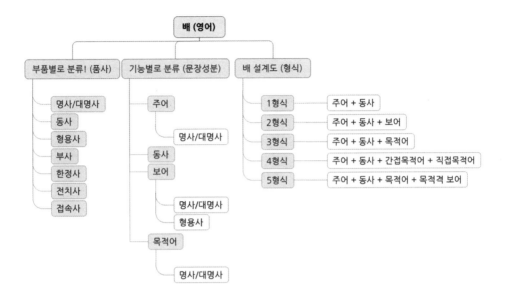

이 구조만 제대로 이해하면 모두가 "오우~ 영어 좀 아는 놈인가?" 이렇게 생각할 겁니다. 하지만 아직은 조금 이해 안 가는 부분이 있을 수 있어요. 완벽한 이해를 위해 하나하나 자세히 배워보고, 위에서 나온 용어도 차근차근 알아나가도록 하겠습니다.

Part ❶

배를 부품별로
분류해서 조져보자

- 품사

자라나라 개념개념!
품사는 뭐하는 애인가?

품사(Part of Speech)란?

(그림 1)   (그림 2)

(그림 1)처럼 생긴 애들을 노라고 하죠? 얘를 저으면 배가 앞으로 나간다는 특성이 있어요.

(그림 2)처럼 생긴 애들은 돛이라고 해요. 얘의 종특은 바람을 이용해 배를 앞으로 나가게 해 주죠.

배를 다 분해한 이후에, 같은 특성이 있는 부품끼리 정리하면 다음과 같이 나타날 수 있습니다.

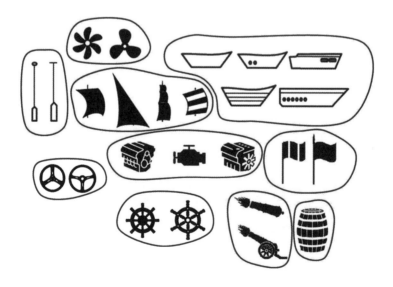

자, 이렇게 노는 노끼리, 돛은 돛끼리, 비슷한 특성을 가진 부품끼리 정리했는데요, 품사도 마찬가지입니다.

영어문장(=배)을 싹 다 분해해서 나온 단어(=부품)들을 **특성(종특)**대로 분류한 게 바로 **품사입니다.** 즉, 우리가 문장에서 쓰는 단어들을 쫙 분석해서 하는 짓이 비슷한 놈들끼리 묶은 거죠.

조금 더 깊숙이 들어가 봅시다. 품사에는 명사, 대명사, 동사 형용사, 부사, 전치사, 접속사, 감탄사가 있습니다.

작가 양반, 이게 무슨 소리요?

별 게 아니라, "이름"을 나타내는 애들을 쭉 묶어서 명사라고 부르고, 이 "이름" 대신 들어가는 애들을 쭉 잡아다가 대명사라고 해요. 그리고, "동작"같이 생긴 애들을 묶어서 동사라고 부르죠.

본격적으로 들어가기 전에, 한국어에서 품사를 조금 살펴볼까요?

이런 단어들이 있다고 해봅시다.

> 매우, 더욱, 잘생긴, 못생긴, 오징어, 태우다, 수영하다,
> 순창 고추장, 아름답게, 우아하게, 작가

애들도 품사별로 나눠 볼까요? 특성대로 한번 나눠봅시다.

명사의 특성은 이름이에요. 사람이나 사물, 우리가 하는 생각 같은 것도 포함해요. 이 위에서는 뭐가 있을까요? 오징어, 순창 고추장, 작가가 명사입니다.

동사는 동작/움직임 같은 걸 나타냅니다. 여기에 해당하는 애는 "수영하다", "태우다"죠?

형용사의 특성은 뭘까요? 얘들은 명사를 꾸며줍니다. 명사인 오징어를 꾸며줄 수 있는 애들을 저 위 단어 중에서 찾아봅시다. 누가 있죠? "잘생긴"과 "못생긴"이 있죠? 잘생긴 오징어가 뭔지는 모르겠지만, 그건 그냥 넘어가시죠.

반면, 잘생긴 못생긴 말고 다른 애들은 명사 앞에 오면 뭔가 이상해요. 아름답게 오징어, 우아하게 오징어, 이건 뭔가 이상하죠? 더욱 오징어, 매우 오징어. 네, 이것도 말이 이상합니다.

부사는 무슨 특성이 있을까요? 부사는 동사, 형용사를 꾸며줘요. 그리고 심지어 지들끼리도 서로 꾸며줍니다. 즉, 부사는 동사, 형용사, 부사를 꾸며주는 애죠. 참 많이도 꾸며줍니다.

여기서는 "아름답게", "우아하게", "매우", "더욱"이 부사예요. "아름답게" 수영하다. 동사를 꾸며 줬죠? "매우" 못생긴, "더욱" 못생긴 이렇게 되면 형용사를 더 강조해 주죠? 형용사를 꾸며주는 겁니다.

이제 다시 영어로 돌아가 봅시다. 영어의 품사를 정리하면 다음과 같이 나타낼 수 있어요.

그럼 이제 한 놈 한 놈 잡아다가 조져볼까요?

● 설명충의 부연설명

품사는 보통 팔품사로(명사, 대명사, 동사, 형용사, 부사, 전치사, 접속사, 감탄사) 많이들 나눠요. 근데 이것도 학자마다 나누는 방법이 좀 다릅니다.

우리 책에서는 더 이해하기 쉽고 실용적으로 쓸 수 있도록, 품사를 **명사, 대명사, 동사, 형용사, 부사, 한정사, 전치사, 접속사로** 나눠서 설명해 보겠습니다.

일반적인 접근은 아닙니다만, 뭐 보통 일반적인 시험에서 "팔품사가 무엇인지 나열하세요." 이런 식으로 나오진 않기 때문에 이해하기 좋은 쪽으로 방향을 잡았습니다.

명사 & 대명사

이름의 명사(Noun)

품사는 우리가 쓰는 문장에 있는 애들을 특성별로 나눈 거라고 했죠? 명사의 종특은 뭘까요? 명사는 '이름'이란 성격을 지닌 애들입니다. 어라 그런데 '이름'은 뭥미? 하는 생각이 떠오를 수 있어요.

우리가 뭔가를 부를 때 이름으로 부르죠? 사람 이름은 물론이고, 모든 것을 부를 때 그 이름을 부르게 됩니다. 뭐 오징어, 연필, 야구, 이런 것도 다 나름 이름입니다. 짝사랑, 극혐 같은 추상적인 개념도 마찬가지죠. 그럼 이 이름에는 어떤 게 있을까요?

우선 너무나도 당연하게 사람의 이름이 있겠죠?

예시) 오바마, 간옹, 손건, 미축, 하룻 그레고리안, 존 시나, 호날두, 허준

그럼 사람만 이름이 있냐? 그건 댓츠 노노! 우리 주변에 거의 모든 것이 이름을 가지고 있죠.

예시) 의사, 양반, 주모, 강아지, 고양이, 장미, 칼, 가위, 핸드폰, 볼펜

그럼 추상적인 애들은 어떨까요? 애들은 만질 수도 없고, 눈으로도 볼 수 없어요.

예시) 마음, 따듯함, 열정, 패배, 사랑, 여자친구(?), 남자친구(?)

자, 다시 한 번 짚고 넘어갑시다. 명사는 뭐죠? 우리가 쓰는 말 중에서 '이름'이라는 특성이 있는 애들입니다.

명사 대신 대명사(Pronoun)

대명사는 어떤 종특을 가질까요? 대명사의 특성은 바로! 명사를 대신하는 대신맨입니다.

자, 촬수와 뮌쥐가 대화를 나눕니다.

> 촬수: 뮌쥐야, 오늘 뭐 먹을까?
> 뮌쥐: 뮌쥐는 스테이크 먹고 시포.

이 대화에선 뭐가 잘못됐을까요? 우선 "시포"도 많이 거슬리지만, 자기가 자기 이름을 3인칭으로 부르는 "뮌쥐"도 거슬립니다. 이렇게 바꿔보면 어떨까요?

> 뮌쥐: <u>나</u>는 스테이크 먹고 싶어.

이러면 아무런 탈이 없죠? 이렇게 명사인 "뮌쥐" 대신에 대명사인 "나"가 들어갔습니다. 이렇게 명사 대신 들어가는 애들이 대명사인 거죠.

그러면 다음에서 대명사를 찾아볼까요?

> (보기) 너, 나, 연결고리, 우리, 그,

보기 안에서 대명사가 아닌 애를 찾아보면? 당연히 연결고리입니다.

또 사람뿐만이 아니라 사물을 대신해서 쓰는 애들도 있어요. 그리고 장소를 나타내는 경우도 있고요.

예시) 아 내가 <u>거시기</u> <u>거기</u>에 가서 <u>갸</u>를 만났는데, <u>갸</u>가 <u>갸</u>였댜.

구체적인 장소 대신 "거기"라는 말을 써줬고, 누군지 콕 집어 말하는 대신 "갸"라고 했죠? 이게 대명사입니다.

대명사에는 I, you, he, she, this, these, that, those 등이 있어요. 대명사도 쉽죠? 대명사는 명사 대신해서 쓰는 대신맨입니다.

응, 네가 하는 행동 전부 다 동사(Verb)야

동사는 **동작/행위**나 **상태**, 혹은 **속성**을 나타내는 말이래요. 이걸 쉽게 풀면, "응, 네가 하는 행동 전부 동사야"라고 생각하시면 됩니다. 더 구체적으로 풀어볼까요?

우선 모든 동작/행위가 다 동사입니다. 그런데 동작이 뭘까요?

> 예시) 나는 밥을 먹는다. 나는 잔다. 나는 게임을 한다. 나는 팀을 캐리한다. 나는 다시 잔다.
> 그러다가 엄마한테 처맞는다.

이와 같이 우리가 일상에서 하는 모든 동작, 혹은 행위가 동사라고 할 수 있죠. 방금 언급한 동사들은 구체적인지라 다들 느낌이 올 겁니다. 조금 더 추상적인 애들을 살펴볼까요?

> 예시) 나는 항상 그 애를 생각한다. 나는 그 애를 좋아한다. 나는 고백하기로 결정했다.
> 여자 사람 친구 한 명이 더 생겼다.

추상적인 "동작"이나 "행위"라는 게 어떤 느낌인지 감이 오시죠?

그런데 동작이 아니라, 상태나 속성을 나타낸다고 하면, 이건 또 무슨 말일까요? 애들은 보통 연결동사(linking verb)라는 애들이 담당하는데, 일단 겁먹지 마시고 조금 더 봐 봅시다.

이런 애들 중에서 보통 be 동사라는 애가 제일 자주 등장해요.

예시) **You are so handsome.** 너는 정말 잘생겼다.

He is perfect. 그는 완벽하다.

여기서 be 동사는 ~(이)다 정도의 의미로 쓰였습니다. 그냥 단지 너=잘생김, 너=완벽함 이 사이에서 살짝 연결 정도만 하면서 거들기만 해주고 있죠. 참고로, be 동사는 변태 같아서 더 심층적으로 다뤄야지 알 수 있어요. 이건 뒤에서 따로 배우도록 하겠습니다.

그 외에 기타 여러 가지 동사를 나열해 보면, see, gank, is, come, want, find, give, love, tell, become, try 등이 있습니다.

동사는 집중탐구가 필요한 관심종자인지라, 일단 여기까지만 알아보고 뒤에서 나오는 "환상의 부품쇼 – 동사 가지고 이것저것 해보자(p.145)"에서 다시 다루도록 하죠.

그럼 다음으로 넘어가기 전에 다시 한 번 정리해보죠. "동사가 뭐야?"라고 친구가 물어보면, "응, 네가 하는 행동 전부 다 동사야~" 이렇게 답하시거나, 혹은 더 구체적으로, "동작/행위나 상태, 혹은 속성을 나타내는 말이야." 이렇게 답하시면 됩니다.

04 설명충인 형용사와 부사

지금까지 품사 중에서 명사, 대명사, 동사에 대해 알아봤습니다. 지금부터는 형용사와 부사를 알아보죠.

형용사랑 부사는 다른 애들을 꾸며주고 설명해 줍니다. 설명충이죠. 그렇다고 형용사랑 부사가 같은 역할을 하지는 않아요. 차이를 알아보도록 하죠.

형용사는 주로 명사 앞에 붙어서 명사가 어떤 놈인지 더 설명해 주는 역할을 합니다.

그럼 부사는 어떨까요? 굳이 명사에게 형용사라는 임자가 있는데 구질구질하게 집적거리지 않습니다. 그런데 일편단심인 형용사랑은 다르게 바람둥이 스타일이죠. 하나만 건드는 게 아니라, 동사, 형용사를 설명해 주고, 심지어는 지들끼리도 꾸며주고, 문장 전체를 꾸미기도 합니다.

그럼 조금 더 자세히 알아볼까요?

명사만 패는 형용사(Adjective)

형용사의 종특은 명사를 꾸며주는 겁니다. 다른 말로 바꿔보면, 형용사는 명사가 어떤 애인지 조금 더 자세히 설명해 주는 애죠.

사과는 명사 맞죠? 사과를 딱 먹었는데, 맛있어요. 그럼 그 사과는 맛있는 사과죠? '맛있는'이라는 단어가 형용사인 거예요. 되게 쉽죠?

그냥 참고용으로 말씀드리면 형용사를 한글로 해석할 경우 보통 "~ㄴ/ㄹ"입니다.

예를 들어보죠. 맛있는(delicious)은 맛있느 + ㄴ으로 끝났어요. 더러운(dirty)은 더러우 + ㄴ으로 끝났습니다. 애들은 다 형용사죠.

＊이건 참고용일 뿐입니다. 들어맞지 않는 경우도 많아요. 상황에 맞도록 적절하게 대응합시다.

그럼 본격적으로 영어 문장에서 형용사를 살펴볼까요?

예시)) **Don't think of yourself as an ugly person.**

당신을 <u>못생긴</u> 사람이라고 생각하지 마라.

'못생긴'이란 의미의 ugly가 person을 더 설명해 주고 있습니다. person을 그냥 내비두면 그냥 사람이라는 뜻이지만, ugly가 그 사람이 "못생긴" 사람이라고 더 자세히 설명해 주고 있는 셈이죠.

Think of yourself as a beautiful monkey.

당신을 <u>아름다운</u> 원숭이라고 생각하라.

여기서는 beautiful(=아름다운)이라는 형용사가 monkey라는 명사를 꾸미죠?

형용사의 다른 예로는 good, low, old, new, beautiful, handsome, young 등이 있습니다. 짤막하게 정리하면, 형용사는 보통 명사 앞에 붙어서 명사를 꾸며줍니다. 다른 말로는 명사를 더 설명해 준다고 할 수 있죠.

명사만 빼고 이놈, 저놈 다 패는 부사(Adverb)

부사도 형용사와 마찬가지로 꾸며준다는 종특이 있습니다. 다른 말로는, 이 부사 놈이 붙어 댕기는 단어를 더 설명해 준다고 할 수 있죠. 그런데 명사만 바라보는 형용사와는 달리 애는 바람기가 있어요. 이것저것 다 건드리고 다닙니다.

부사는 일단 **동사**랑 **형용사**를 꾸며줘요. 이것도 모자라서 지들끼리 꾸며주기도 해요. **부사가 다른 부사**를 꾸며주는 거죠. 또 심지어 **문장 전체**도 꾸밀 수 있습니다.

아무리 이놈, 저놈 건들고 다닌다고 해도, 나름대로 원칙은 있는지 명사는 안 건드립니다.
즉, 요약해 보면, 형용사랑 부사 모두 설명하고, 꾸미는 애인데, 차이점이 있습니다. **형용사**는 **"명사만"** 바라보는 일편단심이고, 반면 **부사**는 **동사, 형용사, 다른 부사,** 심지어 **문장 전체**를 꾸며주죠.

즉, 이런 식입니다!

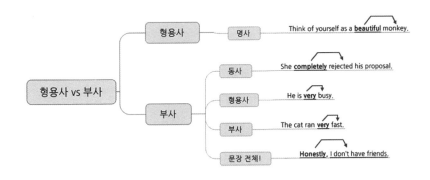

부사는 한국말로 했을 때, ~게라고 해석하는 경우가 많아요. 아름답 + 게, 우아하 + 게. 영어로는 보통 ~ly 이런 식이죠. Careful"ly", Extreme"ly".

※이것 역시 참고용입니다! 항상 이런 건 절대 아니고, 보통 이런 경우가 많다는 거죠.

부사가 "동사"를 꾸미는 경우

부사
동사
She completely rejected his proposal.

그녀는 그의 제안을 **완전하게** 거절했다.
부사   동사

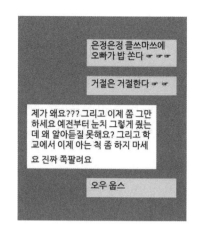

은정은정 클쓰마쓰에
오빠가 밥 쏜다 ☞ ☞ ☞

거절은 거절한다 ☞ ☞

제가 왜요??? 그리고 이제 쫌 그만
하세요 예전부터 눈치 그렇게 줬는
데 왜 알아듣질 못해요? 그리고 학
교에서 이제 아는 척 좀 하지 마세
요 진짜 쪽팔려요

오우 웁스

부사가 "형용사"를 꾸미는 경우

부사   형용사
He is very busy.

그는 **매우** 바쁘다.
부사   형용사

부사가 다른 "부사"를 꾸미는 경우

부사   부사
The cat ran very fast.

그 고양이가 **매우** 빠르게 달렸다.
부사   부사

부사가 "문장 전체"를 꾸미는 경우

부사   문장 전체
Honestly, I don't have friends.

솔직히, 나는 친구가 없다.

부사의 다른 예로는 probably, highly, easily, slowly, fully, clearly 등이 있어요.

네, 여기까지 부사에 대해서 간단히 알아봤습니다. 형용사랑 부사 아직도 헷갈리시나요? 간단하게 한 번 정리해 볼까요?

형용사	부사
명사만 팹니다.	명사만 빼고 이놈, 저놈 다 팹니다.
명사를 꾸밈	동사, 형용사, 다른 부사나 문장 전체를 꾸밈
예시) Don't think of yourself as an ugly person.	예시) He is very busy.

UNIT 05 형용사랑 비슷한 한정충(?) 한정사(Determiner)

한정사의 종특은 뭘까요? 한정사는 명사 앞에 붙어서 명사를 어떤 범위로 좁혀줘요. 다시 말해서, 명사를 똻 집어줘서 한정해 주는 역할을 해요.

이를 테면, 명사가 느그들 것도 아니고, 단비 것도 아니고, 내 것이라고 한정을 해주기도 하고요, 아니면 일반적인 놈인지 특정한 놈인지 구분을 해주기도 해요.

한정사 예를 들어보면, 다음에서 밑줄을 친 부분들입니다.

> few hours, much water, two boys, his dog,
> my book, this pen, that apple, a jerk, the hospital

느낌적인 느낌을 말씀드리자면, much water는 물이긴 물인데 "많은" 물이라고 의미를 짚어줬고, my book의 경우 책은 책인데, "내" 책이라고 의미를 좁혀줬어요. 또, this pen은 펜은 펜인데 저 펜 말고 "이" 펜이라고 딱! 한정해 주죠.

그래도 좀 어렵죠? 형용사랑 한정사랑 큰 차이점도 없어 보이고, 일단 한정사가 "한정"한다는 게 잘 와닿지 않으실 겁니다. 여기서 상세히 보고 넘어가려면 갑자기 분위기 싸해질 수 있습니다. 그렇기에, 가장 많이 쓰이는 **관사**만 간단히 다루고, 남은 애들은 "환상의 부품쇼 – 한정충 한정사 당신은 도대체(p.268)"에서 다시 이야기하도록 하겠습니다.

한정충 한정사 중에서 제일 유명한 **관사**(article)는 여러분들 한 번쯤은 들어보셨을 거예요. 얘들은 일반적인 놈 vs 특정한 놈을 구분해 주죠. a, an, the 얘들이 관사입니다. a, an은 **부정관사**, the는 **정관사**죠.

사실 한국말에 없는 개념이라 쉽지는 않은데요, 어쨌든 앞에 용어는 생각하지 마시고 쉽게 풀어 보면 a/an은 그냥 일반적인 애들, **the**는 말하는 애도 딱! 알고 듣는 애도 척! 하고 알아먹는 특정한 걸 의미하는 거예요. 다른 사람도 아는 특정한 그거! 이런 느낌이죠. 예를 들어볼까요?

> 양호: 저녁 뭐 먹을래?
> 정묵: 저는 a hamburger 먹겠습니다.

정묵이는 롯데뤼아 모쫘새우버거든 펙도날드 슈뷔버거든 상관없이 저녁에 햄버거를 먹을 거라는 이야기입니다.

> 재훈: 한규야, 저녁 뭐 먹지?
> 한규: 나는 어제 너랑 먹었던 the hamburger 먹을래.

이런 대화라면 그냥 햄버거가 아니라 특정한 햄버거를 의미합니다. 어제 먹었던 햄버거를 한규도 알고 재훈이도 알기 때문에 the hamburger라고 쓰는 거죠.

다른 예를 들어보겠습니다.

> Jeong-muk wants to buy <u>a</u> house.
> Han-gyu wants to buy <u>the</u> house.

여기서 차이는 뭐냐 면요, <u>a</u> house는 일반적인 집, <u>the</u> house는 특정한 집이에요. 즉, 정묵이는 뭐 어떤 집이건 간에 그냥 집을 샀으면 하는 거고요, 반면 한규는 아무 집이나 원하는 게 아닙니다. 니가 사는 그 집인지 뭔진 몰라도 어떤 특정한 집을 원하는 거죠.

그림으로 정리해 보면요,

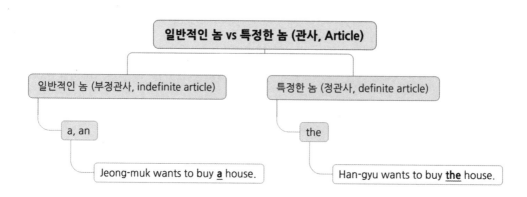

이런 느낌입니다.

대충 감이 오시나요? 사실 이거보단 복잡한데, 일단은 위에 나와 있는 내용들만 기억하고 갑시다. 나머지 부분은, 뒤에서 낭낭하게 다루도록 하겠습니다.

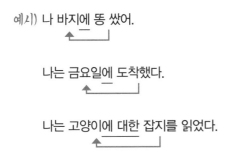

UNIT 06 — 간신배(?) 전치사(Preposition)

전치사의 종특이 무엇인지 알아보기 전에, 한국의 전치사에 대해서 알아보겠습니다. 한국에는 전치사가 없는데 이게 무슨 소리일까요?

한국어에도 전치사와 비슷한 '후치사'라는 개념이 있습니다. 예를 들어보겠습니다.

예시) 나 바지에 똥 쌌어.

나는 금요일에 도착했다.

나는 고양이에 대한 잡지를 읽었다.

여기서 밑줄 친 애들이 바로 후치사입니다. 얘네만 딱 떼어놓고 보면 아무 의미도 없죠? 반면, 또 얘가 빠져버리면 문장이 좀 이상해집니다. 앞뒤를 적절하게 연결해 주는 역할을 하고 있는 거죠.

위치만 좀 다를 뿐, 영어의 전치사도 굉장히 비슷한 느낌입니다. 이제 전치사를 배우기 전에 간신배가 어떤 특성이 있는지 알아봅시다. 왜냐하면 전치사는 하는 짓이 꼭 간신배랑 비슷하거든요.

우선, 간신배는

1) 혼자서는 딱히 할 수 있는 게 없어서, 항상 뒤에 친구 놈을 데리고 나타나요.
2) 간신배는 주변 유력 인사가 자기 친구 놈과 매끄러운 관계를 맺도록 도와줍니다.(그래야 한

뭣 해먹죠?)

3) 친구 놈과 붙어서 뭐라도 된 듯 행세를 하고 다닙니다.

근데 이게 전치사랑 비슷하다고 했죠?

전치사도 하는 짓이 간신배랑 똑같아요.

1) 혼자서는 제대로 된 역할도 못해서 **뒤에 명사를 데리고 나타납니다.**

2) 전치사는 주변에 있는 다른 단어(혹은 문장)와 자기 친구 놈이 매끄러운 관계를 맺도록 도와 줍니다.

3) 명사 놈이랑 붙어서 뭐라도 된 듯 행세를 하고 다녀요. 전치사 + 명사 세트메뉴는 마치 지 들이 형용사, 부사, 혹은 명사 비스무리한 애들인 것처럼 행세하고 다닙니다.

아직도 감이 조금 안 오죠? 예를 들어볼까요?

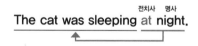

자, 이걸 보시면,

1) under the desk와 at night 모두 전치사 + 명사 구조로 나타났어요. 전치사인 under와 at 은 혼자서는 아무것도 못 해서 뒤에 명사인 desk와 night를 달고 나타났죠.

2) 그리고 주변 단어(혹은 문장)와 뒤에 따라오는 명사 놈이 매끄럽게 관계를 맺도록 해줬습니다.

a cat <u>under</u> the desk의 경우에는 책상 <u>아래</u> 고양이를 의미하죠. 만약 여기서 under가 빠졌다면 의미가 명확하지 않죠?

또 다른 예들을 쭉 써보면,

> **The magazine <u>about</u> the cat**: 고양이<u>에 대한</u> 잡지
> **The magazine <u>under</u> the cat**: 고양이 <u>아래</u>에 있는 잡지
> **The magazine <u>behind</u> the cat**: 고양이 <u>뒤</u>에 있는 잡지
> **The magazine <u>by</u> the cat**: 고양이<u>에 의한</u> 잡지(?)

이런 식입니다.

3) 두 놈이 붙어서 뭐라도 되는 척 행세를 하고 다닙니다. 예를 들어, I saw a cat <u>under the desk</u>에서 <u>under the desk</u>는 cat을 설명해 주기 때문에 마치 형용사처럼 행세하고 다니는 거죠.

마지막으로, 자주 쓰는 애들을 좀 살펴볼까요?

> about, above, across, after, against, along, among, as, at, before, behind, below, between, by, down, for, from, in, like, near, next, of, off, on, out, over, to, up, with, within, without 등

간단하게 요약해드리자면, 간신배 같은 전치사는 명사를 뒤에 데리고 와서, 그 명사 놈하고 붙어서 지가 뭐라도 된 듯 행세를 하고 다녀요. 그리고, 전치사는 다른 단어(혹은 문장)와 자기 친구 놈이 매끄러운 관계를 맺도록 도와줍니다.

전치사　(관사)　명사
I saw a cat under the desk.

여기서는 대충 이런 의미라는 것만 알고 넘어가시고, 자세한 건 "간신배 전치사, 누구냐 넌? (p.298)"에서 다룹시다.

너와 나의 연결고리! 접속사

접속사의 특성은 뭘까요? "접속"이라는 단어에서도 어렴풋이 알 수 있듯, 얘의 종특은 <u>단어와 단어, 문장과 문장들 사이를 연결해 줍니다.</u>

조금 더 정확히 말하면, 1) 애들끼리 <u>연결을 해주고요,</u> 연결만 띡 해놓으면 섭섭하니까, 2) 걔들이 <u>무슨 관계인지도 넌지시 알려줍니다.</u> 예를 들어볼까요?

예시) [단어 + 접속사 + 단어]

<u>Tom</u> and <u>Jerry</u>
<u>톰</u>과 <u>제리</u>

The necklace is <u>big</u> and <u>beautiful</u>.
목걸이가 <u>크</u>고 <u>아름답</u>다.

Han-gyu doesn't have a <u>brain</u> or <u>conscience</u>.
한규는 <u>뇌</u>가 없<u>거나</u> <u>양심</u>이 없다.

Jeong-muk is <u>ugly</u> but <u>kind</u>.
정묵이는 <u>못생겼</u>지만 <u>친절하</u>다.

애들은 단어와 단어를 연결해 줬어요. 1, 3번은 명사–명사, 2, 4번은 형용사–형용사를 연결해 줬어요.

접속사는 연결만 하는 게 아니라, 지가 연결해 놓은 애들끼리의 관계도 넌지시 알려주고 있어요.

3번의 경우 or이 들어가면서, 한규가 뇌랑 양심 둘 다 없는 게 아니라, 둘 중 하나가 없다고 말해주고 있고요, 4번의 but은 "하지만", "그러나" 같은 의미로 쓰여요. 즉, 연결해 준 애들끼리 반대일 때 쓰는 거죠. "못생겼다"는 좋은 내용은 아니지만 "친절하다"는 좋은 의미죠.

이번에는 단어-단어 연결이 아니라 문장-문장 연결을 살펴보겠습니다.

예시) [문장 + 접속사 + 문장]

Han-gyu is a Korean, but he doesn't like kimchi.
한규는 한국인이지만, 김치를 좋아하지는 않는다.

위에서는 단어와 단어를 엮었다면, 얘는 문장과 문장을 엮었습니다.

자, 이제 고양이를 활용해서 예를 들어보죠.

I wrote a grammar book. I wanted to buy a cat.
나는 문법책을 썼다. 나는 고양이를 사고 싶었다.

얘 둘은 접속사 'because'를 활용해서 이렇게 합칠 수 있습니다.

→ I wrote a grammar book because I wanted to buy a cat.
나는 고양이를 사고 싶었기 때문에 문법책을 썼다.

자, 고양이를 데려왔는데, 그 고양이가 거만해요. 고집은 또 되게 세요. 그럼 어떻게 표현할까요? "My cat is arrogant." "My cat is stubborn."이라고 표현할 수 있습니다.

그런데 굳이 "My cat is"를 반복할 필요 있나요? 접속사 'and'를 사용해서 한 문장으로 표현해보죠.

My cat is arrogant. + My cat is stubborn.

내 고양이가 거만하다. + 내 고양이가 고집이 세다.

→ **My cat is arrogant** and **stubborn.**
내 고양이는 거만하고 고집이 세다.

앞에 "My cat is"가 같은 부분이니까 그건 그냥 한 번만 쓰고, arrogant와 stubborn만 한 번씩 딱딱 표현해 줬습니다.

고양이는 귀여우니까 고양이를 위해서 비싼 집을 샀어요. 그런데 이놈의 고양이가 집에는 안 들어가고 작은 박스에만 들어가 있네요?

I bought an expensive house for my cat. + He only stays in a small box.
→ **I bought an expensive house for my cat,** but **he only stays in a small box.**
고양이를 위해 비싼 집을 샀지만, 고양이는 오직 작은 박스 안에만 머무를 뿐이다.

접속사 중에서 가장 흔한 놈들은 and, but, or 정도가 되겠고요, 그 외에도 for, nor, yet, since, because 등 많은 애들이 있습니다. 접속사도 성격에 따라 몇 가지로 종류로 나눌 수 있어요. 이 내용은 "누구냐 넌? 연결고리 접속사 파헤치기(p.287)"에서 자세히 다루도록 하겠습니다.

짧게 간추리자면, 접속사의 종특은 1) <u>단어와 단어, 문장과 문장 등을 연결해 주고</u>, 2) <u>애들끼리 무슨 사이인지도 넌지시 알려줘요</u>.

● 설명충의 부연설명

사실 부사, 전치사를 비롯한 여러 품사들을 완벽하게 구분하는 게 생각보다 쉽지 않을 수 있는 데요, 이건 당연한 겁니다.

우선, 영어는 한 가지 단어인데도 여러 가지 품사가 될 수 있어요. 예를 들어, down이라고 하면 보통은 전치사나 부사로 사용하지만, 아주 드물게 동사, 형용사, 명사로도 사용 가능하답니다. 충격과 공포죠?

그리고 또 문법적인 측면에서도 알쏭달쏭 할 때가 많아요. 예를 들면요, 이전에는 부사라고 분류했던 애들을 현대 문법에서는 전치사로 분류하기도 하고 그래요. 그냥 어중이떠중이가 그러는 게 아니라, 유명한 월클급 학자분들이 분류하신 거죠. 한 단어가 어떤 어떤 품사(예:형용사, 부사, 한정사)에 속한다고 말하는 데에는 생각보다 많은 연구가 필요하기도 해요.

일단 지금은 아직 감이 잘 안 오시겠지만, 1) 파트 2, 파트 3을 배운 이후에는 문장의 위치를 보고 좀 찾을 수 있고요, 2) 사전을 잘 참고하시면 품사에 익숙해지는 날이 올 겁니다.

UNIT 08 세 줄이 넘어가는 세 줄 요약

품사 파트에서 배운 내용을 요약했습니다.

◆ 품사란?

우리가 쓰는 단어를 **특성**(종특)대로 분류해 놓은 겁니다.

배(=영어문장)를 싹 다 분해해서 나온 애들 전부 잡아다가, 특성에 따라서 부품별로 분류를 해요. 아래 그림처럼 말이죠.

마찬가지로, 모든 영어문장(=배)을 싹 다 분해합니다. 그다음, 나온 애들을 특성에 따라서 분

류를 해요. 이렇게 분류한 거를 **품사**라고 해요. 그리고 그 분류 하나하나가 바로 명사, 대명사, 동사, 형용사, 부사, 한정사, 전치사, 접속사죠.

◆ 이름의 명사
'**이름**'이란 성격을 지닌 애들을 입니다.

  예시) John Cena, teacher, pen, apple, mind 등

◆ 대신하는 대명사
대명사는 명사를 **대신해서** 쓰는 애입니다.

  예시) I, you, she, it, they 등

◆ 응, 네가 하는 행동 전부 다 동사야
동사는 **동작/행위**나 **상태,** 혹은 **속성**을 나타내줄 때 쓰는 말입니다.

  예시) move, change, teach, suggest, love, fart, gank 등

◆ 명사만 패는 형용사
형용사는 **명사**만을 블링블링하게 꾸며줍니다.

  예시) a cute cat, a delicious apple, the savage Pomeranian 등
    (밑줄 친 부분이 형용사)

◆ 이놈, 저놈 다 패는 부사
부사는 **동사, 형용사, 다른 부사,** 심지어 **문장 전체**를 꾸며줍니다.
(※명사는 못 꾸밈!)

예시) <u>very</u> smart, <u>extremely</u> annoying 등

(밑줄 친 부분이 부사)

◆ 형용사랑 비슷한 한정충(?) 한정사

명사가 어떤 앤지 땅! 한정해 주는 역할을 하죠. 명사의 범위를 짚어주고 좁혀주는 겁니다.

예시) a, an, the, this, that, my, your, few, one 등

◆ 간신배(?) 전치사

전치사는 명사를 뒤에 데리고 와서, 명사놈이랑 같이 형용사, 부사, 명사 비스무리한 애들로 행세하고, 다른 단어와 매끄러운 관계를 구축해 줍니다.

예시) at, on, in, to, from 등

→ I arrived <u>on</u> Friday.

(※한국말로 하면 나는 금요일'에' 도착했다. 후치사 개념 기억 나시죠?!)

◆ 너와 나의 연결고리! 접속사

접속이란 말에서 나타나듯, 어떤 애랑 다른 애랑 엮는 거예요. 그리고 엮인 애들끼리 관계도 알려줍니다. 단어와 단어를 엮기도 하고, 문장과 문장을 엮기도 해요.

예시) but, because, and, after, since, as, that, until 등

→ I have a pen, <u>but</u> I don't have an apple.

두뇌풀가동:
부품별로 분류해서 조져보자

다음 문장에서 각각 품사를 표시해보세요. 정답은 [p.374]에 있습니다.

예시)) They liked   the   concert because it was good.
   대명사   동사   한정사(정관사)   명사   접속사   대명사 동사   형용사

• I arrived on Saturday.

———— ———— ———— ————.

(※위 문장에는 명사, 대명사, 동사, 전치사가 들어 있습니다.)

• I have a brother, and he is a troll.

———— ———— ———— ————, ———— ———— ———— ———— ————.

troll 신화에 나오는 트롤, 혹은 인터넷상에서 꼬장부리는 분들을 지칭함.

(※위 문장에는 명사, 대명사, 동사, 한정사(부정관사), 접속사가 들어 있습니다.)

• The cat is arrogant and stubborn.

———— ———— ———— ———— ———— ————.

• I read books, and John surfed the Internet on a smartphone.

———— ———— ————, ———— ———— ———— ———— ———— ———— ———— ————.

※surfed the Internet 인터넷 서핑을 하다

배를 주요 기능별로 분류해서 조져보자

– 문장성분

자라나라 개념개념!
배를 주요 기능별로 나누면?(문장성분)

문장성분(Part of Sentence)이란?

이번에는 배를 주요 기능별로 분류해 봅시다. 같은 설명을 반복해 보죠! 우리가 알고 있는 배를 모두 잡아다가 연구를 했어요. 그리고 이 배(=영어문장)에서 <u>주요 기능</u>을 분류해 보면 다음과 같이 나눌 수 있었던 거죠.

A. 배를 앞으로 가게 해주는 기능
B. 배의 몸뚱아리 기능
C. 방향 전환 기능
D. 엔진 기능

이렇게 있다고 칩시다! 그럼 얘를 아까 그림에서 표시하면 다음과 같이 나타낼 수 있어요.

부품별 분류랑 달리 대포, 술통, 깃발은 여기서 빠집니다. 얘들은 주요 기능이 아니거든요. 얘들이 빠져도 배가 항해하는 데 큰 지장은 없죠? 이걸 정리하면 다음 그림과 같이 나타낼 수 있어요.

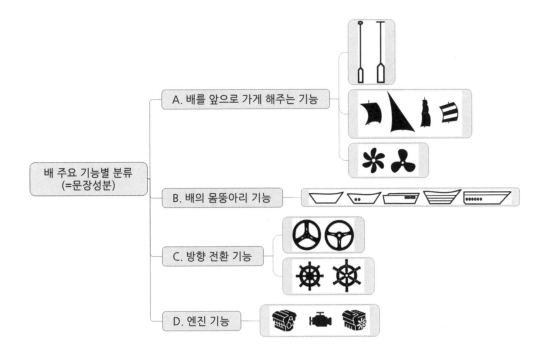

자, 마찬가지로 영어문장도 문장을 쭉 잡아다가 기능별로 분류해 보면 크게 네 가지 **주요 기능**(주어, 동사, 보어, 목적어)이 있어요. 이런 분류를 문장성분이라고 합니다.

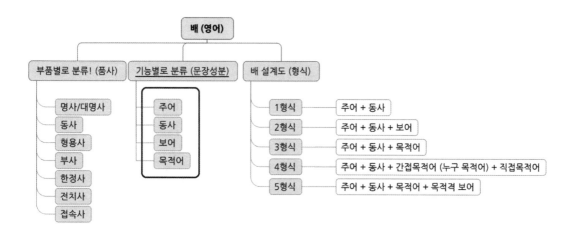

위 그림에서 보자면, 따로 표시한 부분이 영어문장을 주요 기능별로 분류한 문장성분입니다.

UNIT 02

문장성분 하나씩 조지기

자, 일단 배의 주요 기능을 A.배를 앞으로 가게 해주는 기능, B.배의 몸뚱아리 기능, C.방향 전환 기능, D.엔진 기능 이렇게 분류해 봤죠?

마찬가지로, 문장(=배)을 가장 기본적인 주요 기능으로 분류하면, 주어(subject), 동사(verb), 보어(complement), 목적어(object)로 나뉩니다.

간단히 정리하면, (1) 문장에서 주인공 기능을 하는 애가 주어, (2) 주어가 하는 동작 기능을 담당하는 애가 동사, (3) 모자란 걸 채워주는 기능인 보어, (4) 동작의 대상인 목적어가 있습니다.

그리고, 애들을 깡그리 통틀어서 문장성분이라고 하고요. 이제 하나씩 좀 자세히 조져볼까요?

주인공인 주어

주어(subject)가 문장에서 하는 기능은 뭘까요? 주어는 문장에서 주인공 역할을 해요. 오늘 밤 주인공이죠.

한국말에서는 보통 "이/가"가 따라붙어요. 때로 "은/는"이 붙기도 하죠.(은/는/이/가가 붙는다고 무조건 주어는 아니에요!)

주렁주렁 달린 수식을 다 빼면, 주어는 우리나라 말에서도 그렇고 영어에서도 그렇고 주인공이다 보니 맨 앞에 옵니다. 수식이 정확히 무슨 개념이냐고요? 이건 뒤에서 배우도록 하겠습니다.

예문에서 주어를 찾아볼까요?

예시 1) 나는 월요일이 너무 싫다.

예시 2) 엄마도 사람이야!

예시 3) 음악만이 나라에서 허락하는 유일한 마약이다.

여기서 주어를 찾아보죠. 1번에서는 나, 2번은 엄마, 3번은 음악입니다. 왜냐하면 월요일이 싫은 주인공은 나이고, 사람인 주인공(?)은 엄마이며, 나라에서 허락하는 유일한 마약은 음악이기 때문이죠.

영어에서도 찾아볼까요?

예시 1) I saw a cat under a desk.

예시 2) My cat is cute.

여기서 주어를 찾아볼까요? 1번에서는 I죠?

2번에서는 뭘까요? 한정사인 My일까요? 명사인 cat일까요? 아니면 둘 다 합친 My cat일까요?

이것도 사실 파고들면 조금 복잡해요. 그래서 일단, (My) cat 이정도로 생각하고 계시면 돼요. My cat이 주어인데 (My)는 크게 신경 안 쓰셔도 된다는 의미입니다. 상세한 내용은 뒤에서 살짝 다루도록 하겠습니다.

그럼 이제 동사로 넘어갈까요?

동사

아니? 동사가 또 나왔습니다. 주어, 목적어, 보어는 품사(=부품)에서 찾아볼 수 없었는데 동사는 품사에서도 나오고 주요 기능인 문장성분에서도 또 튀어나왔죠?

엄밀히 구분해 주려면, simple predicate, compound predicate 뭐 이렇게 생긴 애들 먼저 배워야 해요. 그런데 별로 알고 싶지 않으시죠? 더 이상 자세한 설명은 생략하고, 독자 여러분들께서 뭘 좋아하실지 알기에 단순하게 준비했습니다.

간단히 말씀드리면 동사는 배에서 부품이면서, 또 주요 기능 역할도 한다고 보시면 됩니다.

아까 동사를 뭐라고 설명했죠? 동사(verb)는 "<u>동작/행위</u>"를 나타내거나 "<u>상태</u>"나 "<u>속성</u>"을 거들어 주는 말입니다. 이걸 쉽게 풀면, "<u>응, 네가 하는 거 전부 다 **동사**야</u>"라고 생각하시면 됩니다.

즉, 주어의 동작/행위나 상태, 혹은 속성 나타내는 애들 전부 동사라고 보시면 되고, 더 쉽게 가면 "주어가 ~한다" "주어가 ~이다"에서 "<u>~한다</u>" 혹은 "<u>이다</u>"가 동사죠.

위의 예시에서 찾아보죠.

예시 1) 나는 월요일이 너무 <u>싫다</u>.
예시 2) 엄마도 사람<u>이야</u>!
예시 3) 음악만이 나라에서 허락하는 유일한 마약<u>이다</u>.

우리나라 말에서는 동사가 이렇게 뒤에 오지만, 영어에서는 <u>수식을 다 빼버리고 나면, **주어 바로 뒤**</u>에 옵니다.

예시 1) I **saw** a cat under the desk.
예시 2) My cat **is** cute.

1번에서는 주어인 I 바로 뒤에서 내 동작을 나타내는 saw가 동사입니다.

2번에서는 주어인 (My) cat 바로 뒤에 와서, 고양이가 귀엽"**다**"고 알려주는 is가 동사죠.

다음으로 보어에 대해서 알아보기 전에, 주어랑 동사만 가지고 일단 문장을 좀 만들어볼까요?

예시 1) **The dog barked.**   ※barked: 짖다인 bark의 과거형
주어   동사

예시 2) **The cat disappeared.**   ※disappeared: 사라지다인 disappear의 과거형
주어   동사

1번 문장은 "개가 짖었다.", 2번 문장은 "고양이가 사라졌다." 이렇게만 해도 충분히 말이 되죠?

사라진 고양이가 다시 나타났어요. 그런데, 고양이가 공격적이 되었어요! "고양이가 공격적이 됐다"라는 표현에서 주어랑 동사만 쓰면 어떻게 될까요?

예시 1) **The cat became _____.**
주어   동사

고양이가 _____가 됐다고요? 뭐가 하나 모자라죠? 여기서 주어만 또 바꿔볼까요?

예시 2) **I became _____.**
주어   동사

내가 _____가 됐다고요? 이것도 뭐가 모자랍니다. 틀린 문장이죠.

개와 고양이 예시처럼 주어랑 동사만으로도 괜찮은 문장이 있습니다. 하지만 위에 나온 예시들처럼 주어랑 동사만으로 모자란 애들도 있어요. 하지만 보어가 출동하면 어떨까요?

또이또이한 보어

그럼 보어(complement)는 대체 문장에서 무슨 역할을 할까요? 문장이 완전하지 않은 경우, 보충을 해준다고 하는데 좀 안 와닿죠?

쉽게 설명해 보죠. 보어는 <u>보충이 필요한 **모자란 놈을 보충해 줘요**</u>. 위에서 방금 본 예문들은 뭐가 모자랐었죠? 모자란 놈을 보충해 주는 데에는 두 가지 방법이 있어요.

1번! 보충이 필요한 모자란 애가 어떤 애인지 <u>설명해 주는</u> 방식으로 보충해 줍니다.
(모자란 놈 등장! → 모자란 놈이 어떤 애인지 <u>설명</u>)

2번! 보충이 필요한 모자란 놈이 어떤 애인지 <u>다른 말로 정의해 주는</u> 거예요. 즉, <u>다른 단어를 써서 "이 모자란 놈이 그놈이다!"</u>라고 알려주는 방법으로 보충해 주는 거죠.
(모자란 놈 등장 → 모자란 놈이 어떤놈인지 다른 말로 <u>정의</u>해서 알려주기)

복잡한가요? 그럼 다 잊고, <u>보어는 보충이 필요한 놈이랑 "="</u>라고 해도 무방하다고 생각하시면 됩니다. 또이또이한 거죠. (보충 필요한 모자란 놈=보어) 이걸 이해하시면 훨얼~씬 편해요. 자, 이것만으론 애매하니까 바로 예시 들어갑니다!

위에 예시에서 보어를 채워볼까요?

예시 1) **The cat became aggressive.**   ※aggressive: 공격적인
　　　　　주어　　　동사　　　보어

예시 2) **I became 고자(?!).**
　　　　주어　동사　　보어

"The cat became ＿＿＿＿." 혹은 "I became ＿＿＿＿."라고 하면 모자란 문장이었지만, 위처럼 보어를 채우면 완벽해집니다.

1번 예시를 보면요, 주어인 "고양이"를 보어가 <u>설명</u>해 주는 방식입니다. 보어가 뒤에서 주어를 보충해 주고 있어요. 고양이긴 고양이인데 어떤 고양이다? 공격적인 고양이다! 이런 식입니다.

2번 예시에서는 주어인 "나"를 보어가 <u>다른 말로 정의</u>해 주는 방식입니다. "나"를 고자라고 정의해 줘서 보충해 주는 거죠.

여기서 또 확인할 수 있는 게, cat=aggressive, I=고자라고 해도 큰 탈이 없죠?

다른 예를 좀 보여드리면,

I became a <u>writer</u>. I am <u>handsome</u>. I am a <u>genius</u>.

이런 식입니다. 각 보어가 모자란 I를 보충해 주고 있고, I=writer, handsome, genius 이런 관계가 성립하죠.

위에서는 보어가 주어만 보충해 줬는데요, 사실 보어는 문장에 따라 주어 말고 다른 애를 보충하기도 합니다. 그건 뒤에서 배우도록 하죠.

동작의 대상 목적어

이제 목적어(object)로 넘어가 보죠. 그전에, 위에서 배운 부분을 조금 언급하고 가겠습니다.

> 나는 잔다.
> 개가 짖는다.
> 고양이가 사라졌다.

이런 문장들처럼 굳이 꼭 동사(동작)의 대상이 없어도 말이 되는 애들이 있습니다.

> 나는 **빡빡**이다.
> 고양이가 화났다.

이런 문장들에서는 모자란 주어 친구들을 보어가 보충해 주고 있어요. 주어를 다시 정의해 주는 방식(나=빡빡이)으로 보충해 주거나, 혹은 주어를 설명해 주는 방식(고양이=화남)으로 보충해 줬죠.

하지만, 이 문장은 어떤가요?

I have a pen.

The cat caught the mouse.　　※caught: 잡다인 catch의 과거형

여기서 주어랑 동사만 써도 말이 안 됩니다. 그리고, I ≠ pen, cat ≠ mouse이므로 보어도 아니에요. 여기서 (a) pen하고, (the) mouse를 목적어라고 해요! **목적어는 <u>동작(동사)의 대상</u>이 되는** 애들입니다.

내가 뭔가를 가지고 있는데 뭘 가지고 있는 거죠? 펜**"을"** 가지고 있습니다.
내가 무언가를 가지는 <u>동작의 대상</u>은 펜입니다.

고양이가 잡긴 잡았는데 뭘 잡았죠? 쥐**"를"** 잡았습니다.

고양이가 잡는 <u>동작의 대상</u>은 쥐죠.

한국말로 해석했을 때, 보통 목적어에는 위처럼 **"을/를"**이 붙습니다.

※예외가 자주 나오니 이 내용은 참고만 하세요!

배의 부품 vs 주요 기능
(품사 vs 문장성분)

배를 부품별로 분류한 품사와 배를 주요 기능별로 분류한 문장성분을 배워봤습니다. 아까 배의 주요 기능(=문장성분)을 크게 다음과 같이 나눴었는데요,

    A. 배를 앞으로 가게 해주는 기능

    B. 배의 몸뚱아리 기능

    C. 방향 전환 기능

    D. 엔진 기능

그렇다면, 배를 부품(=품사)별로 나눈 것과 주요 기능(=문장성분)별로 나눈 게 어떤 관계가 있을까요?

예를 들어 말씀드리자면, A. 배를 앞으로 나가게 하는 기능(=문장성분)에는 부품(=품사)인 노, 프로펠러, 돛과 같은 부품이 속해 있어요!

다른 주요기능과 부품들의 관계도 다음 그림에서 쉽게 확인할 수 있어요.

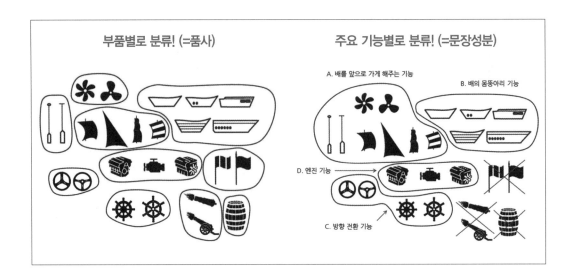

이와 마찬가지로, 각 문장성분에도 품사들이 들어갑니다. 이걸 그림으로 나타내면 이런 식으로 나타나요.

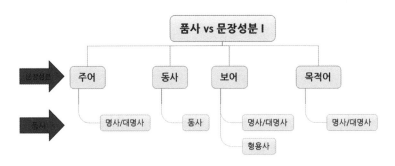

혹은, 이렇게도 나타낼 수 있어요.

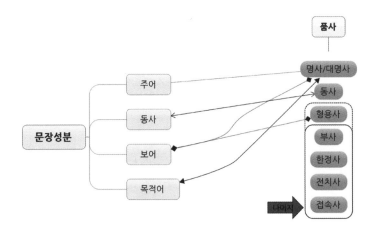

여기서 나머지에 속한 친구들은 문장성분에는 들어가지 않아요. 술통, 깃발, 대포가 배의 주요 기능에는 포함되지 않는 거랑 비슷한 느낌입니다.

그럼 이제 문장에 문장성분하고 품사를 각각 표시해 봅시다.

예시 1) **He hates 한조우.**

　　　주어　　동사　　　목적어　　　(문장성분=주요 기능)

　　　대명사　동사　　　명사　　　(품사=부품)

예시 2) **I am happy.**

　　　주어　동사　　　보어　　　(문장성분=주요 기능)

　　　대명사 동사　　형용사　　　(품사=부품)

UNIT 04

세 줄이 넘어가는 세 줄 요약

이제 문장성분을 복습해 봅시다.

영어문장을 배로 나타내면, 문장성분은 이런 식입니다.

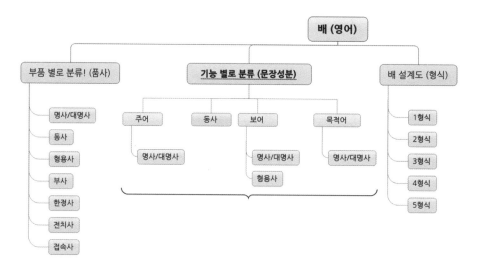

그리고 문장(=배)을 가장 기본적인 주요 기능으로 분류하면, 주어(subject), 동사(verb), 보어 (complement), 목적어(object)로 나뉘고, 얘들을 문장성분이라고 부르죠.

<u>주인공</u> 주어(subject)는 주인공 역할을 하고, 보통 한국말에서는 "은/는/이/가"가 따라붙어요. 수식을 싹 빼고 보면, 거의 항상 맨 앞에 위치합니다.

예시) <u>I</u> saw a cat under the desk.
      주어

동사(verb)는 동작/행위를 나타내요. 혹은, 상태나 속성을 거들어 주기도 합니다. 이걸 쉽게 풀면, "응, 네가 하는 거 전부 다 동사야"라고 생각하시면 됩니다.

영어에서 동사의 위치는 수식을 다 빼고 나면, 주어 바로 뒤에 와요.

동사는 다른 애들과 달리, 품사(=부품)이자, 동시에 문장성분(=주요 기능)입니다.

예시) **The dog barked.**
　　　　주어　　동사

<u>또이또이한</u> 보어(complement)는 모자란 놈을 보충해 줘요. 보충해 주는 방법은 총 두 개지요!

1) 모자란 놈이 어떤 애인지 다른 단어로 <u>설명</u>해 주거나, 2) 모자란 애가 어떤 애인지 <u>정의</u>를 해 주는 방식입니다.

대부분의 경우, 보어는 보충 대상이랑 "=" 비슷한 관계가 성립합니다!(모자란 놈=보어)

예시 1) **The cat became aggressive.**
　　　　주어　　　동사　　　　보어

예시 2) **I am a genius.**
　　　　주어　　　　　보어

여기서 cat=aggressive, I=genius라고 해도 무방하죠?

<u>동작의 대상</u> 목적어(object)는 동사가 하는 동작의 대상이 되는 애들입니다. 한국말로 해석해 보면 보통 "을/를"이 붙어요.

예시) **I have a pen.**
　　　　　동사　　목적어

내가 가지고 있는(have) 대상은 목적어인 (a) pen이죠? 보어와 달리 I ≠ pen입니다!

두뇌풀가동:
주요 기능별로 분류해서 조져보자

다음 문장에서 각각 문장성분과 품사를 표시해 보세요! 정답은 [p. 374]에 있습니다.

이번 문제들은 매우 짧고 쉬워요.

예시) **Han-gyu hates math. John is handsome.** (문장성분)

| 주어 | 동사 | 목적어 | 주어 | 동사 | 보어 | |
| 명사 | 동사 | 명사 | 명사 | 동사 | 형용사 | (품사) |

• **Tom disappeared.**

_____ _____. (문장성분)

_____ _____. (품사)

• **John died.**

_____ _____. (문장성분)

_____ _____. (품사)

• **Jane is wise.**

_____ _____ _____. (문장성분)

_____ _____ _____. (품사)

• Jane hates cabbage.

_____ _____ _____. (문장성분)

_____ _____ _____. (품사)

• Harut Grigorian is tall.

_____ _____ _____. (문장성분)

_____ _____ _____. (품사)

※Harut Grigorian 사람 이름

설계도 가지고
배 조립해 보기
(5형식)

자라나라 개념개념!
설계도(=5형식)는 뭘까요?

문장의 5형식이란?

우리가 배를 만들려고 해요. 배의 주요 기능도 뭔지 알고, 필요한 부품도 가지고 있다고 쳐봅시다. 본격적으로 배를 만들려고 하면, 이걸 또 순서대로 잘 조립하고 이어붙여야겠죠? 그러려면 설계도가 필요하고요.

문장의 5형식은 영어문장(=배)에서 설계도 같은 역할을 해요. 품사(=부품)와 문장성분(=배의 주요기능)을 잘 알고 있고, 이 형식이라는 설계도가 있으면 기본적인 문장을 만들 수가 있어요.

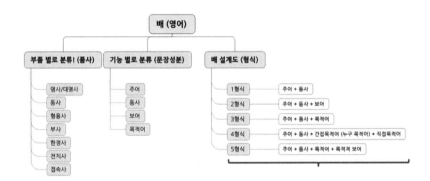

여러분, 다음 문장을 해석해 보실래요?

1) Su-dal was brave.　　※Su-dal=수달(사람 이름)

2) Gung-ye taught Su-dal math.　　※Gung-ye=궁예(사람 이름)

3) Su-dal learned math.

4) Math made Su-dal crazy.

5) Su-dal died.

해석은,

1) Su-dal was brave.

수달이는 용감했다.

2) Gung-ye taught Su-dal math.

궁예가 수달이에게 수학을 가르쳤다.

3) Su-dal learned math.

수달이는 수학을 배웠다.

4) Math made Su-dal crazy.

수학은 수달이를 미치게 만들었다.

5) Su-dal died!

수달이가 죽었어!

1, 3, 5번 같은 문장은 상당히 직관적으로 해석돼요. 3번을 예로 들어보면, 수달, 배우다, 수학? 아 수달이가 수학을 배웠구나! 이렇게 됩니다. 단어만 봐도 대충 알죠.

반면, 2, 4번 문장은 뭔가 좀 더 껄끄러웠다고 느낀 분들도 계실 겁니다. 2번은 4형식, 4번은 5형식이에요. 지금은 문장이 간단해서 쉬울 수 있지만, 복잡한 문장에선 해석이 어려울 수 있어요.

사실, 5형식이라고 하면 거부감을 팍팍 느끼는 분들이 많을 겁니다. 올드한 느낌도 나고요. 하지만, 나름의 장점도 있는 분류법이죠. 특히, 4형식, 5형식을 배우지 않으면 문장이 복잡해졌을 때 해석이 힘들 수 있어요. 형식에 지나치게 집착하지 마시고, 개념을 잘 이해하시면, 문장을 파바 밧 빠르게 분석하는 도구로 쓸 수 있습니다. 이제 우리 스타일대로 문장의 5형식을 쉽게 알아봅 시다!

> ### 💬 설명충의 부연설명
>
> 5형식은 사실 영어권 국가에서 유명하다고 보기는 어렵습니다. Onions라는 형님이 처음 만드셨 는데, 사람들이 쓰고 있는 영어 문장들을 쭉 모아다가 분석해 본 결과, "아! 이 다섯 가지 패턴이 면 영어문장을 얼추 다 커버할 수 있다"라고 생각하셔서 내놓은 게 5형식의 기원으로 보입니다. 그리고 이 이론을 Hosoe라는 일본 형님이 본인 버전으로 바꿔 일본으로 수입해요. 그다음, 다 시 한국으로 넘어온 게 보통 우리가 알고 있던 5형식입니다.
>
> 5형식은 과학적이지 않다고 비판을 받기도 해요. 어떤 학자분은 영어 문장을 69가지 패턴으로 분석하셨습니다. 이러면 예외도 적고, 더 자세하고 정확하게 문장을 분석할 수 있죠.
>
> 그런데 초보 입장에서 69가지를 외우거나, Syntax를 공부해서 문장 분석하는 편보다는, 그냥 다 섯 가지 배우는 게 빠르고 편할 수 있겠죠? (영어를 진짜 깊숙이 파고 싶으신 분은 Syntax 공부를 추천해드림!)
>
> Hiroyuki Eto라는 분은 이 5형식이 영어문장의 약 80%를 커버한다고 했습니다. 얘가 커버 못하 는 나머지 20%는 주로 구어체에서 찾아볼 수 있어요.
>
> 이렇다 보니 5형식은 절대적인 법이 아니에요. 하지만, 격식 있는 영어나 수험용 영어를 빨리 배우기에는 나름 실용적인 방법입니다. 5형식을 마스터하고 나면 영어를 볼 때, "너의 공격 패 턴을 알아냈다"라고 생각할 수도 있는 것이죠. 특히 영어에 친숙하지 않으신 분들은 훨씬 편하 게 문장을 이해하실 수 있을 겁니다.
>
> (그중에서도 특히 4형식, 5형식 문장이요!)
>
> 한 줄 요약: 5형식, 절대적인 법 아님, 과도한 집착도 금지!, 초보자의 영어 독해를 위해선 실용적

UNIT 02 설계도 가지고 본격적으로 배 조립하기

자, 이제 설계도를 가지고 배를 조립해 봅시다. 다섯 가지 종류의 배를 만드는 <u>설계도(=5형식)</u>에는 부품(=품사)이 안 쓰여 있어요. 그러니까, 이 설계도를 들여다보면 부품은 안 나와 있고, <u>굵직한 주요 기능(=문장성분)만 써져 있답니다.</u>

여러분, 제 마음대로 나눈 배의 네 가지 주요 기능 기억나시나요?

A. 배를 앞으로 가게 해주는 기능   B. 배의 몸뚱아리 기능   C. 방향 전환 기능   D. 엔진 기능

그런데 배마다 각각 필요한 주요 기능이 따로 있어요. 예를 들어, 카누면 (A) + (B), 범선은 (A) + (B) + (C)인 반면 크루저는 (A) + (B) + (C) + (D) 모두가 필요합니다.

카누

범선

크루저

이런 느낌이죠. 크루저가 뭔가 어색하고 비어 보이는 건 기분 탓일 겁니다.

아무튼, 영어의 5형식에서도 마찬가지로, 어떤 문장은 두 가지 주요 기능만 있어도 끝나요. 반면에, 어떤 문장은 네 가지가 다 들어가야 완성이죠! 카누랑 크루저의 차이를 생각하시면 편합니다.

일단 아래 그림도 다시 한 번 상기해 주세요. 왜냐하면, 아까 말씀드린 대로 이 설계도를 들여다보면 부품은 안 나와 있고, 굵직한 주요 기능(=문장성분)만 나와 있거든요!

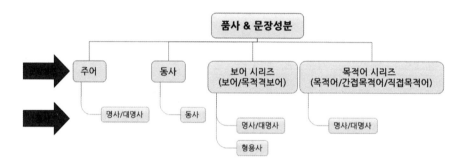

그럼 이제 설계도를 자세히 알아보는 시간을 갖겠습니다.

1형식: S + V(주어 + 동사)

1형식은 주어랑 동사로만 이루어집니다. 매우 직관적이죠? 꼭 카누 같아요.

예시 1) **He disappeared.**
　　　　　주어　　　　동사

예시 2) **Han-gyu barked.**
　　　　　주어　　　　동사

보통 "주어(S)는 동사(V)하다"라고 해석해요.

※참고용입니다. 해석은 문맥과 상황에 따라 달라져요!

위 예문의 해석은 다음과 같아요.

예시 1) **He disappeared.**

그는 사라졌다.

예시 2) **Han-gyu barked.**

한규는 짖었다(?!)

※참고: 1형식으로 쓸 수 있는 동사: occur, disappear, bark, rain, snow, happen 등

2형식: S + V + C(주어 + 동사 + 보어)

2형식도 어렵지 않아요.

예시 1) **Jane is wise.**　　　　　※wise 지혜로운, 현명한

　　　　주어　동사　보어

예시 2) **Gung-ye became Maitreya Buddha.**　　　　※Maitreya Buddha 미륵

　　　　주어　　　　동사　　　　　보어

2형식에 들어가는 보어는 주어랑 "=" 관계가 성립해요.

Jane=wise, Gung-ye=Maitreya Buddha라고 해도 무방하죠? wise와 Maitreya Buddha는 보어입니다.

즉, 해석은 다음처럼 됩니다.

예시 1) **Jane is wise.**

　　제인은 ~(이)다 현명한 → 제인은 현명하다.

예시 2) **Gung-ye became Maitreya Buddha.**

　　궁예는 되었다 미륵이

덧붙이자면, 예시 1은 "제인은 지혜<u>롭다</u>."라고 해석할 수도 있죠? 2형식은 적절하게 직관적으로 해석하시면 됩니다. 그렇게 어렵지 않아요.

※참고: 2형식으로 쓸 수 있는 동사: be, become, seem, smell, taste, look 등

3형식: S + V + O(주어 + 동사 + 목적어)

영어로 쓰인 글에서 정말 쉽게 찾아볼 수 있고, 이해도 쉬운 3형식입니다.

예시 1) **Su-dal learned math.**
　　　　주어　　　　동사　　　목적어

예시 2) **Han-gyu hates math.**
　　　　주어　　　　동사　　　목적어

보통 "주어(S)는 목적어(O)를 동사(V)하다"라고 해석해요.
※참고용입니다. 해석은 문맥과 상황에 따라 달라져요!

예문 해석은 이렇습니다.

예시 1) **Su-dal learned math.**

　　수달이는 배웠다 수학을

예시 2) **Han-gyu hates math.**

　　　　한규는 싫어한다 수학을

※참고: 3형식으로 쓸 수 있는 동사: love, learn, hate, enter, hit, wash, play, forgive 등

4형식: S + V + I.O + D.O(주어 + 동사 + 간접목적어 + 직접목적어)

3형식보다 조금 어렵습니다. 간접목적어, 직접목적어. 어려워 보이죠? 사실 X도 아닙니다. 알고 보면 쉬워요.

편하게 접근하는 방법이 있는데요. 우선 간접목적어 직접목적어라는 단어를 잊어버리세요. 그리고, S + V + "누구 목적어" + O 이렇게 외웁니다.

왜냐하면 4형식에서 세 번째로 나오는 저 간접목적어라는 놈이 사실 "<u>누구</u>에게"라고 해석되기 때문이죠. "누구~?"만 알고 가면 편합니다.

예시 1) **Gung-ye taught Su-dal math.**
　　　　주어　　　　동사　　"누구 목적어"　목적어

예시 2) **They bought Han-gyu food.**
　　　　주어　　동사　　"누구 목적어"　목적어

아까 3형식 해석 기억나세요? "S가 O를 V하다"였죠? 이것도 비슷합니다. 보통, "주어(S)가 "<u>누구목적어</u>(I.O)에게 직접목적어(D.O)를 동사(V)하다." 이렇게 해석하고요.
쉽게 풀면, S가 "<u>누구</u>"에게 O를 V하다, 이렇게 가시면 됩니다.

※참고용입니다. 해석은 문맥과 상황에 따라 달라져요!

말이 장황해서 그렇지 예문을 막상 해석해 보면 엄청 쉬워요.

예시 1) **Gung-ye taught Su-dal math.**

궁예가 가르쳤다 수달이에게 수학을

예시 2) **They bought Han-gyu food.**

그들은 사줬다 한규에게 음식을

그래서 이렇게 외우는 경우도 많아요. S + V + sb + sth.

※sb는 somebody, sth은 something이죠.

※참고: 4형식으로 쓸 수 있는 동사: give, buy, teach, send, lend, bring, show 등

5형식: S + V + O + O.C(주어 + 동사 + 목적어 + 목적격보어)

목적격보어는 또 뭐래요? 그런데 우리한테 친숙한 보어가 나오네요? 보어가 나왔던 2형식으로 돌아가 볼까요? 주어(S)=보어(C) 이런 관계가 성립한다는 거 기억하시나요?

Jane is wise.

Jane(주어)=wise(보어) 요랬습니다.

하지만 5형식에서 보어가 출동하면 어떨까요?

별거 없습니다. 2형식은 "주어=보어" 요런 관계가 성립했다면, 5형식에선 "목적어(O)=목적격 보어(O.C)" 이런 관계가 성립하는 거죠.

2형식에선 보어의 보충이 필요한 애가 주어, 5형식에서 목적격 보어의 보충이 필요한 애는 당연

히 목적어인 거죠.

예문을 보자면,

Time made Su-dal wise.

Su-dal(목적어)=wise(목적격보어)인 겁니다.

time=wise? 댓츠 노노! 시간이 현명해진 게 아니라, 수달=wise! 즉, 시간이 수달이를 현명하게 만든 거죠. 즉, 목적격보어는 별게 아니라 그냥 <u>목적어 보충해 주는</u> 애인 거예요. 우리 식대로 말하면 "목적어=목적격보어" 이런 관계가 성립하는 거죠.

예시 1) **Math made Su-dal crazy.**
　　　　　　주어　　　동사　　목적어　　목적격보어

예시 2) **People called me John Cena.**
　　　　　　주어　　　동사　　목적어　　　목적격보어

5형식은 해석하기가 좀 까다로운데요, 이것도 사실 3형식 개념으로 접근하면 쉬워요. 자, 일단 3형식까지 끊어서 해석해 봅시다.

예시 1) **Math made Su-dal // crazy.**
　　　　수학은 만들었다 수달이를 // <u>미친</u>

예시 2) **People called me John Cena.**
　　　　사람들은 불렀다 나를 // <u>존 시나</u>

자, 근데 crazy랑 John Cena는 목적격 보어죠? 보어는 뭐다? 또이또이다! 그런데 목적격보어니까 목적어랑 같겠죠? (Su-dal=crazy, me=John Cena)

이걸 문장에 자연스럽게 이어 붙이면 다음과 같이 됩니다.

> 예시 1) **Math made Su-dal // crazy.**
>
> 수학은 만들었다 수달이를 // 미치"게" → 수학은 수달이를 미치게 만들었다.

> 예시 2) **People called me John Cena.**
>
> 사람들은 불렀다 나를 // 존 시나"라고" → 사람들은 나를 존 시나라고 불렀다.

5형식이 나오면 우선 목적어까지만 해석하고, 목적어=목적격보어 개념만 챙겨놨다가 자연스럽게 이어붙이면 됩니다. 0개 국어 빌런이 아니시라면 금방 익숙해지실 거예요.

※참고: 5형식으로 쓸 수 있는 동사: make, consider, call, ask, help 등

◆ 요약 정리!

이 1~5형식을 요약해서 표현하면 이렇습니다.

이게 바로 문장성분으로 만든 문장의 설계도입니다. 저렇게만 있으면 "일단 **문법적으로는 맞다**" 라는 거죠!

그리고 형식(=설계도)과 문장성분, 품사를 한눈에 보면, 다음과 같아요!

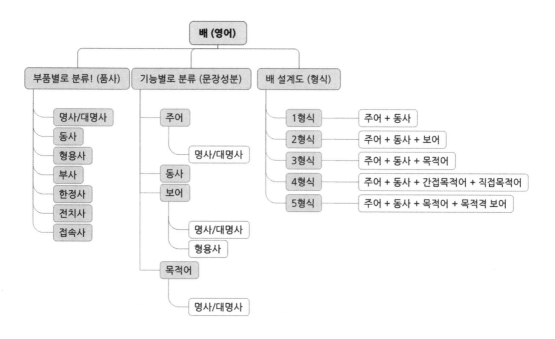

그런데 형식에서 추가적으로 명심하셔야 할 부분이 있습니다.

◆ 첫째! 낄 때 끼고 빠질 때 빠지기!

만약 크루저에 엔진이 없으면? 크루저가 안 가겠죠? 만약 카누에 쓸모없이 엔진을 달아 놓으면? 네, 제대로 작동하지 않고 이상해집니다. 낄 때 끼고 빠질 때 빠져야죠.

음식으로 비유하면요, 다섯 가지 레시피가 있다고 쳐봅시다.(딸기바나나 주스, 된장찌개, 짜장면 등) 짜장면에 짜장이 빠지면? 딸기바나나 주스에 된장을 끼얹으면? 끔찍한 혼종이 탄생합니다.

형식 설계도에서도 마찬가지입니다. 저 설계도에 나와 있는 <u>주요 기능이 모자라도 안 되고, 더 많아도 안 됩니다.</u> 접속사도 없이 뭐 마음대로 동사가 두 개 들어가고 목적어가 네 개 들어가고 이러면 안 되는 거죠.

◆ 둘째! 아무거나 끼는 건 댓츠 노노!

카누는 A. 배를 앞으로 가게 해주는 기능 + B. 배의 몸뚱아리 기능으로 이루어져 있죠? 그런데 배를 앞으로 가게 해주는 기능이랍시고 다 같은 건 아닙니다. 카누에다가 엔진도 없이 프로펠러를 달아버리면? 쓸모가 없죠? 카누에다가 돛을 달아버리면? 얘는 더 이상 카누가 아닙니다.

형식 설계도에서도 마찬가지인데요, 예를 들어, 동사 자리라고 아무 동사나 콱 집어서 넣어버리면 문장이 이상해질 수 있어요. 이 내용은 추후에 차차 더 자세히 다뤄보겠습니다.

> ● 설명충의 부연설명
>
> 3형식 동사라고 배웠는데, 알고 보면 2, 3형식으로 쓸 수 있고, 3~5형식 다 되고 이런 것도 많습니다. Get이랑 Make는 거의 모든 형식으로 다 쓰일 수 있습니다. 물론 한 가지 형식만 되는 일편단심 친구들도 있어요. 그리고 보통 형식이 달라지면, 의미가 살짝 달라지는 경우가 많아요.

UNIT 03

명사, 대명사, 동사, 형용사는 들어갔는데 나머지 잡부품은?(수식)

5형식에서 나온 문장성분을 쭉 써볼까요? 그럼 주어, 동사, 보어 시리즈(보어, 목적격보어), 목적어 시리즈(목적어, 간접목적어, 직접목적어) 이렇게 있죠?

그럼 여기에 들어가는 부품(=품사)은 당연히 이렇게 됩니다.

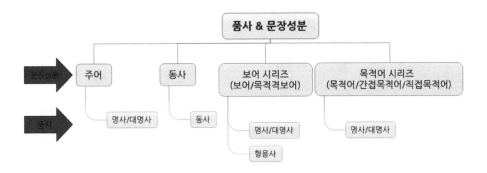

어라? 근데 우리가 배운 품사 중에서 많은 애들이 저기에 포함이 안 돼요. 명사/대명사/동사/형용사는 저기에 들어가 있는데, 부사, 한정사, 전치사 접속사는 저기에 안 들어갑니다.

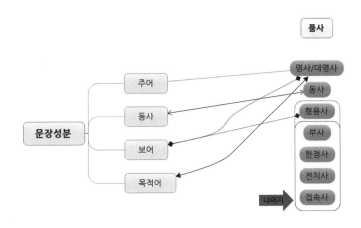

우리가 배운 설계도(=형식)는 딱 배를 만드는 법만 알려주는 설계도에요. 시시콜콜하게 술통은 여기에 둬라, 깃발은 저기에 둬라 이런 내용은 적혀있지 않아요. 이런 잡부품들은 개인 취향에 따라 알아서 넣고 싶으면 넣고 말고 싶으면 마는 거죠.

마찬가지로 위에 나머지 품사들은 형식에 포함되지 않아요. 얘들은 배에서 보면 깃발이나 술통 같은 잡부품 느낌입니다!

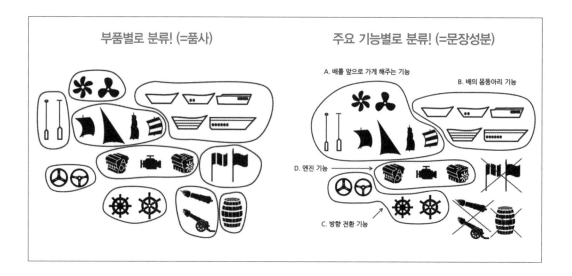

그럼 이 나머지 잡부품들은 쓰레기냐? 그건 아닙니다! 비유를 해보면요, 이 나머지 품사들은 짜장면에서 고춧가루나 오이 같은 느낌이에요. 취향에 따라 들어갈 수도 있고, 뺄 수도 있죠. 그리고 얘들을 넣건 빼건 짜장면이 다른 음식이 되는 건 아닙니다.

즉, 문장에다가 저런 잡부품 같은 품사들을 적절하게 넣거나 빼면 문법적으로는 문제가 없어요. 그리고 적절하게 들어가면 문장을 정말 맛깔나게 만들어줄 수 있죠.

참고로, 형용사는 투잡을 뛰는 바람에 상황에 따라서 주요 기능(보어) 역할을 할 때도 있고, 배를 장식해 주는 잡부품 역할을 하기도 합니다.

(※참고 – 전치사 + 명사도 간혹 투잡을 뛸 때가 있어요.)

또 한 가지 말씀드리면, <u>모든 부품들은</u> 다 자기 자리에 맞도록 들어가야 해요! 예를 들어, 깃발을 엔진에다가 확 꽂아버리면 안 되겠죠? 짜장면에 들어갈 고춧가루를 딸기 바나나 주스에 넣으면 안 되는 거죠. 명사만 꾸미는 형용사가 동사를 꾸미는 위치에 들어간다? 그럼 틀린 문장입니다.

잡부품이 형식에서 어떻게 나타나는지 구체적으로 알아보기!

한정충 한정사

애는 다른 잡부품하고 다른 점이 있어요. 다른 잡부품들은 보통 **빼버려도** 의미는 변할지언정, 문법적으로는 괜찮은 경우가 많습니다. 그런데 애는 마음대로 빼버리면 대부분 문법적으로 틀린 문장이 돼버립니다!

형식이나 문장성분에서는 한정사를 신경 쓸 필요가 없어요! 상세한 내용은 "환상의 부품쇼 − 한 정충 한정사 당신은 도대체(p.268)"에서 더 배워보도록 하고, 한정사인 <u>관사</u>가 들어가 있는 문장을 좀 보도록 하겠습니다.

※관사 − a, an, the

(The) dog barked.

(관사)+명사	동사	[품사]
↓	↓	
주어	동사	[문장성분]

애는 S + V, 1형식입니다.

Han−gyu is (an) idiot.

명사	동사	(관사)+명사	[품사]
↓	↓	↓	
주어	동사	보어	[문장성분]

애는 S + V + C, 2형식이고요.

이렇게 관사가 들어가도 문장성분하고 형식에는 전혀 영향을 주지 않습니다.

연결고리 접속사

접속사는 단어–단어나 문장–문장 등 대등한 애들끼리 연결고리 역할을 해준다고 했죠? 접속사가 들어가 있는 문장을 좀 살펴봅시다.

한규가 사과를 샀습니다. 한규가 파인애플도 샀어요.
Han-gyu bought an apple. Han-gyu bought a pineapple.

3형식이랑, 3형식이죠? 이걸 접속사를 써서 한 문장으로 바꾸면?

Han-gyu bought (an) apple (and) (a) pineapple.

명사	동사	(관사)	명사	접속사	(관사)	명사	[품사]
주어	동사		목적어	접속사		목적어	[문장성분]

S + V + O + (접속사) + (S + V 생략) + O. 이걸 펼쳐보면, 3형식 + (접속사) + 3형식입니다! 다 펼쳐놓고 보면, 접속사도 문장성분이나 형식에 영향을 안 주죠?

제 고양이는 공격적이에요. 그러나 전 제 고양이를 좋아해요. 이걸 합치면?

My cat is aggressive, but I like him.

한정사	명사	동사	형용사	접속사	대명사	동사	대명사	[품사]
	주어	동사	보어	접속사	주어	동사	목적어	[문장성분]

S + V + C + (접속사) + S + V + O. 이건 2형식과 3형식 문장의 콜라보레이션입니다. 이렇게 문장과 문장을 합친 경우에도 문장성분이나 형식에 영향은 없어요.

◆ 형용사/부사/전치사 → 수식
명사 꾸밈이 **형용사**, 이놈, 저놈 다 패는 **부사**, 간신배 **전치사**가 문장에 들어갔을 때 어떻게 되는지 알아봅시다. 애들은 문장에서 다른 애들을 꾸미는 용도로 들어가요. 이럴 땐 애들이 빠진다고 해서 문법이 망가지진 않아요! 술통하고 깃발이 있건 없건, 배는 간다는 거죠.

이제 우리는 이런 애들을 **수식**이라고 부를 거예요. 복잡한 문장이 뙇! 나와서 몇 형식인지 찾기가 힘드시다면, 수식을 쫙 빼보세요!

그런데 아까 살짝 언급했듯, 투잡을 뛰는 애들이 있어요. 바로 형용사죠! 얘는 보어류로 쓰이면 잡부품이 아니에요.

2형식: S + V + C(주어 + 동사 + 보어)
5형식: S + V + O + O.C(주어 + 동사 + 목적어 + 목적격보어)

형용사가 밑줄 친 자리에 들어가면 수식이 아닌 거죠! 얘는 빼면 아예 틀린 문장이 돼요. 필수요소입니다.

그리고 때에 따라 전치사도 가.끔.씩. 문장성분으로 쓰이는 경우가 있어요. 얘도 이럴 땐 수식이 아닌 겁니다. 너무 많은 걸 한 번에 배우면 소화가 안 되니까, 이 내용은 "간신배 전치사, 누구냐 넌?(p.298)"에서 다룹시다.

We also saw the blue truck with the trailer.

여기서 수식을 찾아볼까요?

We (also) saw the (blue) truck (with the trailer).

(부사)	(형용사)	(전치사+관사+명사)	**[품사]**
(수식)	(수식)	(수식)	**[문장성분]**

이렇게 됩니다. 수식을 쫙 빼면?

We saw (the) truck이 남아서 S + V + O: 3형식이 됩니다.

She is (a) (very) (kind) person.
대명사 동사 (관사) (부사) (형용사) 명사 [품사]

관사는 내비두고, 수식을 걷어내 볼까요? "She is a person." 이렇게 되는데, 의미는 많이 빠졌지만 문법적으로는 틀리지 않은 문장이죠!

하지만, 이 경우는 어떨까요? 형용사랑 그 문장성분에 주의해 보세요!

He is very strong.
대명사 동사 부사 형용사 [품사]

여기서 수식은 뭘까요? 부사인 very? 아니면 형용사인 strong? 아니면 둘 다일까요?

일단 very를 빼봅시다. very를 빼면 "He is strong." 이렇게 돼서, 의미는 달라지지만 문법적으로는 틀리지 않아요.

반면, 여기서 형용사인 strong을 걷어내면, He is very? 이렇게 틀린 문장이 되어 버립니다. 왜냐면 여기에 있는 형용사는 보어(C)고요, 2형식인 S + V + C의 일원이기 때문이죠.

그렇기 때문에 여기선 very만 수식이고, strong은 수식이 아닙니다.

다른 예도 좀 보겠습니다.

(Mischievous) boys made me angry.　　　※Mischievous 형용사로 짓궂은
(형용사) 명사 동사 대명사 형용사 [품사]
(수식) 　　　　　　　　목적격보어 [문장성분]

S + V + O + O.C로 5형식입니다. Mischievous도 형용사, angry도 형용사이지만, Mischievous는 그냥 boys를 꾸며주는 애로, 문장성분도 아니고 형식도 아닙니다. 그냥 단순한 명사꾸밈

이일 뿐이죠! 그러나, 목적격보어인 angry는 문장성분이자 형식이죠! Mischievous는 없어져도 문장의 의미만 좀 바뀔 뿐이지만, angry가 없으면 아예 문법적으로 틀린 문장이 되죠.

만약, Mischievous를 빼면 돛단배에서 장식용으로 놓아둔 깃발을 빼버리는 셈이고, angry를 빼버리면 돛단배에서 돛을 빼버리는 셈입니다.

갑자기 많은 걸 배웠죠? 찬찬히 읽어보시면 참 쉽습니다.

세 줄이 넘어가는 세 줄 요약

◆ 문장의 5형식이란?

5형식은 영어문장(=배)에서 설계도 같은 역할을 해요. 일단 설계도는 주요 기능(=문장성분)으로 쓰여 있고요, 설계도를 보려면 부품(=품사)과 배의 주요 기능(=문장성분)을 잘 알고 있어야 합니다.

얘는 다음과 같이 요약할 수 있어요.

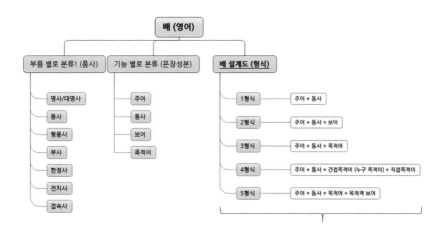

◆ 5형식은 어떻게 생겼을까? 해석은 어떻게 하지?

1형식: S + V

주어(S)는 동사(V)하다

2형식: S + V + C

주어(S)=보어(C)인 걸 생각하면서 적절하게 해석

3형식: S + V + O

주어(S)는 목적어(O)를 동사(V)하다

4형식: S + V + I.O + D.O

주어(S)가 간접목적어(I.O)에게 직접목적어(D.O)를 동사(V)하다

※S + V + "누구 목적어" + O

　S가 "누구"에게 O를 V하다

5형식: S + V + O + O.C

주어(S) + 동사(V) + 목적어(O)까지는 그냥 3형식처럼 해석하고, 목적격 보어(O.C)를 자연스럽게 녹여보기

주의사항– 위에 해석 방법은 참고일 뿐 얽매이지 맙시다. 문맥이 더 중요합니다!

◆ 얘들만 외우면 5형식 끝?

언어를 학습할 때 개인적으로는 문법에 "아 이런 개념이 있구나"라고 이해하고, 자기가 외우기 제일 쉬운 예문을 외워버리는 게 효과적이더라고요.(개취주의)

이게 무슨 말이냐면요, 한국말에서 좀 예를 보여 드리겠습니다.

1. (동사)–(ㅁ)/음에 따라,

2. 정상재란 소득이 증가함에 따라, 수요가 상승하는 재화를 의미한다.

3. 내가 먹는 치킨이 증가함에 따라, 내 체중도 증가한다.

사실 다 같은 한국말 문법인데 1번 개념만 외우면 덜 와닿고 사용하기도 힘들어요. 2번은 정상재라는 개념에 친숙하신 분은 모르겠으나, 보통은 딱 와닿진 않습니다. 반면, 3번은 바로 개념도 와닿고 이해도 쉬워요. 그래서 1번 개념 파악 + 3번 암기 조합이 딱이라는 거죠!

5형식도 마찬가지로 주어 + 동사 + 목적어 + 목적격보어 이렇게만 외우기보단, 이 개념을 이해하고 제일 와닿는 예문을 외우는 게 저는 더 쉬웠습니다. 비슷한 분들이 계실 것 같아 예문을 준비해 왔습니다.(뭘 좋아하실지 몰라서 다 넣어봤습니다.)

1형식 예문)

My cat disappeared.
주어 　　 동사

The baby cried all night long.
주어 　 동사 　　 수식

The dog barked.
주어 　　 동사

※진짜가 나타났다.
주어 　　 동사

2형식 예문)

My cat looks angry.
주어 　 동사 　 보어

His pet is a pig.
주어 　 동사 　 보어

You look silly.
주어 　 동사 　 보어

I am your man.
주어 동사 　 보어

※내 이름은 여포이다.
주어 　 보어 동사

3형식 예문)

My cat hates me.
주어 　 동사 　 목적어

You just activated my trap card.
주어 　 수식 　 동사 　　 목적어

I have a pen.
주어 동사 목적어

※난 윤지가 좋다.
　주어 목적어 동사

4형식 예문

My cat gave me a punch on my face.
　　주어　　동사　I.O　　D.O　　　수식

He showed me the money.
주어　　동사　　I.O　　D.O

He handed me four dollars.
주어　　동사　　I.O　　D.O

※윤지가 나에게 모욕감을 주었다.
　주어　　I.O　　　D.O　　　동사

5형식 예문

I consider my cat a monster.
주어　　동사　　목적어　　O.C

My cat made me crazy.
　　주어　　동사　목적어　O.C

The judge found the keyboard warrior guilty.
　　주어　　　동사　　　　　목적어　　　　　O.C

We called him "Yangsuri Ronaldo".
주어　　동사　목적어　　　　O.C

※윤지는 나를 슬프게 만들었다.
　주어　　목적어　O.C　　동사

두뇌풀가동:
설계도 가지고 배 조립해 보기(5형식)

이제 다 왔습니다. 이 문제를 풀어보고 천천히 고민해 보시면, 영어 문장이 좀 더 쉽게 파악될 겁니다. 정답은 [p.376]에 있습니다.

◆ 배운 걸 섞어보자

1~5형식 문장에 수식을 넣고 스까보겠습니다. 다음 문장들이 1) 문법적으로 올바른 문장인지 틀린 문장인지 확인해 보세요. 틀린 문장이면 넘어가시고, 문법적으로 올바른 문장이면 2) 알맞은 문장성분을 찾아서 밑에 적어주시고, 접속사가 있으면 접속사도 표기해 주세요. 수식이나 한정사에는 괄호를 쳐보세요. 마지막으로, 3) 몇 형식인지 적어보세요. 문제가 좀 복잡하죠? 아래 예시를 보면 이해가 쉬울 겁니다.

※아직 못 배운 문법이 나와서 모르시겠으면, 문장성분은 적지 않고 넘어가셔도 괜찮아요. 모르는 단어는 사전을 검색해 보시길 바랍니다.

예시)) (Pepe's) popularity (steadily) grew (across many countries) (in 2008), and
　　　　　　주어　　　　　　　　　　　　동사　　　　　　　　　　　　　　　　　　　　　　　접속사

(this) frog is (my) (favorite) character.
　　　주어　동사　　　　　　　　　보어

수식을 빼고보면, S + V + (접속사) + S + V + C니까, 1형식 + (접속사) + 2형식입니다.

잘 아시겠죠?

Exercise 1)

I really love enjoy Monday and math.

I saw a handsome man in the restaurant.

My dog is very quietly.

Min-ho is a gently guy.

Anna bought a knife a dish in the large market.

I killed a mosquito on the window, and this made me happy.

My sister was unhappy because she saw a cockroach in her bedroom.

Han-gyu threw a carton of fresh milk at his friends.

Han-gyu is Bronze V, but his friends still like him so much.

Jeong-muk is very fast, and his friends often called him "Yangsuri Ronaldo."

◆ 문장 완전 분석!

문장을 철저히 분석해 보세요. 이번에는 문장성분하고 형식뿐만 아니라 품사도 찾아 써보세요! 아래 예시처럼 말이죠!(틀린 문장은 넣지 않았습니다.) 아까처럼 수식이나 한정사에는 괄호를 쳐보세요.

예시)

Han-gyu painted (his) room pink (on Wednesday) because he (really) loved it.

명사	동사	(한정사)	명사	형용사	(전치사	명사)	(접속사)	대명사	(부사)	동사	대명사	[품사]
주어	동사	목적어		목적격 보어			(접속사)	주어		동사	목적어	[문장성분]

5형식 + (접속사) + 3형식

Exercise 2)

Kyeong-young is a South Korean politician and singer. (※출처: Wikipedia)

Jeong-muk howled after he scored one goal in the match.

The tall guy was super handsome, and I gave him four dollars.

My brother cooked dinner for us, and we liked it very much.

◆ 배를 직접 조립해 보자

문장을 순서에 맞도록 배열해 보고, 몇 형식인지 써보세요.

Exercise 3)

me, gave, his, Han-gyu, pen

————— ————— ————— ————— —————.

are, musty, you

————— ————— —————.

※musty 퀴퀴한 냄새가 나는 (형용사)

the, very, was, cat, happy

————— ————— ————— ————— —————.

makes, she, me, happy

————— ————— ————— —————.

Part ❹

마무리

공통적으로 나오는 질문을 모아봤습니다.

질문) 선생아, 5형식 이런 거 꼭 외워야 해? 그거 완전 구닥다리 아니냐?

답변) 이거 나름 유용합니다. 형식이란 거를 제일 쉽게 설명하면 우리가 쓰는 문장을 쭉 모아서, 같은 패턴을 가지고 있는 놈들끼리 따로 묶어 놓은 거라고 보면 됩니다.

예를 들면, give somebody something이라는 패턴이 있어요. 어?! 그런데 provide도 똑같이 뒤에 somebody something을 씁니다. 요놈 봐라? 근데 다른 몇몇 동사도 이렇게 쓰던데? 얘들끼리 묶어보자!(→4형식) 이런 느낌이죠.

누구는 이렇게 문장들을 묶어서, 총 다섯 가지 형태로, 누구는 69가지로 나눈 거죠. 한 문장, 한 문장 어린애들이 습득하듯 하는 것도 나쁘지 않아요. 솔직히 저도 그렇게 배웠습니다.

근데 이 대표적인 다섯 가지를 알고 들어가면, "아, 이렇게 생긴 애 또 나왔네? 그니까 얘는 이렇게 해석하면 되지?" 이런 식으로 쉽게 입력이 되는 거죠. 영어를 많이 접한 사람은 5형식을 안 배웠어도 머리에서 이미 이 구조를 알고 있는 거고요. 한국인 입장에서는 우리에게 낯선 4형식, 5형식 같은 개념은 알면 꿀입니다.

그렇다고 5형식에 과도하게 집착하는 건 강추하진 않아요! 사실, 한 문장, 한 문장 습득해도 어느 순간엔 비슷한 결과로 나오겠지만, 초보 입장에선 5형식을 외우는 것도 효율적일 수 있다는 겁니다.

길문) 문장을 봐도 몇 형식인지 잘 모르겠어. 어떻게 해야 해?

답변) 형식을 알려면 문장성분을 적어보면 됩니다. 문장 밑에 S, V, O, 이런 식으로 써보시면 좋아요. 수식이 너무 많다 싶으면 수식을 슥 빼놓고 보면 훨씬 편하게 알 수 있죠.

길문) 문장성분은 또 어떻게 알아? 문장 보고 있으면 뭐가 주어고, 뭐가 목적어고, 뭐가 보어인지 잘 모르겠음.

답변) 일단, 수식 제외하고 나머지 애들이 어디 있는지 <u>위치</u>를 봐야 합니다. (물론 접속사도 생각해 주셔야 합니다.) 영어는 특수 구문을 제외하면, 보통 우리가 배운 5형식 순서대로 문장을 쓰니까, 그 위치를 보고서 문장성분을 맞추는 거죠.

즉, <u>수식은 빼고!</u> <u>접속사 잘 생각하고!</u> 보면, 엔간해서는 S + V(1형식), S + V + C(2형식), S + V + O(3형식), S + V + I.O + D.O(4형식), S + V + O + O.C(5형식) 이 순서 중 하나로 나옵니다.

길문) 그걸 구분하려면 품사를 알아야 하잖아? 어떤 애가 명사인지 형용사인지 동사인지 이런 게 구분이 잘 안 가. 그리고 또 어떤 애는 동사라고 배웠는데, 다른 곳에서는 명사래. 이럴 땐 어떻게 해야 해?

답변) 일단 문장성분을 파악하면 어느 정도는 품사를 파악할 수 있어요.

품사가 어떤 짝꿍하고 붙어 다니는지 보면 해결이 되는 경우도 많습니다. 예를 들면, 보어로 온 형용사 말고, 명사 꾸밈인 형용사는 보통 명사 앞에 오죠. 간신배 전치사는 보통 뒤에 명사를 달고 다닙니다. 이런 걸 명심하고 문장을 보다 보면, 문장 형태에 익숙해져서 저절로 파악이 돼요.

또 영어는 하나의 단어가 한 품사로만 끝나지 않는 경우가 정말 많습니다. 한 단어가 명사도 되고, 동사도 되고, 형용사도 되고 이런 식일 때가 정말 많아요. 이거는 사전을 찾아야 합니다. 사전에는 품사가 다 나와 있어요! 사전 찾는 법은 추후에 자세히 설명합니다.

질문) 해석할 때, enter는 "~에 들어가다"라고 해석 가능하니까 "I enter into 장소" 이렇게 돼서 1형식인 건가?

답변) 문장 해석할 때, 한글로 접근하는 거 주의해야 합니다.

영어권 사람들이나 우리나라 사람이나 생각하는 게 어느 정도 비슷한 것도 많아서, 문법 공부할 때 한글로 접근해도 전혀 문제가 없는 경우도 물론 있어요. 예를 들어, "내 이름은 존이다."="My name is John." 이런 경우는 괜찮습니다.

그런데 영어권 사람들이랑 우리랑 생각이 완전히 같을 수는 없겠죠? 그래서 한글로 접근하면 틀리는 경우가 생깁니다.

예를 들면, 우리나라 말로는

  1) 그는 방"에(into)" 들어갔다.
  2) 우리는 중요한 이슈에 "대해(about)" 토의했다.

이런 식인데, 얼핏 보면 위 문장에서 이렇게 전치사 비슷한 친구들이 들어가 줘야 할 것 같아요. 하지만, 외국인들이 보기엔 enter는 들어가다가 아니라 "~에" 들어가다라는 의미입니다. 영영사전 설명에 보면 enter=go into라고 쓰여져 있어요. 즉, 이미 enter라는 단어에 "~에", 즉, "into"가 들어가 있는 개념으로 받아들이는 거죠. 그래서 전치사 없이 바로 목적어가 나옵니다.

He entered ~~into~~ the room. (X)

He entered the room. (O)

We discussed ~~about~~ important issues. (X)

We dicussed important issues. (O)

질문) 헐, 그럼 어떻게 접근해야 해? 모든 동사가 몇 형식 동사인지 다 외워야 해?

답변) 세 가지 접근 방법을 소개해 보겠습니다! (개취주의)

우선, 방금 말한 대로 (1) 1~5형식 동사를 외우거나, (2) 많이 듣고, 많이 읽거나, (3) 사전을 찾아보면 됩니다. 다 각기 장단점이 있어요.

<u>1번 방법</u> – 동사가 몇 형식인지 다 외워버리기
- 장점: 시험이 코앞이라 빠르게 성과를 내야 하거나, 암기킹이거나 암기퀸인 경우는 좋음.
- 단점: 잘 외워지지 않고, 자꾸 까먹음. 그리고, 이렇게 배워서 쓰거나 말하면 어색한 문장을 만들 가능성이 농후함.

그리고 X형식 동사라고 배웠는데, 알고보면 3, 4, 5형식 다 되고 이런 것도 많아요. Make는 거의 모든 형식이 다 됩니다. 그리고 형식에 따라 뜻도 좀 다르죠.

마지막으로, 문법적으로는 틀리지 않지만, 전혀 안 어울리는 어색한 짝꿍을 써버리는 상황도 발생할 수 있죠.

<u>2번 방법</u> – 많이 듣고 읽기
- 장점: 영어를 잘 할 수 있는 제일 좋은 방법임.
- 단점: 시간이 많이 걸림.

<u>3번 방법</u> – 사전 덕후되기

- 장점: 영어를 정확하게 알 수 있고, 효율성도 좋음. 문법적인 면에서도, 그리고 독해를 할 때에도 유용함.(품사, 예문, 모두 다 확인 가능)
- 단점: 의외로 잘 쓸 줄 모르는 사람들이 많음. 뜻이 너무 많아서 압도되는 경우도 있음.

위 세 가지 접근 방법이 제일 일반적입니다. 저 중 하나에만 너무 치우치지 않는 편이 좋고, 자기 스타일에 맞게 적절하게 조합해야 합니다!

02 사전! 사전을 보자!

본격적으로 사전 찾는 법을 설명하겠습니다. 엥? 그거 대충 찾으면 되는 거 아니냐? 이렇게 생각하실 수 있는데, 영어 실력을 빨리 끌어올리고 싶으면 사전을 "잘" 보는 법을 알아야 합니다.

영어 단어는 한글 단어랑 좀 성격이 달라요. 한국어 사전에서 단어를 검색하면, 보통 품사는 1~2개 나옵니다. 그리고 뜻도 엄청 많이 나오지는 않아요. 근데 영어 단어를 영어 사전에서 검색하면, 품사도 여러 개가 나오고 뜻도 여러 개가 나와요.

국어사전에 "명료하다"라고 검색하면, 품사는 형용사 하나, 뜻도 하나가 나옵니다. 근데 영어 사전에서 영어로 "clear"라고 치면, 품사는 형용사, 동사, 명사, 부사가 나오고, 뜻은 형용사가 15개 정도, 동사가 20개 정도, 부사가 3개, 명사가 10개 정도 나옵니다. (사전에 따라 다름)

즉, 한국어랑 다르게 영어 단어는 보통 한 단어가 여러 개 품사가 다 되고, 뜻도 더럽게 많다는 거죠. (물론, 예외도 많습니다만, 그래도 한국어보다는 저렇게 문어발 걸치는 애들이 많아요.)

이걸 염두에 두고 사전을 봐야 합니다. 사전 보는 법을 초급, 중급, 고급으로 나눴는데 여러분의 실력에 따라 참조하시면 됩니다.

※참고: 영어 사전에 한글이 아니라 영어로 검색하셔야 품사나 예문 같은 정보가 많이 나옵니다.

초급

사전을 찾을 때 영어 초보들이 신경 써서 봐야 하는 부분은 <u>1) 품사, 2) 의미, 3) 예문</u>입니다.

1) 품사(=배의 부품)

영어는 단어 하나 찾으면 이 품사도 되고 저 품사도 되는 애가 많아요. 물론 "1단어=1품사"인 경우도 있으나, "1단어=여러 품사"인 경우가 훨씬 많습니다.

아까 언급한 clear를 예로 들면, 얘는 형용사, 부사, 동사 다 됩니다. 우리가 흔히 동사로만 알고 있는 make도 찾아보면 동사도 되고 명사도 됩니다!

※품사를 알아야 문장성분도 알고, 문장도 이해할 수 있죠.

2) 의미

사전은 일단 당연히 의미를 알려고 찾는 경우가 제일 많을 겁니다.

품사랑 마찬가지로, "1 단어=1 의미"인 경우도 있으나 "1 단어=여러 가지 의미"인 경우가 더더더 많아요. 문제는 사전에 단어를 치면, 의미가 굉장히 많을 때가 종종 있어요. 단어 하나에 딸린 의미가 한 페이지가 넘어가고, 이러면 막 갑자기 분위기 싸해지고 그럽니다.

그럴 때는 일단 맨 위에 있는 <u>2~3개 정도만 보고 넘어가는 것도 나쁘지 않습니다</u>. 왜냐하면, 보통 제일 자주 쓰이는 뜻을 위에 올려놓기 때문이죠. 물론, 뜻이 좀 요상하다 싶으면 아래까지 본 다음 <u>문장에 잘 어울리는 뜻을 찾아야 합니다</u>!

예시 1) **You need to insert the magazine into the gun.**

magazine은 보통 우리가 잡지라고 알고 있죠. 근데 잡지를 총에 껴 넣는다는 말은 너무나도 이상하죠? 사전을 찾아보면 얘의 품사는 일단 명사입니다. 그리고 탄약고, 연장 보관함, 탄창이라는 뜻이 있죠. 여기선 탄창 빼고는 다 이상하겠죠?

예시 2) "proposition"

proposition을 사전에 찾아보면, 일단 품사는 명사와 동사가 있어요. 명사로는 보통 제안, 명제라는 의미이죠. 근데 쟤는 동사로도 쓸 수 있어요. 동사로는 "대놓고 ㅅ관계를 하자고 하다"라는 의미도 있어요.

3) 예문
사전에는 좋은 예문이 많습니다. 그리고 <u>예문을 보면 형식을 알 수가 있죠.</u> 예를 들어 make를 사전에서 찾으면 이런 식의 예문들을 찾을 수 있어요.

예시 1) **He made a chair.**
예시 2) **I made her a dress.**
예시 3) **John made it enjoyable.**

예문에 5형식, 문장성분, 품사가 일일이 나와 있지는 않아요. 그러나, 이렇게 make에 대한 예문을 보고 우리가 배운 걸 적용해 보면, "아, make는 3, 4, 5형식 다 되는구나"라고 파악할 수 있습니다.

그리고 또 하나 덧붙이자면, 한국말로만 영어에 접근했을 때, 틀리기 쉬운 영어문장들이 많습니다. 예문을 보면 이러한 문제도 해결할 수 있어요.

예를 들어, 한국말로만 접근하면 enter는 "~에 들어가다"(enter into), explain은 "~에게 ~를 설명하다"(explain me rules) 이런 식으로 써도 무방할 것 같이 보여요.

그런데 사전을 찾아보면, enter는 into 같은 거 없이 항상 목적어가 뿅 바로 나오고, explain 역시 4형식으로 쓰이지 않는다는 것을 알 수 있습니다.

참고로 사전에 someone, somebody(=sb), something(=sth), 이런 식으로 나와 있는 경우가 왕

왕 있어요. someone이나 somebody에는 선생님, John, 한규, 정묵이 같은 사람이 들어가면 되는 자리입니다. something에는 마음, 물, 선물, 돈과 같은 사물 비스무리한 애들이 들어가면 되는 자리라는 거죠.

중급

중급은 1) 품사, 2) 예문으로 접근해 보겠습니다. 중급부터는 아직 안 배운 내용이 나오기 때문에 죄송하다는 말씀을 먼저 드리고 시작하겠습니다. 가볍게 참고하신 후 넘어가 주세요.

1) 품사
중급부터는 사전에서 명사, 동사, 형용사와 같은 품사를 찾아볼 때 신경 써서 봐야 할 부분이 있어요. 애들은 보통 문법에 따라 모양이 살짝 변합니다. 그리고, 사전에 그 달라진 모양이 나와 있죠.

• 명사
명사를 찾아 볼 때, 이놈이 셀 수 있는 놈인지 셀 수 없는 놈인지를 눈여겨 봐야 합니다.(가산 vs 불가산) 예를 들어, 꼬마는 한 꼬마, 두 꼬마 이렇게 셀 수 있지만, 인내심은 한 인내심, 두 인내심 이렇게 셀 수는 없겠죠?

이게 되게 중요해요. 셀 수 있는 놈은 (1) 부정관사가 붙고, (2) 개수가 두 개 이상일 경우 뒤에 s 같은 거를 붙여야 하기 때문이죠. 셀 수 있는 놈(가산 명사)은 countable noun, 혹은 C라고 표시되어 있어요. 셀 수 없는 놈(불가산)은 uncountable noun, 혹은 UC라고 표시되어 있죠.

자세한 건 "셀 수 있는 놈 vs 셀 수 없는 놈"(p.139)에서 다룹니다.

• 동사
동사는 봐야 할 게 네 가지가 있어요.

첫째, 영어에서는 옛날에 있던 일을 이야기할 때 동사 모양이 변합니다. 이걸 보통 <u>과거시제</u>라고 부르는데, 그때 그 변한 모양을 봐줘야 하죠.(보통은 <u>동사 + ed</u>가 붙음)

둘째, <u>분사</u>라고 해서 잡일을 많이 하는 친구가 있는데, 얘를 만들 때도 동사를 또 부려 먹습니다. 얘는 두 가지 타입이 있어요. 보통 동사 뒤에 ed 붙여서 쓰는 "<u>과거분사</u>", 그리고 동사 뒤에 ing 를 붙여서 쓰는 "<u>현재분사</u>"가 있죠. 얘들의 모양도 사전에서 확인할 수 있죠.

우리 책에서는 과거분사는 <u>ed분사</u>로, 현재분사는 <u>ing분사</u>라고 합니다. 뒤에서 자세히 다룹니다!

셋째, 나, 너, 우리, 그리고 복수형 주어 말고 다른 놈들이 주어면 그걸 <u>3인칭 단수</u>라고 하는데, 영어에서는 얘들이 주어일 경우 또 동사 모양이 변해요. (보통은 <u>동사 + s</u>임)

넷째, 동사 중에는 1, 2형식처럼 목적어가 없는 애들이 있고, 3, 4, 5형식처럼 목적어가 꼭 들어 가야 하는 애들이 있어요. 1, 2형식은 <u>목적어가 없어야 되는 동사</u>(자동사, intransitive verb)고, 3, 4, 5형식은 <u>목적어가 꼭 있어야 하는 동사</u>(타동사, transitive verb)라고 해요.

전부 아직 안 배운 개념들이죠? 일단 참고만 하시고 넘어가도 무방합니다!

• 형용사

형용사는 모양을 조금만 바꾸면 <u>비교질</u>을 할 수 있어요. 누가 더 크고(tall + er → taller), 누가 더 작은지(small + er → smaller), 누가 제일 예쁜지(pretty → the prettiest) 이런 식으로 비교 질을 하는데 사전에 보면 이런 모양 변화도 다 나와 있습니다.

자세한 건 "네가 더 못생김 vs 응, 넌 제일 못생김" (p.261)에서 다룹니다.

2) 예문

아까는 형식 위주로 봤으면, 이제는 단어가 어떤 애들이랑 같이 노는지를 봐야 합니다. 예를 들 면, 어떤 전치사랑 노는지 봐야 하는 거죠.

예문을 가만히 살펴보면, <u>단어가 누구랑 잘 어울려 노는지 알 수 있어요.</u>

예를 들어보면, "빼앗다"라는 뜻을 가진 deprive라는 동사가 있어요. 얘를 당장 검색해서 예문을 가만히 살펴보면 deprive + somebody + of + something 이런 구조로 나와 있는 걸 알 수 있습니다. somebody에게 something을 빼앗는다는 식의 해석이죠.

The cat <u>deprived</u> me <u>from</u> fish. (X)
The cat <u>deprived</u> me <u>of</u> fish. (O)

또, 어떤 동사들은 아직 배우진 않았지만 <u>to 부정사</u>, 혹은 <u>~ing</u> 이런 애들하고 같이 다녀요.

예를 들어보면, "금지하다"라는 뜻을 가진 prohibit라는 동사가 있어요. 얘는 prohibit + some-body + from + <u>~ing</u> 이런 식의 형태가 많이 쓰이죠.

The government <u>prohibited</u> Han-gyu <u>of playing</u> 야수오. (X)
The government <u>prohibited</u> Han-gyu <u>from to play</u> 야수오. (X)
The government <u>prohibited</u> Han-gyu <u>from playing</u> 야수오. (O)

이렇듯, 얘도 어울리는 세트메뉴가 존재하는 거죠.

갑자기 안 배운 애들이 나와서 당황스러우실 수도 있으나 나중에 또 쉽게 다룰 예정이니 편한 마음으로 넘어가시면 됩니다.

고급

고급은 의외로 중급보다 설명할 게 적어요. 고급은 <u>1) 숙어, 2) 유의어/반의어, 다른 품사 형태, 3) 다양한 사전 이용하기</u>로 나눠서 접근해 보겠습니다.

1) 숙어

"The decision was not cut and dried." 이 문장 해석이 가능하신가요?

그 결정은 잘리지도 않았고 마르지도 않았다? 해석이 많이 이상하죠? 그런데 "cut and dried"라는 애들을 사전에서 찾아보면, 이미 결정되어서 변경 못 하는 이런 뜻입니다. 이런 뜻을 알면 해석이 어렵지 않아요.

이렇게 몇몇 애들이 세트로 다니면서, 원래 단어가 가진 뜻하고는 좀 다른 의미로 쓰여요. 이런 애들을 숙어라고 해요. 해석을 해보고 사전을 샅샅이 찾아봐도 뭔가 뜻이 이상하다 싶으면, 저렇게 세트로 묶어서 찾아보세요. 그러면, 숙어가 짠 하고 나올 때가 많습니다.

2) 유의어/반의어, 다른 품사 형태

일단 비슷한 말을 정리해 놓은 유의어, 반대 말을 써 놓은 반의어를 보면 어휘 확장에 많이 도움이 됩니다.

※Thesaurus라는 유의어/반의어 사전을 참조하면 좋습니다.

그리고 사전과 단어에 따라서, 우리가 찾은 단어를 다른 품사로 쓰면 어떤 모양인지 알려주기도 해요. kind라는 단어를 예로 들면, 얘를 "친절한"이라는 의미로 쓸 경우 형용사입니다. 근데 어떤 사전에서는 얘가 부사로 쓰이면 어떻게 생겼는지(kindly), 그리고 명사 형태는 어떤지를(kindness) 알려주기도 한다는 이야기죠. 이런 것 역시 참고한다면 많은 도움이 됩니다.

3) 여러 사전 이용하기

영어 티어가 많이 올라가서 좀 수준급이 되면 다양한 사전을 이용하는 게 좋습니다.

언뜻 보면 저게 필요한가? 이렇게 보실 수 있으나 간혹 매우 유용합니다. 예를 들어, elegant라는 단어는 대부분의 사전에서 우아한, 고상한 이런 종류의 뜻만 적혀 있어요. 하지만 어떤 출판사에서 나온 사전에서는 "정밀한"이라는 뜻이 실려 있습니다. 과학이나 통계 분야에서는 elegant를 문맥에 따라 "정밀한"이라고 쓰기도 합니다. 참고로 N사 포탈에서 제공하는 사전 같은 경우,

출판사별로 뜻을 볼 수 있는 기능이 있어요.

그리고 영영사전은 보통 예문도 더 좋고, 더 최신 정보를 제공합니다. screenshot이라는 단어는 2017년 중순을 기준으로 국내 사전에서 찾아보면 명사로만 나와요. 근데, 영영사전에서는 대부분 이 screenshot이라는 단어가 명사도 되고 동사도 된다고 소개하고 있죠.

호오, 독해력이 올라가는군요

독해력을 올리기 위해선 당연히 문장을 빨리 파악해야 해요. 그러기 위해서 필요한 과정을 간략히 소개하겠습니다!

당연한 소리지만 문장을 분석할 줄 알아야 해요. 뭐가 주어고 뭐가 동사고 뭐가 수식인지만 알아도 훨씬 편해집니다.

이걸 위해서는 우리가 해봤던 걸 하면 됩니다!

예시) **My brother cooked dinner for us, and we liked it very much.**

(한정사)	명사	동사	명사	(전치사	대명사)	(접속사)	대명사	동사	대명사	부사	부사	[품사]
주어		동사	목적어	수식		(접속사)	주어	동사	목적어	수식		[문장성분]

S + V + O + (접속사) + S + V + O: 3형식 + (접속사) + 3형식

일단 적당히 쉬운 문장을 뽑아서 품사, 문장성분, 형식, 그리고 수식을 찾아서 위처럼 쭉 써보세요. 치열하게 고민해 보고 사전도 찾아보되, 한 문장에 너무 시간을 오래 쏟지는 말고 적당히 넘어가시는 걸 권장합니다. 이거만 집착하는 것도 진짜 시간 낭비일 수 있거든요.

익숙해지면 문장 난이도를 조금 올립시다. 그것도 익숙해지면 문장성분이랑 품사는 굳이 찾지 말고, 형식이랑 수식만 찾으세요.

이것도 익숙해지면, 주어랑 동사, 수식만 찾고, 이것마저도 익숙해지면 아마 이제 머릿속에서 자동으로 영어문장이 분석될 겁니다. 하나하나 적을 필요가 없어요. 마치 자전거 처음에 배울 때만 신경 쓰이고, 그 이후로는 저절로 탈 수 있는 것과 비슷합니다.

여기에 자주 쓰이는 특수구문하고, 숙어 등을 배우다 보면, 일반인 수준에서는 영어 독해가 절대로 두렵지 않을 겁니다! (하루 10~30분 정도씩 6개월만 투자해 보세요.)

● 설명충의 부연설명 - 뭐가 주어고 뭐가 목적어지?

복잡한 문장이 있으면, 어디까지가 주어고 어디까지가 수식인지 헷갈립니다. 주어 같은 경우는 조금 파고들면, simple subject, complete subject, complex subject 등으로 나뉘는데, 이건 신경 쓰지 마시고, 우리 스타일대로 풀어보겠습니다.

일부러 조금 어거지인 예문을 가져왔으니, 양해 부탁드립니다.(※안 배운 문법도 좀 나옵니다.)

The surprisingly huge but cute cat with blue eyes and the small dog wagging his tail love their owner.

여기서 주어를 찾으라고 하면, The surprisingly huge but cute cat이랑 the small dog 이렇게 고르는 분도 있을 거고, cat이랑 dog이라고 고르는 분도 있고 다양한 선택을 할 수 있을 겁니다.

방법에 따라 두 가지 모두 주어라고 할 수 있는데요. 일단 해석의 편의를 위해서 주어를 찾을 때 cat이랑 dog을 주어로 보고 넘어가는 편이 좋습니다.

왜냐면, 이렇게 모든 수식을 다 빼줘야 얘들한테 맞는 동사도 빠르게 찾고, 문장 구조도 쉽게 알 수 있기 때문이죠.

이런 방식으로 <u>주어를 찾을 때</u> 한 가지 팁은 <u>간신배 전치사는 무조건 빼고 생각하세요</u>. 주인공인 주어를 찾아야 하니까 간신배는 일단 거르고 시작하는 거죠. 세 가지 예시를 들어 보겠습니다.

1) The cat (with blue eyes) was cute.
2) The dog (under the desk) was happy.
3) The king (of the fighters) was tall.

여기서 1번의 경우는 blue eyes가 아닌 The cat이 주어, 2번은 desk가 아닌 The dog이 주어, 3번은 figthers가 아니라 The king이 주어입니다. 뒤에 명사랑 같이 온 간신배 전치사는 앞에 있는 명사를 꾸며주는 수식일 뿐이죠.

● 설명충의 부연설명 – 그런데 수식은 막 빼도 되는 건가요?

수식을 빼도 문장은 문법적으로는 틀리지 않아요! 그러나, 수식은 많은 의미를 담고 있답니다.

예시 1) <u>X나 센</u> **리쉰이 나타났다.**
　　　　 수식

예시 2) 나는 <u>꿈속에서</u> **여자친구와 놀았다.**
　　　　　　　 수식

자, 예시 1에서 X나 센이란 수식을 빼면 의미가 많이 달라지죠? 내 앞에 나타난 리쉰이 X나 센지, 아니면 X밥인지 아는 건 상당히 중요한 일입니다.

예시 2에서도 수식이 없으면 아예 다른 의미가 됩니다. 꿈속에서라는 말을 빼버리면, 우리는 당연히 여자친구가 없음에도 마치 여자친구가 있는 것처럼 거짓말을 하는 셈이 되죠?

그럼에도 영어 강의를 듣다 보면, 수식을 빼라고 하는 경우가 많아요. 왜 그럴까요?

수식을 빼면 문법적으로 꼭 필요한 애들만 남습니다. 이렇게 제일 기본적인 구조를 알아야, 주어 + 동사 같은 문장 성분을 빨리 알 수 있고, 결국 이걸 알아야 수식이 어디에 어떻게 붙는지도 알 수 있어서 복잡한 문장을 더 빨리 해석할 수 있는 거죠.

물론, 수식을 안 빼고도 문장 구조가 바로 보이면 당연히 안 빼도 됩니다.

"나는 여자친구와 놀았다"라는 문장에 수식을 좀 집어 넣어보죠. "나는 <u>꿈속에서 만난 얼굴도 예쁘고, 성격도 좋으며, 나를 잘 챙겨주고, 때로는 엄마처럼, 때로는 아빠처럼, 그리고 LA 시절에는 많은 고난과 역경도 겪었지만 결국은 자신이 이루고자 한 원대한 꿈을 달성하여 타의 귀감이 되고 있는</u> 여자친구와 놀았다."

네, 밑줄 친 부분이 수식이고 좀 억지스럽습니다. 그런데 영어 문장을 접하다 보면 가끔은 저런 식으로 긴 수식이 들어갈 때가 있어요. 이럴 때 기본적으로 수식을 빼고 보면 훨씬 더 빨리 문장 구조를 파악할 수 있다는 겁니다.

거듭 강조하지만, <u>수식을 빼면 문법적으로 문장이 틀리지 않았다는 거지, 의미는 변할 수 있다는 점을 항상 명심하세요.</u>

Chapter 2

환상의 똥꼬쇼는
잊어라,
환상의 부품쇼!

. . .

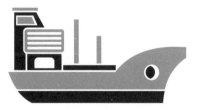

들어가기 전

배(=영어문장) 만드는 법을 배워봤습니다. 여태까지 해온 일이 큰 뼈대를 구축한 거라면, 이제부터 배울 건 세부적인 내용들입니다. 정말 쉽게, 그리고 정말 필요한 내용 위주로 다뤄보겠습니다.

1. 희망과 꿈이 가득한 좋소기업(명사류, 형용사류, 부사류)
2. 단어 뭉퉁이?(단어 vs 구 vs 절 vs 문장)
3. 두뇌풀가동: 구 vs 절

희망과 꿈이 가득한 좋소기업
(명사류, 형용사류, 부사류)

자, 여러분이 꿈과 희망을 품고 어떤 기업에 들어갔습니다. 담당업무는 회계이고요. 정말 좋은 중소기업들도 많습니다만, 어쩌다 보니 회사 분위기도 화기애애해서 가족과도 같고, 정말 너무나도 행복한 좋소기업입니다. 어떤 일이 일어날까요?

좋소기업에서는 회계를 담당하기로 하고 입사했어도 회계만 잘해선 안 됩니다. 여러분의 담당업무는 어느새 회계, 수출입통관, 통번역, 마케팅, 경영지원, 법률지원, 정수기 물갈이, 화분 물 주기, 커피 타기로 늘어나 있습니다.

영어 부품(=품사)에서도 비슷한 일이 일어납니다. 즉,

> 사장님: 동사야, 내가 네 뒤에 −ed 붙여줄 테니까 형용사처럼 일 좀 해봐라.
> 예시: ruin → the ruin<u>ed</u> cake
>
> 혹은,
>
> 사장님: 전치사야, 뒤에 내가 명사 붙여줄 테니까 둘이 같이 명사처럼, 형용사처럼, 혹은 부사처럼 일 좀 해봐라.
> 예시: 전치사 + 명사, A.K.A. 전명구

이렇게 좋소기업에서는 나는 분명 동사였는데, 뒤에 −ed를 붙여놓고 형용사로 일을 하고 있는 자신의 모습을 발견하게 됩니다.

또는, 나는 분명 전치사였는데, 뒤에 명사 하나 붙여주고서는 명사처럼, 형용사처럼, 혹은 부사처럼 일을 하며 혹사를 당하기도 합니다.

이렇게 품사의 형태를 좀 바꾸거나, 아니면 뭐 다른 애를 하나 슥 더 붙여서 한 품사를 다른 품사로 부려 먹고는 해요.

그렇다 보니 어떤 애들은 명사가 아니었음에도 명사처럼 일하고, 어떤 애들은 형용사가 아니었음에도 형용사처럼 일하고 있어요. 또 어떤 애들은 부사가 아님에도 마치 부사처럼 일하고 있는 거죠.

자주 나오는 애들을 다음과 같이 정리해 봤습니다.

명사류	형용사류	부사류
명사	형용사	부사
대명사	ed분사(과거분사)	
동명사	ing분사(현재분사)	
전치사 + 명사	전치사 + 명사	전치사 + 명사
to 부정사	to 부정사	to 부정사

그림으로 표현하면,

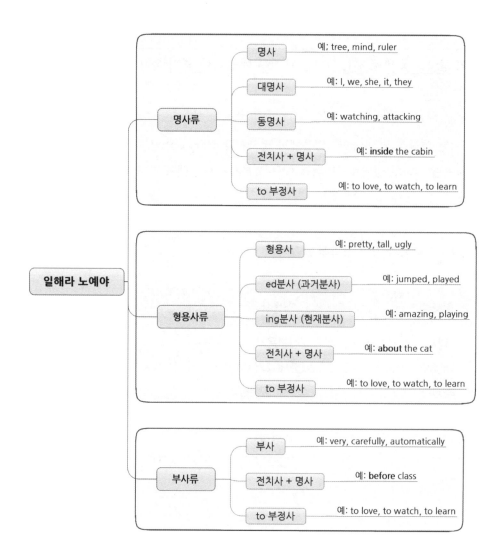

이렇게 나타낼 수 있어요.

<u>~류</u>에 들어가 있는 애들은 그 품사로 쓰일 수 있다는 이야기입니다. 심지어, 짝퉁 같은 느낌일지라도 말이죠. 명사류에 들어가 있는 애들은 명사처럼 쓰일 수 있고, 형용사류에 들어가 있는 애들은 형용사처럼, 그리고 부사류에 들어가 있는 애들은 부사처럼 쓰일 수 있습니다.

※참고: ed/ing분사는 absolute construction과 같이 특이한 용법에서는 부사류에 속한다고 볼 수도 있어요.

※참고: 위 분류는 절대적이지 않습니다. 이론에 따라, 관점에 따라 다르게 분류할 수 있어요.

또 to 부정사 같은 애들은 노예 최적화를 당해서 한 가지 일만 감당하는 게 아닙니다. 얘는 1) 명사처럼 쓰이기도 하고, 때로는 2) 형용사처럼 쓰이며, 또는 3) 부사처럼 쓰이기도 하죠.

얘들을 문장성분에 넣어서 보면요,

이런 자리에 넣어주시면 돼요. 그렇다고 막무가내로 막 넣어주시면 안 됩니다! 이건 아래에서 좀 더 자세히 설명해드리겠습니다.

아직 안 배운 친구들이 더 많죠? 이걸 지금 당장 외울 필요는 없고, 일단 간단히 소개만 하는 자리입니다. 소개팅으로 따지면 서로 번호랑 깨톡만 공유했다고 보시면 돼요. 책 전반에 걸쳐 차근차근 알아가 봅시다.

● 설명충의 부연설명

명사는 주어 자리에 들어갈 수 있죠? 그리고 위에서 보면 "전치사 + 명사"는 명사류에 들어가요. 그럼, 아무 전치사 + 명사를 그냥 마구잡이로 주어에 넣어도 될까요?

그렇게 넣으면 절대 안 됩니다. 막 욱여넣으면 1) 문법적으로 틀리는 경우가 발생합니다. 전치사 + 명사는 명사처럼 쓰일 수도 있으나, 드문 경우입니다. 마구잡이로 이렇게 써버리면 틀려요! 2) 혹여 문법적으로는 괜찮아도 끔찍한 혼종이 탄생합니다. 즉, 문법상으론 okay라고 하더라도, 의미상으로 이상해지거나, 실제로 외국인들은 절대로 그렇게 안 쓰는 예도 있고, 주변 문장하고 같이 읽어봤을 때 진짜 어색하게 보일 수도 있어요.

"경험이 벌써 많은 사람은 취직에 유리합니다."

외국인이 쓴 문장인데요, 밑줄친 부분이 어색하다는 게 바로 딱 보이시죠?

to 부정사나 분사, 동명사처럼 위 표에서 나왔는데 안 배운 애들은 책 후반부에서 자세히 다룰 예정이니 너무 걱정하지는 마세요! 이런 문법을 조금 더 자세히 배운 후, 사전도 많이 보시고 영어도 많이 접하다 보면 감이 생깁니다.

UNIT 02 단어 뭉퉁이?
(단어 vs 구 vs 절 vs 문장)

단어, 구, 절, 및 문장을 깊게 파고들면 생각보다 복잡합니다만, 우리 식으로 쉽게 풀어봅시다.

단어

일단 단어! 단어는 기본적으로 너무 간단하죠? 우리가 배웠던 품사(=부품) 같은 애들이 그냥 <u>하나만 떡</u> 있으면 단어에요.(예: "낙지", "서포터", "더러운", "운전하다", "pretty", "hospital", "run" 등)

단어는 괜찮은데 구와 절이라니? 또 거부감 드는 용어가 나타났습니다.

애들을 쉽게 생각하면, 사장님이 "사랑하는 직원들아, 니네들 요래 똘똘 뭉쳐서 <u>하나의 팀</u>이다!" 이렇게 지시하신 거라고 보면 됩니다. 이 팀에는 여러 직원이 있지만, 회사 내에서 꼭 하나처럼 움직입니다. 즉, 단어들을 하나의 팀처럼 만든 거죠.

구

<u>**구**</u>는 <u>단어들을 뭉쳐서 **하나의 팀**으로 보는 겁니다</u>. 문장 내에서, "어? 얘는 여러 단어가 뭉쳐서 꼭 하나의 팀같이 행동하네?" 이렇게 보는 거죠. 그리고 <u>이 단어들의 팀(=구)</u> 자체는 똘똘 뭉쳐서 마치 명사나, 형용사, 부사처럼 <u>하나의 품사 같은 역할</u>을 해요.

예시 1) I saw a cat <u>under the table</u>.

전치사 + (한정사) + 명사 → 전치사구

예시 2) <u>To have a kitten</u> is happiness.

to부정사 + 동사 + (한정사) + 명사 → to 부정사구

예시 3) Han-gyu sent Su-ji a long text message <u>to confess his love</u>.

to부정사 + 동사 + (한정사) + 명사 → to부정사구

1번은 밑줄 친 부분이 마치 형용사처럼, 2번은 명사처럼, 3번은 부사처럼 쓰였죠.

절 & 문장

그런데 이런 단어 뭉퉁이 안에 주어 + 동사가 있는 놈이 나타났어요! 그럼 얘는 구가 아니라 절입니다. 즉, 구는 단어 뭉퉁이(주어 + 동사 없음), <u>절</u>은 **주어 + 동사가 있는 단어 뭉퉁이**라고 보시면 돼요.

예시 1) I believed **that** <u>my cat stole my food</u>.

(접속사)   주어   동사   목적어
절(that 절)

이렇게 주어와 동사를 가지고 있는 뭉퉁이를 절이라고 합니다. 얘는 접속사인 that이 앞에 와서 that 절이라고도 합니다. 이제 다른 예를 볼까요?

예시 2) <u>정묵이가 키보드를 가지고 있으면</u>, 정묵이는 여포가 된다.

<u>주어(정묵이)</u>   <u>동사(가지고 있다)</u>
절

그런데 그 뒤에 따라오는 부분은 어떤가요? 여기에도 주어와 동사가 있습니다.

예시 3) 정묵이가 키보드를 가지고 있으면, <u>정묵이는 여포가 된다.</u>
주어(정묵이) 동사(되다)

애도 절일까요? 네, 애도 절입니다. 그럼 2번하고 3번의 차이가 뭘까요?

"정묵이가 키보드를 가지고 있으면"

딸랑 이렇게만 쓰면 될까요? 당연히 애 혼자 이렇게 떨어져 있으면 안 됩니다. 쓰다 만 문장이죠. 이렇게 <u>혼자로는 부족한 찌질이 같은 절</u>을 **종속절**이라고 부릅니다. 어디에 꼬봉처럼 종속되어야 하기 때문이죠.

반면, "정묵이는 여포가 된다." 애는 혼자 있어도 문장이 이상하지 않죠? 이렇게 <u>혼자 내버려둬도 알아서 잘 사는 독립성이 강한 절</u>을 **독립절, 혹은 주절**이라고 합니다.

예시 4) <u>Even though Su-ji read Han-gyu's message,</u> she ignored it.
주어   동사
절 (종속절)

예시 5) Even though Su-ji read Han-gyu's message, <u>she ignored it.</u>
주어   동사
절(독립절)

독립절을 떼어놓고 봤을 땐 문장하고 전혀 차이가 없습니다. "She ignored it." 이거는 또 그냥 한 문장이거든요. 학자들마다 좀 다르게 구분하고 있고, 문장도 여러 갈래로 분류할 수 있지만, 우리 수준으로 쉽게 가봅시다.

Even though Su-ji read Han-gyu's message, <u>she ignored it.</u>

→ 독립절(O), 문장(O)

<u>Even though Su-ji read Han-gyu's message, she ignored it.</u>

→ 독립절 (X) , 문장 (O)

이렇게 문장이 독립절보다 더 큰 개념이죠.

단어, 구, 절, 문장의 관계를 쉽게 요약해 봅시다.

> 문장 ≥ 절(단어 뭉퉁이, <u>주어 + 동사</u>) > 구(단어 뭉퉁이, <u>주어 + 동사 없음</u>) > 단어

절은 두 가지로 나뉘고, 혼자로는 부족한 찌질이 같은 절은 **종속절**, 혼자 내버려둬도 잘 사는 독립성이 강한 절을 **독립절, 혹은 주절**이라고 하죠.

● 설명충의 부연설명 – 구와 절, 어디까지 알아야 할까?

구와 절도 깊이 파고들자면 엄청 복잡합니다. 문법적인 관점에 따라서는 분류하기가 모호한 경우도 있고요. 예를 들어, 구를 분류해 보자면 NP, VP, AP, ADVP, PP 등등에 심지어 이론적으로 따지자면, DP도 있고, 기능적으로 보면 IP, CP, TP 등 여러 가지가 있습니다.

또 일부 현대 문법에서는 문장이 아닌 절을 기본 분석 단위로 쓰기도 합니다. 이러면, 문장과 절의 경계가 더 모호해지죠. 하지만, 우리 수준에서는 위에 요약한 내용 정도만 아시면 됩니다.

두뇌풀가동: 구 vs 절

밑줄 친 부분이 구인지 절인지 맞춰보세요. 정답은 [p.379]에 있습니다.

예시)) Han-gyu sent Su-ji a long text message <u>to confess his love.</u>

(구 / 절)

Exercise 1.

We saw the blue truck <u>with the trailer.</u>

(구 / 절)

Han-gyu threw a carton of fresh milk <u>at his friends.</u>

(구 / 절)

<u>When an evil kingpin kidnaps Sa Rang,</u> Kim must agree <u>to fight</u> <u>in a boxing match.</u>

(구 / 절)　　　　　　　(구 / 절) (구 / 절)

(출처: Wikipedia)

※kingpin: 두목, 우두머리, kidnap: 납치하다

명사류 가지고
이것저것 해보자

명사 대신 쓰는 대신맨 대명사 배웠던 거 기억나시죠?(예: he, they, this, you, me, that 등) 그 대명사에도 여러 가지 종류가 있습니다. 이중에서도 <u>사람을 가리키는 대명사를 따로 묶어서 인칭대명사(personal pronoun)</u>라고 해요. 우선 간략하게 인칭에 대해 알아보고, 닝겐용 대명사인 인칭대명사는 왜 배워야 하는지, 그리고 어떤 개념인지 알아봅시다.

인칭과 인칭대명사

인칭은 1인칭, 2인칭, 3인칭으로 나뉩니다. 제 마음대로 표현하자면, 1인칭은 제일 소중한 최고 존엄 "나", 2인칭은 "너", 3인칭은 나와 너를 제외한 나머지 떨거지들입니다.

영어에서 인칭대명사는 다음과 같아요.

1인칭	2인칭	3인칭
I, we	you	he, she, it, they

※참고: we는 우리입니다. 우리는 나 + 너, 즉 I를 포함하고 있기에 1인칭으로 쳐요.

닝겐용 대명사(인칭대명사)

그런데 이 인칭을 굳이 배우는 이유는 뭘까요? 첫째, 다른 명사/대명사들은 딱히 크게 모양이 변하지 않는데 이 <u>인칭대명사는 지들이 뭐라도 되는 줄 알고 <u>모양이 변합니다</u>. 둘째, 애들 <u>뒤에 오는 동사도 모양이 좀 달라져요</u>.

인칭대명사는 쓰임새에 따라 모양이 변화하는데, 총 4단 변신을 합니다.

※영어에서 변신하는 애들은 꼭 외워둬야 합니다! 영어를 읽고, 듣고, 말하고 쓸 때도 필요하고, 문법문제에서 단골로 나오기 때문이죠.

일단 제일 기본 형태이자 주어 자리에 오는 (1) 주격 대명사, 얘가 목적어로 변신한 모양인 (2) 목적격 대명사, 단비 거!!!!를 연상시키는 "~(의) 것" (3) 소유대명사, 그리고 지 자신을 언급해 줄 때 쓰는 (4) 재귀대명사, 이렇게 총 4단 변신의 형태입니다.

이걸 표로 그려볼까요?

	주격 대명사 (주어자리)	목적격 대명사 (목적어자리)	소유대명사	재귀대명사 (내가 또 나 언급)
1인칭	I (나는)	me (나를)	mine (내 것)	myself (나 자신)
2인칭	you (너는)	you (너를)	yours (너의 것)	yourself (너 자신)
3인칭	it (그것은)	it (그것을)	(없음)	itself (그것 자체)
3인칭 (남성)	he (그는)	him (그를)	his (그의 것)	himself (그 자신)
3인칭 (여성)	she (그녀는)	her (그녀를)	hers (그녀의 것)	herself (그녀 자신)
1인칭 (복수)	we (우리는)	us (우리를)	ours (우리의 것)	ourselves (우리 자신)
2인칭 (복수)	you (너희들은)	you (너희들을)	yours (너희들의 것)	yourselves (너희들 자신)
3인칭 (복수)	they (그들은/그것들은)	them (그들을/그것들을)	theirs (그들의 것/그것들의 것)	themselves (그들 자신/그것들 자신)

※한글 해석은 참고용이에요. 상황에 따라 적절하게 해석합니다!
※이 표는 외우기 싫어도 외우셔야 합니다.
※we는 나를 포함하고 있기에 1인칭에 속합니다.

아직 좀 안 와닿으시나요? 다음 문제를 보면 조금 더 이해가 쉬울 겁니다. 괄호 안에서 알맞은 답변을 선택해 보시겠어요?

　1. 나는 고양이를 싫어한다.

　(I / me / mine / myself) dislike the cat.

　2. 고양이는 나를 싫어한다.

　The cat dislikes (I / me / mine / myself).

　3. 나는 너의 것이다.

　　I am (you / yours / yourself).

　4. 복수(vengeance)는 우리의 것이다.

　　Vengeance is (we / us / ours / ourselves).

　5. 나는 나 자신을 차버렸다(kick).

　　I kicked (I / me / mine / myself).

정답은

　1. 나는 고양이를 싫어한다. → I dislike the cat.
　2. 고양이는 나를 싫어한다. → The cat dislikes me.
　3. 나는 너의 것이다. → I am yours.
　4. 복수(vengeance)는 우리의 것이다. → Vengeance is ours.
　5. 나는 나 자신을 차버렸다(kick). → I kicked myself.

이렇게 됩니다. 1번은 주어 자리이니까 I이죠. (주어자리 닝겐용 대명사=주격 대명사)

그런데 2번 같은 경우, 나인 I가 목적어 자리에 들어가서 "나를"이라는 의미로 쓰이죠. 그럼 표를

따라가서 보면, me로 변합니다.(목적어자리 닝겐용 대명사=목적격 대명사)

3번과 4번에서는 "~거!"를 나타내는 소유대명사가 나옵니다. 우리 나라말에서는 "너의 + 것", "나의 + 것" 이런 식으로 표시하지만, 영어에서는 "~의 것"을 아예 한 단어로 표현해요.

즉, 나의 것 → mine, 너의 것 → yours 이런 식입니다. 3번에서는 너의 것(yours), 4번에서는 우리의 것 (ours) 이렇게 넣어주시면 됩니다.

5번에서는 주어가 자기 자신을 또 언급하는 재귀대명사가 나왔어요. 5번의 경우, 주어인 내가 (I) 주어인 "내 자신"을 찾기 때문에, myself라고 써야 합니다. 다른 예를 좀 볼까요?

The cat groomed itself.   ※groom (동사: 손질하다, 치장하다)

고양이가 고양이 자신을 손질했으니까, itself라는 재귀대명사가 쓰였습니다.

힙합 매니아인 한규가 생일을 맞아 자기 자신한테 비니를 사줬습니다. 한규가 자기 자신한테 비니를 사줬다는 문장을 표현하면,

Han-gyu bought himself a beanie.

이렇게 되는데요, 주어인 한규가 자기 자신에게 비니를 줬기 때문에 재귀대명사를 써준 거죠.

● 설명충의 부연설명 – my, your, its 같은 소유격은 왜 없어요?

보통은 인칭 대명사를 다룰 때 소유격도 같이 나오지만, 지금은 "대명사"에만 초점을 맞춰봤습니다. 그리고 우리 책에서 소유격은 한정사로 분류하고 있습니다. Oxford 등 권위 있는 서적 및 논문에서도 이렇게 분류하는 경우가 많아요. 한꺼번에 같이 외우면 좋은 점도 있긴 하지만, 우리 책에서 소유격은 한정사 단원에서 다시 다루도록 하겠습니다.

셀 수 있는 놈 vs 셀 수 없는 놈
[키워드: 한정사-관사, 가산명사, 불가산명사, 수일치]

우리나라 말과 달리 영어에서는 어떤 놈을 셀 수 있느냐 없느냐에 따라 정말 많은 게 갈립니다. 그래서 매우 중요한 단원이에요!

먼저 굵직한 내용을 간략하게 정리해 보면 다음과 같아요!

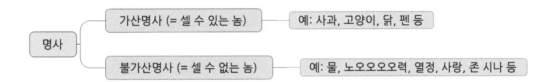

너무 당연하지만, 세봐서 어색하지 않으면 셀 수 있는 놈이고, 어색한 것 같으면 셀 수 없는 놈입니다. 한 꼬마 두 꼬마 세 꼬마 인디언 노래처럼 그냥 세어 보면 상당수는 걸러져요.

하지만 사실 셀 수 있는 놈 vs 셀 수 없는 놈을 완벽하게 구분하기는 어려워요. 또 영어권 사람들이랑 한국 사람들 사고가 달라서, 우리나라 사람들이 보기엔 셀 수 있는 것 같은데, 영어권 사람들이 보면 셀 수 없을 것 같은 애들도 있고요.

셀 수 있는 가산명사하고, 셀 수 없는 불가산 명사의 개념 먼저 이해해 버리고, 뒤에서는 헷갈리는 애들 위주로 다뤄봅시다.

가산명사(=셀 수 있는 놈)

우선, 셀 수 있는 명사 놈(가산명사, countable noun)에 대해 알아봅시다. 대부분의 명사들은 셀 수 있습니다. 우리가 좋아하는 고양이? 셀 수 있습니다. 친구는 어떨까요? 친구도 셀 수 있어요!

셀 수 있는 명사를 또 두 가지로 나눌 수 있어요. 혼자 떡하니 있는 **단수형**하고, 두 놈 이상 같이 있는 **복수형**으로 나뉩니다.

참고로 나중에 또 다루겠지만, 셀 수 있는 명사가 만약 (1) 혼자 온 단수형이고, (2) 앞에 다른 한정사가 없다? 그러면 한정사 중에서도 관사인 a나 an이 꼭 붙어야 합니다.

미처 다루지 못한 부분은 "한정충 한정사 당신은 도대체" (p.268)에서 자세히 다룹니다.

위 내용을 마인드맵으로 정리해 보면 다음과 같아요.

자, 그럼 다시 돌아가서, 셀 수 있는 명사의 단수형이 복수형으로 변신하려면 어떻게 해야 할까요? 어려울 거 없이, 대부분 명사 뒤에 걍 s만 붙이면 됩니다. 고양이 한 마리는 a cat인데, 여러 마리면 cats가 되는 거죠. 그런데 s, sh, ch, x, z로 끝나는 단어 뒤에는 s가 붙지 않습니다. 왜냐고요? 저 뒤에 s를 붙여서 발음해 보세요. 겁나 이상해집니다. 그래서 그냥 s 대신 es를 붙여 주죠. 그리고 y로 끝나는 단어는 y를 i로 바꾸고 + es를 더해 주면 됩니다.

복잡하죠? 정리해 보면 간단해요.

	복수형 만드는 법?	단수형 예시	복수형 예시
대부분의 명사	명사 + s	cat, shield, nerd	cats, shields, nerds
s, sh, ch, x, z로 끝나는 명사	명사 + es	bus, beach	buses, beaches
y로 끝나는 명사	y → i + es	story, family	stories, families

※자세한 건, "님 머릿속에 저장! – 단수명사를 복수명사로 변신 시키자! (1~3)" (p.411)를 꼭 확인하세요!

※변신하는 애가 또 나왔죠? 변신은 꼭 외워주세요!

불가산명사(=셀 수 없는 놈)

이제 셀 수 없는 놈(불가산 명사, uncountable noun)으로 넘어가 봅시다. 딱히 어렵지 않습니다. 한 꼬마 두 꼬마 세 꼬마 인디언 노래처럼 셀 수 있는 애들이 아니라면, 불가산인 경우가 많아요.

가산명사랑은 달리 불가산 명사는 셀 수 없는 놈이라 <u>당연히 복수형이 없습니다</u>. 뭐 셀 수 없는데 어떻게 두 개, 세 개가 되겠습니까?

이제 본격적으로 들어가 보죠. 행운이나 음악은 셀 수 있나요? 한 행운, 두 행운, 세 음악, 네 음악? 이상하죠? 이렇게 추상적인 애들은 대부분 셀 수 없습니다.

호날두랑 존 시나는 어떨까요? 두만강은 어떨까요? 한 호날두, 두 호날두? 세 존 시나? 네 두만강? 이상하죠? 이렇게 자기 이름이나 뭐 특별한 것의 이름을 나타내는 애를 고유명사라고 해요. 애들도 셀 수 없습니다.

이제 살짝 애매한 애들이 나오는데요, 우선 덩어리 같은 놈들입니다. 물, **빵**, 치즈는 셀 수 있을까요? 한 물, 두 **빵**, 세 치즈? 이상하죠? 애들은 플라스틱이나 다른 물질처럼 큰 덩어리의 일부 같은 느낌입니다. 그래서 애들을 셀 수 없어요.

하지만, 애들한테 뭔가 셀 수 있는 단위 비슷한 걸 넣어주면 어떨까요? 물 한 "잔", 아니면, **빵** 한 "조각" 이런 식으로요. 이러면 셀 수 있게 됩니다.(a glass of water, a loaf of bread)

그리고, 가구(furniture), 장비(equipment), 짐(luggage)은 어떤가요? 한 가구, 두 장비, 세 짐? 조금 아리송합니다. 이런 애들은 영어에서 셀 수 없다고 봅니다.

여기서 가구는 1가구 2주택 이런 게 아니라, 장롱, 화장대 같은 애들입니다.

이런 애들은 일종의 큰 테두리, 혹은 집합 같은 개념이라고 칩니다. 가구에는 침대, 창문, 옷장, 장비에는 뭐 망치, 드라이버 이런 애들이 속해 있죠? 각각의 애들, 즉 침대 하나, 드라이버 두 개 이런 식으로는 셀 수 있지만, 그런 애들 전체를 대표하는 대표격인 가구나 장비는 셀 수 없다는 거죠.

그런데 여러분, 솔직히 아무리 규칙을 설명하고 논리를 가져다 붙여도 헷갈리는 게 사실입니다. 왜냐하면, 언어권마다 가산 vs 불가산 구분이 달라요. 어떤 나라말에서는 셀 수 있는데 어떤 나라말에서는 셀 수가 없어요. 즉, 제일 헷갈리는 놈들만 좀 외워놓고, 자주 영어를 접해 보시고, 나머지는 사전을 찾는 편이 좋습니다.(당장 시험이 코앞이라면 조금 다른 이야기겠지만요.)

둘 다 되는 놈들?

예상 외로 하나의 명사인데 셀 수 있기도 하면서, 동시에 셀 수 없는 놈들이 상당히 많이 존재합니다. 도대체 이런 거지 같은 애들은 뭘까요?

얘네들을 사전에서 찾아보면 셀 수 있는 놈일 때랑 셀 수 없는 놈일 때의 의미가 미묘하게 다릅니다.

그리고 어떤 "종류"를 이야기할 때면, 셀 수 없었던 애를 셀 수 있는 애로 여기기도 합니다. 예를 들어보죠. 아까 위에서 배웠던 치즈는 셀 수 없다고 했습니다. 치즈 그 자체는 덩어리 같은 느낌이라 불가산인 거죠. 그런데 또 다양한 종류의 치즈를 가리킬 때는 셀 수 있는 가산 취급을 합니다. 뭐 여러분 눈앞에, 임실 체다 치즈, 군산 모짜렐라 치즈, 고성 리코타 치즈와 같이 치즈의 종류를 나타낼 때는 또 셀 수 있는 애로 취급을 합니다.

단어 chicken을 예로 들어볼까요? 얘를 그냥 살아 있는 동물, 즉 닭으로 부를 때는 셀 수 있다고 치지만, 자신을 희생하셔서 음식으로 거듭나셨을 때는 셀 수 없다고 치는 게 보통입니다.

air 같은 경우, 우리 주변에 있는 공기는 못 세고, air가 느낌, 인상이라는 의미로 쓰였다면 또 셀 수 있다고 쳐요.

사전에서 뭘 찾아야 할까?

"사전! 사전을 보자!" 파트에서도 다룬바 있기에, 간략하게 짚고 넘어가겠습니다. 일단 명사를 찾으면, 셀 수 있는 놈인지(가산 명사, countable, C), 셀 수 없는 놈인지(불가산 명사, uncountable, UC), 혹은 둘 다 되는지 봅니다.

셀 수 있는 놈이면, 복수형은 어떻게 생겨먹었는지 확인합니다. 셀 수 있는 놈, 셀 수 없는 놈, 둘 다에 해당하는 애면 각각의 경우에 의미가 어떻게 달라지는지 확인합니다.

UNIT 03 세 줄이 넘어가는 세 줄 요약

◆ 인칭대명사

다른 명사나 대명사랑 달리, 닝겐용 대명사인 인칭대명사는 지들이 뭐라도 된다고 모양이 변합니다. 이 모양 변화표는 "님 머릿속에 저장! 인칭 대명사 + 소유 한정사 (p.410)"을 참고하시고, 시간 날 때 꼭 외워주세요.

◆ 가산명사 vs 불가산명사

명사를 나누는 기준이야 여러 가지가 있지만, 셀 수 있는지, 혹은 셀 수 없는지를 따져서 가산명사와 불가산명사로 나눌 수 있습니다.

셀 수 있는 가산명사는 항상 생각해야 할 게, 단수형과 복수형으로 나뉜다는 겁니다. 복수형으로 변하면 명사의 모양도 변합니다. 그래야 복수형인지 알아먹겠죠? 보통은 명사 뒤에 s만 붙이면 됩니다.(예: cats, apples)

그 외에 다른 모양 변화는 "님 머릿속에 저장! – 단수명사를 복수명사로 변신시키자!(1~3)"(p.411)를 참고하세요.

셀 수 없는 불가산명사는 앞에 a/an이 붙지 않습니다. 그리고 많은 명사가 셀 수 있는 애인 동시에 셀 수 없는 애이기도 합니다.(예: air vs an air) 이럴 때는 보통 의미가 미묘하게 달라집니다.

명사에 대해 좀 애매하거나 잘 모르겠다 싶으실 때는 사전을 찾아보세요. 사전을 찾아서, 가산인지 불가산인지 알아보시고, 가산이면 복수형은 어떤 모양으로 변하는지 보시고, 가산 불가산 다 되는 애면 의미가 어떻게 변하는지도 참고하세요.

Part ❸

동사 가지고
이것저것 해보자

동사를 빠르게 짚고 넘어갑시다.

주어가 하는 행동 전부 다 동사라고 했죠? 동사는 **동작/행위**나 **상태,** 혹은 **속성**을 나타내는 말입니다.

예시) **move, change, teach, suggest, love, fart, gank** 등

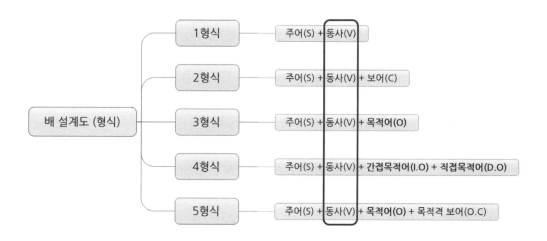

형식에서는 요 부분에 속하는 거 기억나시죠?

다른 부품쇼 단원하고 다르게 배울 게 좀 많습니다. 왜냐면, 동사를 살짝 바꾸거나, 아니면 동사에 뭐 하나 붙여서 많은 걸 할 수 있기 때문이죠.

예를 들면, 동사를 변신시키거나 뭐 하나 더 붙여서 옛날에 한 일인지, 지금 한 일인지, 아니면 미래에 한 일인지도 말해 볼 수 있고, 아무튼 동사는 배울 게 많음.

주어가 솔로면 동사가 위로해 줌 (주어-동사 수일치)

영어에는 우리말에 없는 특이한 개념이 하나 있습니다. 바로, 주어 동사의 수일치라는 개념인데요, 주어 놈이 **단수**냐 **복수**냐에 따라서 동사 모양이 <u>변합니다</u>.

즉, 우리가 봐야 할 건 주어가 솔로냐 커플이냐만 보면 됩니다.

주어가 나름 주인공인데 안타깝게도 **단수**인 솔로예요.(예: A cat, A car, Han-gyu, Personality 등) 그럼 주어 친구인 동사는 위로한답시고 <u>s</u>를 뒤에 달고 나타나는 겁니다.

커플인 **복수 주어**(예: Cats, Cars 등)는 동사가 딱히 s까지 달고 와서 신경 써줄 필요가 없어요. 걍 지들끼리 재미지게 살도록 내버려두면 됩니다.

즉, 이런 식입니다.

단수 주어(솔로) + 동사 + s	복수 주어(커플) + 강 동사
The cat loves me. The dog lives in the house.	The cats love me. The dogs live in the house.

하.지.만 예외가 존재합니다. 우리 같이 강제 솔로인 경우가 있지만, 그렇지 않은 사람들도 존재하죠. 생각해 보세요. 아이유 같은 분들이 만약 솔로라고 쳐도 강제 솔로는 아니잖아요?

이렇듯 솔로 주어임에도 동사가 굳이 위로해 줄 필요 없는 매력적인 친구가 존재하는데 바로 I, You입니다.

예시) I love the cat.   You love the dog.

He loves the cat.   She loves the dog.

이렇듯, I와 You는 솔로여도 동사 뒤에 s가 안 붙습니다.

그럼 아무 생각 없이 무조건 동사에 s만 붙이면 될까요? 아닙니다! 명사를 단수형 → 복수형으로 변신시키는 법칙이 있던 거 기억하시죠? 얘도 거의 같은 규칙을 따라요.

수일치 변신표	동사 변신법	복수 주어용 동사 → 단수 주어용 동사
동사 대부분	동사 + s	예: hit → hits, fart → farts, love → loves, hate → hates
s, x, z, ch, sh로 끝나는 동사	동사 + es	예: push → pushes, catch → catches, pass → passes
"자음 + y"로 끝나는 동사	y → i + es	예: fly → flies, cry → cries

※모음: a, e, i, o, u / 자음: 모음 빼고 다

※자음/모음도 자세히 들어가면 복잡한데, 일단 그냥 제일 접근하기 쉽게 써뒀습니다.

문장에서 보면, 다음과 같습니다!

복수 주어(혹은 I, You) + 동사	단수 주어 + 동사
The cats love me.	The cat loves me.
The babies cry at night.	The baby cries at night.
I hate Han-gyu.	She hates Han-gyu.

그리고 추가로 기억하셔야 할 애들이, do → does, go → goes, have → has입니다. 애들은 너무 자주 나와서 따로 말씀드립니다. 이 주어–동사 수일치는 "현재 시제"에서 나타나요. 변태 be 동사는 또 추가로 신경 써야 할 부분이 있고요. 이런 내용은 뒤에서 따로 다루겠습니다.

이 룰 말고도 다른 애들도 있지만, 우리 수준에선 여기까지만 다루겠습니다.

세 줄이 넘어가는 세 줄 요약

간략하게 정리해 보겠습니다. 주어 동사 **수일치**는 당연히 주어랑 동사 사이에서 발생합니다. **주어가 단수냐 복수냐**, 즉 주어가 솔로냐 커플이냐에 따라서 **동사가 변신**하는 거죠.

주어가 솔로면 주어 친구인 동사가 위로한다고 자기 뒤에 s를 붙이고 나타나요. 그런데 I랑 You는 예외입니다. 커플인 주어에 오는 동사처럼 s 같은 거 안 붙이고 걍 씁니다.

즉, 주어가 단수면? 동사 뒤에 s! 주어가 복수거나 I, 혹은 You면? 동사 뒤에 아무것도 안 붙음!

● 설명충의 부연설명

가끔 주어에 s가 붙으면(복수형이면), 동사에도 s를 붙여야 할 것 같다고 느끼는 분들이 계시더라고요. 이게 헷갈리신다면 이렇게 생각해 보세요.

여러분이 주어라고 쳐보죠. 오늘 밤 주인공이에요. 근데, 다른 친구가 똑같은 옷 입고 오면 좋겠습니까? 싫겠습니까?

[똑같은 옷 참사 S]

주어가 복수형이라 s가 붙으면, 동사 뒤에는 s가 안 옵니다. 반대 경우도 마찬가지고요. 이렇게 말이죠!

The cats love me. / The cat loves me.

두뇌풀가동: 주어가 솔로면 동사가 위로해 줌(주어-동사 수일치)

다음 문장에서 알맞은 정답을 표시해 보세요. 정답은 [p.380]에 있습니다.

예시 1) I (love / loves) him.

예시 2) The (student / students) hate the exam.

Exercise 1.

My cat (love / loves) me.

The (event / events) start at 4:00.

It (start / starts) at 4:00.

They (know / knows) the truth.

He (know / knows) the truth.

They (push / pushes) him too far.

03 동사를 촵촵 분류해 보자

동사는 여러 가지 갈래로 나눌 수 있습니다. 그중에서도 한 가지 방법을 소개해 드리죠.(이해하기 쉽도록 살짝 수정했습니다!)

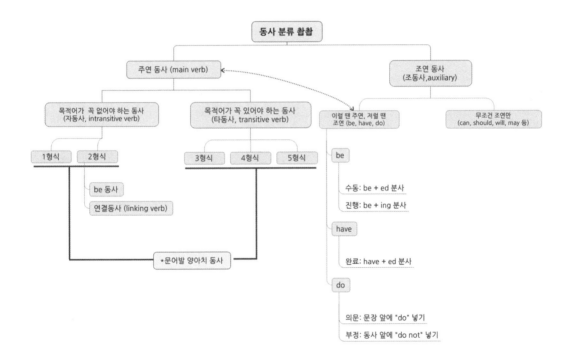

이 그림은 우리가 동사 단원에서 앞으로 쭉 배울 내용입니다.

내용은 좀 더 설명해 드리자면, 동사는 크게 (1) 주연 역할을 하는 main verb와 (2) 조연 역할을 하는 조동사(auxiliary)로 분류할 수 있습니다.

참고로 주연 역할을 하는 main verb는 우리가 이 책에서 쭉 동사라고 배워왔던 애들이에요. 걔들을 또 목적어가 없어야 하는 자동사하고, 목적어가 꼭 있어야 하는 동사인 타동사로 나눌 수 있어요.

저기서 문어발 양아치 동사는 get이나 make처럼 막 여러가지 형식이 될 수 있는 동사들입니다.

나머지 친숙하지 않은 애들은 밑에서 쭉 다룰 예정입니다.

나는 절대 목적어 못 잃어
(자동사 vs 타동사)

방금 앞 단원에서 주연 동사를 "목적어"에 따라 나눠 봤는데요, 딱히 복잡한 게 아니라 문장에 목적어가 있나 없나 보면 됩니다. 동사에 따라서 목적어가 꼭 없어야 하는 동사(자동사, intransitive verb) vs 목적어가 꼭 있어야 하는 동사(타동사, transitive verb)로 분류 가능한 거죠.

이 자동사 vs 타동사 시리즈는 사실 어떻게 보면 이미 형식에서 살짝 배운 겁니다.

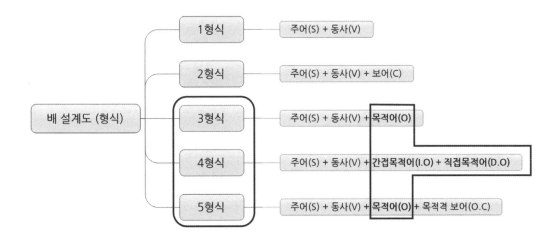

이거 기억나시죠? 여기서 따로 표시한 애들이 목적어입니다. 우리가 민주주의와 대한민국을 못 잃듯, **3, 4, 5형식 동사들은 절대 목적어 못 잃어요.** 왜냐고요? 저기서 목적어가 없어지면 문장 자체가 『틀.린.문.장』이 돼버리니까요!

반면, 위 그림에서 보면 1형식과 2형식에는 목적어가 없죠? 1, 2형식에는 목적어가 있으면 오히려 『틀.린.문.장』이 되어 버립니다.
그래서, 위 그림을 자동사/타동사 구분해서 정리하면 다음과 같습니다.

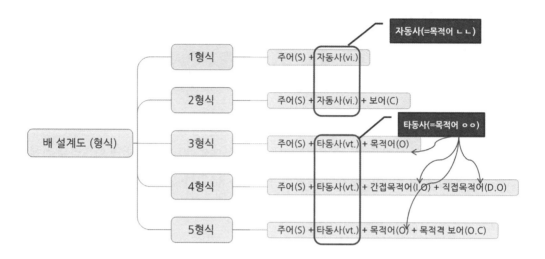

💬 설명충의 부연설명

목적어 못 잃는 동사인 타동사를 어떻게 해야 쉽게 구분할 수 있는지 알려드리겠습니다. 문장을 봤을 때 도대체 동사가 "뭐를", 혹은 "누구를" 어쩌겠다는 건데? 이런 식으로 질문이 가능한지 한 번 생각해 보세요. 예를 들어보죠.

My cat disappeared. 내 고양이가 사라졌다. (X)

My cat looks angry. 내 고양이가 화나 보인다. (X)

My cat hates me. 내 고양이가 나를 싫어한다. 누구를 싫어한다? 나를 싫어한다.

My cat gave me a punch on my face.

내 고양이가 내 얼굴에 냥냥펀치를 날렸다. 뭐를 날렸다? 냥냥펀치!

이런 구분법은 팁일 뿐 절대적인 법칙은 아닙니다! 영어권 사람들이랑 우리나라 사람들이랑 사고가 달라요. "He entered into a room." 한국말로 그냥 해석해 보면, "그는 방으로 들어갔다." 요래서 맞을 것 같죠? 하지만 영어로는 틀린 문장입니다. "He entered a room."이라고 써야 맞아요. 우리말로만 생각해보면 enter는 목적어가 들어가면 안 될 것 같지만, 영어로는 그렇지 않다는 거죠. 이렇듯 목적어가 필요 없는 것처럼, 혹은 필요한 것처럼 보이지만 막상 까보면 그렇지 않은 동사들도 종종 있습니다. 사전! 사전을 보세요!

● 설명충의 부연설명 – 같은 change인데?

예시 1) My life changed completely.

(한정사) 명사	동사	부사	[품사]
주어	동사	(수식)	[문장성분] (1형식)

예시 2) The event changed my cat.

(한정사) 명사	동사	(한정사) 명사	[품사]
주어	동사	목적어	[문장성분] (3형식)

change라는 같은 동사임에도, 1번 문장은 목적어가 없고, 2번 문장은 목적어가 있습니다. 1번은 자동사, 2번은 목적어가 있으니 타동사인 거죠.

그래서 change도 아까 위에서 언급한 문어발 양아치 동사 중 하나입니다. 위 예문을 그림에다 적용해 볼까요?

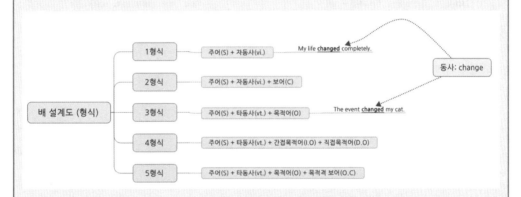

그럼 이렇게 나타내볼 수 있어요. 단! 1번에서 change는 목적어가 없는 자동사죠. 그래서, 내 삶이 "~를" 바꾼 게 아니고, 내 삶이 "바뀌었다"라는 의미입니다. 2번에서 change는 목적어가 들어가니까 타동사고요, 어떤 사건이 (고양이)를 바꿨다는 의미입니다.

요런 의미 차이를 이해하려면 사전이 필요합니다. 이렇게 자동사/타동사에 양다리 걸치는 동사들이 매우 매우 많아요. (예: close, open, stop, run, write, wash 등) 이런 애들을 알아보기 위해서 또 사전이 필요합니다.

linking verb, 변태 be 동사
[키워드: 자동사]

우리가 이미 배웠듯, 형식 중에서 목적어가 꼭 없어야 하는 동사(자동사, intransitive verb)는 두 가지 형식에서 등장합니다. 1형식, 2형식이죠. 나머지 형식에서는 동사들이 목적어 절대 못 잃어요.

1형식: 주어(S) + 동사(V)	2형식: 주어(S) + 동사(V) + 보어(C)
예시 1) **He disappeared.** 주어　　　동사　　　[문장성분] 대명사　　동사　　　[품사] → 1형식	예시 2) **Jane is wise.** 주어　동사　보어　[문장성분] 명사　동사　형용사　[품사] → 2형식

1형식과 2형식 다 기억나시죠?

자, 그런데 이 목적어가 들어가면 안 되는 동사 중에서도 좀 더 알고 넘어가면 좋은 애들이 있는 데요, 바로 2형식에서 출몰하는 <u>linking verb</u>와 <u>be 동사</u>입니다. be 동사는 그래도 많이 들어보셨을 텐데, 아마 linking verb는 익숙하지 않은 분들이 많을 거예요.

linking verb(연결동사)란?

linking verb(연결동사)에 대해 알아봅시다. 사실 애는 조금 가볍게 보고 넘어가셔도 괜찮아요. 우선, 애를 왜 굳이 따로 취급하는 걸까요? 동사는 뭐라고 했죠? "응, 주어가 하는 <u>행동</u> 전부 다 동사야"라고 했죠?

그런데 이 linking verb는 <u>행동을 나타내지 않습니다!</u> 좀 다른 애죠. "link"의 의미는 <u>연결</u>이에요. 그래서 이걸 연결동사라고 하기도 하죠. 이게 특별한 게 아니라 그냥 2형식에서 나오는 동사입니다. 우선, 2형식을 기억에서 소환해 봅시다.

2형식: 주어(S) + 동사(V) + 보어(C)

2형식에서는 주어랑 보어 사이에 "=" 비슷한 관계가 성립한다고 했습니다. 그럼 저 사이에 있는 동사는? 주어랑 보어를 슥 연결하면서, 주어가 어떤 앤지 조금 정보나 알려주고 말 뿐이죠. "=" 이런 관계가 성립하려면 뭐 별다른 의미 가질 수 있겠어요? 연결이나 해주고 말아야죠.

이 예문들 기억나시나요?

예시 1) I became 고자(?!).　나는 됐다 고자가
　　　　주어　동사　　보어

예시 2) Han-gyu is (an) idiot.　한규는 이다 바보
　　　　주어　동사　보어

예시 3) My cat looks angry.　내 고양이는 ~것처럼 보인다 화가 난
　　　　주어　　동사　보어

1, 2, 3번에서 나오는 동사는 "때렸다", "맞았다"처럼 <u>구체적으로 행동이 아닙니다.</u> 여기서 나오는 <u>linking verb</u>들은 "~이다" "~되다"처럼 <u>주어랑 보어를 슥 엮어주면서, 주어가 뭔지, 어떻게 됐는지, 혹은 어떤 상태인지 알려주는 보조적인 역할만 합니다.</u>

※be, become, remain, look, seem, appear, smell, sound, taste 등이 대표적임

그럼 위에 나온 동사들은 무조건 linking verb로만 쓰여서 연결만 슥 하고 마느냐? 아닙니다! 동사는 딱 한 가지 형식만 되는 애들도 있지만, 여러 형식 다 되는 애들도 있다고 이미 말씀드렸습니다. 문어발 양아치 동사 있죠? 애들 중에서도 문어발 양아치 동사가 있어요.

"smell"이라는 동사를 예로 들어볼까요?

예시 1) **Han-gyu smelled his armpit.**

주어	동사		목적어	[문장성분] → S + V + O로 3형식
명사	동사	(한정사)	명사	[품사]

예시 2) **Han-gyu smells awful.**

주어	동사	보어	[문장성분] → S + V + C로 2형식
명사	동사	형용사	[품사]

같은 동사를 썼음에도 형식이 하난 3형식, 하난 2형식이죠? 또 각각의 경우에 의미가 좀 달라요. 1번은 "한규는 그의 겨 냄새를 맡았다"이고, 2번은 "한규는 지독한 냄새가 난다"라는 의미입니다.

1번을 보시면, 한규가 겨드랑이 냄새를 "맡았다"라고 했죠? 행동입니다. 근데 2번은 한규가 무슨 행동을 한 게 아니고 그냥 냄새가 나는 거예요. 2번 문장에서는 smell이라는 동사가 한규와 awful을 자연스럽게 연결해 주면서 "냄새가 난다"라는 정보만 살짝 추가해 줬습니다.

근데 이 smell이라는 동사가 2형식인 linking verb로 쓴 건지, 아니면 다른 형식으로 쓴 건진 어떻게 알 수 있을까요?

몇 가지 단서가 있는데요, 일단 주어를 본 후, 동사인 smell 뒤에 나오는 게 뭔지 봅니다. 또이또이한 보어가 나오면 linking verb고, 동작의 대상인 목적어 종류가 나오면 3, 4, 5형식 중에 하나겠죠?

목적어는 동사가 하는 동작의 대상이 된다고 했죠? 그리고 보통 목적어는 한국말로 해석해 보면 "을/를"이 뒤에 붙습니다. 그리고 보어는 보충이 필요한 애하고 "=" 비슷한 관계가 성립한다고 했습니다.

"Han-gyu smelled his armpit."라는 문장에서, "한규=한규의 겨드랑이" 이런 비스무리한 관계가 성립하나요? 아닙니다. 한규는 겨드랑이가 아니에요. 그럼 보어가 아니겠죠? 한규가 (냄새를) "맡다"라는 <u>동작의 대상</u>은? 자기 겨입니다. 목적어죠.

"Han-gyu <u>smells</u> awful."라는 문장을 볼까요? 여기서 일단 awful은 명사가 아니라서 목적어가 될 수 없어요. 거기다가, "한규=(냄새가) 지독한"이라고 해도 어느 정도 무방합니다.

그래도 헷갈리시면? 사전을 찾아보세요! 여러 번 강조하지만 그만큼 중요하답니다.

자, 말이 좀 길었죠? 조금 장황해서 그렇지 전혀 어렵지 않습니다. linking verb는 2형식에서 나오는 동사입니다. <u>주어랑 보어를 연결</u>해 주고, 주어가 어떤 앤지 <u>조금 더 알려주는 역할</u>을 해요.

그런데 linking verb 중에서도 특히 중요한 애가 있어요. 바로 be 동사입니다. 이제 be 동사에 대해 알아봅시다.

변태 be 동사

사실, 위에서 배운 linking verb는 적당히 개념만 이해하고 넘어가시면 됩니다. 그런데 linking verb에 속하는 be 동사는 열심히 배우고 넘어가셔야 합니다!

왜냐고요? 얘는 변태에요. <u>다른 동사랑 다르게 be 동사는 자꾸 모양이 이상하게 변해요.</u> 그리고 뒤에서 배울 내용이지만, 부정문이나 의문문 이런 거 만들 때 다른 동사랑 성격이 좀 달라요. 거기다가 시도 때도 없이 나옵니다.

우선 <u>be 동사의 의미</u>부터 알아봅시다. 우선 여러 가지 의미가 있지만 제일 대표적인 의미 두 개는 "<u>~(이)다</u>"랑 "<u>있다</u>"입니다. 좀 애매하죠? 예를 들어보겠습니다.

먼저 "~(이)다"부터 가보죠. 여기서 "~(이)다"는 주어가 대관절 뭐하는 앤지 알려줍니다. 주어가 이렇다 저렇다 알려주는 애죠. 예를 볼까요?

한규는 더럽다. **Han-gyu is dirty.**
나는 귀엽다. **I am cute.**
나는 학생이다. **I am a student.**

그런데, 그냥 "~다"만 나온다고 be 동사라고 보면 안 됩니다! be 동사는 linking verb여서 "주어 =보어" 이게 성립한다는 걸 생각하셔야 해요.

예시) 나는 달렸다. **I ran.**
(여기서 "다"는 be 동사와 관련 없음)

고양이는 나를 때렸다. **The cat hit me.**
(여기서 "다"는 be 동사와 관련 없음. 고양이 ≠ 나)

위 두 문장도 "다"로 끝나긴 하지만 be 동사랑은 관련이 없는 거죠.

"있다"를 빠르게 짚고 넘어가면,

음식이 식탁 위에 있다. **The food is on the table.**

이런 식입니다.

이상하게 변하는 변태 be 동사의 수일치 [키워드: 수일치, 인칭대명사]

그럼 이제 be 동사가 대체 뭐가 변태 같은지 알아봅시다. 얘가 주어에 따라서 모양이 바뀌는데 (수일치죠?) 좀 변태같이 지 멋대로 바뀝니다. 일단 보통 동사인 love와 비교해 보겠습니다.

주어	be 동사(기본형 be)	일반 동사 love(기본형 love)
I	am	love
You	are	love
He/She/It	is	loves
걍 3인칭 단수 명사 (예: A cat, John Cena 등)	is	loves
We	are	love
You	are	love
They	are	love
걍 복수 명사 (예: Cats, Dogs 등)	are	love

자, 보면 아시겠지만 보통 동사하고 be 동사의 차이점이 있어요.

love는 주어에 따라서 기본형 그대로 love거나, 혹은 loves인데, be 동사는 am, is, are 이렇게 **모양이 완전 달라져요.**

그리고 love는 주어가 I면 그냥 love를 쓰면 됩니다. 그런데, 이 be 동사는 "I"가 주어로 오면 또 특별대우를 해드려서 am이라고 변합니다. 나는 소중하니까요. 나머지는 변신 모양만 좀 다를 뿐, 크게 특별한 건 없어요. 저 표만 외우면 됩니다.

> ● **설명충의 부연설명**
>
> 학자들에 따라선 이 be 동사를 통사론적으로 봤을 때 일반 동사가 아닌, 조동사로 취급하기도 해요. 이런 지식을 알고 있다면, "오우~영어 잘하는 놈인가?" 이런 소리를 들으실 수는 있겠으나, 복잡하게 생각할 것 없습니다. 우리 수준에서는 그냥 "아, 얘는 좀 변태 같은 관종이니까 신경 써서 봐야겠구나!" 이렇게만 넘어가세요.

be 동사의 수일치까지 배워봤습니다. 이렇듯 주어 동사의 수일치 그 자체는 어렵지 않아요. 그런데도 실수가 많이 나오는 단원이에요. 그러다 보니 영어 문법 문제로 많이 출제됩니다.

그럼 개념 자체는 쉬운데 왜 실수가 많이 나올까요? 깊이 파고들면 여러 가지 이유가 있지만, 보통 다음의 이유가 있습니다.

1) 주어와 동사 사이에 수식이 넘나 많음. 주어랑 동사가 뭔지 헷갈림

2) here/there처럼 문장 순서를 이상하게 만들어버리는 애들

3) 집합명사라고 해서 팀, 가족, 군중 이런 단어들처럼 개개인이 모여 있는 집단을 알려주고 있는 애들

4) indefinite pronoun이라고 3인칭 단수인지 아닌지 좀 애매하게 생긴 대명사들

　※indefinite pronoun의 상당수가 quantifier로도 쓰임. 즉, 애들 대부분이 대명사/한정사 둘 다 됨

5) quantifier라고 해서 양과 관련된 한정사인데 plenty of, a large number of, a majority of 이렇게 생겨 먹은 놈들이 주어 앞에 붙어서 헷갈리게 만듦

6) 접속사가 들어가면 헷갈릴 수 있음

우리 책에서 다루긴 너무 어렵습니다. 일부만 간략히 짚고 넘어가고, 모자라는 부분은 다음 권에서 보충하도록 하겠습니다.

2) here/there: 원래 우리가 알고 있는 문장에서는 주어 다음에 동사가 오죠? here랑 there는 부사인데 뒤집기 빌런입니다. 주어랑 동사 순서를 바꿔버려요.

예시) **There are many examples.**
　　　(주어 아님!)　동사　　　　주어

　　　Here is the report.
　　　(주어 아님!)동사　　　주어

　　　Here comes your taxi.
　　　(주어 아님!)　동사　　　주어

주어 동사 수일치는 주어랑 동사를 봐야 하죠? 1번 같은 경우도 there이 주어가 아니고 examples가 주어이기 때문에 동사는 are이 오는 거죠. 하.지.만, 닝겐용 대명사인 인칭대명사가 출동하면 어떨까요? 이 뒤집기 빌런은 대명사한테 약해요. 힘을 못 쓰고 무력화됩니다

예시) **Here she comes.**
　　　 주어　　동사

There he goes.
　　 주어　　동사

4) indefinite pronoun을 우리 책 레벨에서 다루기는 쪼끔 어렵습니다. 하지만 그냥 넘어가긴 찝찝한 부분이라 "님 머릿속에 저장! – 얘는 대체 뭘 가리키는 거여?(p.413)"에 넣어봤습니다.

5) quantifier라는 양과 관련된 한정사는 "한정중 한정사 당신은 도대체(p.268)"에서 자세히 나옵니다.

6) 접속사가 들어가서 헷갈리는 애들 역시 "누구냐 넌? – 연결고리 접속사 파헤치기(p.287)"에서 배워요.

두뇌풀가동: be 동사 수일치

일반 동사의 수일치랑 be 동사의 수일치를 섞어 보겠습니다. 알맞은 선택지를 골라주세요. 정답은 [p.380]에 있습니다.

예시 1) **The dogs (is /(are)) very cute.**

예시 2) **((He)/ They) hates the teacher.**

Exercise 1.

There (is / are) over 7 billion people on earth, and Han-gyu (is / are) still single.

I (am / is / are) free of all prejudice. I (hate / hates) everyone equally. (W.C. Fields)

I (hope / hopes) that at least your mom (think / thinks) you're pretty.

(Jane / They) are wise.

Kyeong-young (is / are) a South Korean politician and singer. (출처: Wikipedia)

Clementine (is / are) a 2004 action-drama film. In this film, Steven Seagal
(play / plays) a 10-minute role as "cage fight champion" Jack Miller. (출처: Wikipedia)

Exercise 2. 알맞은 선택지를 골라주시고, 이번에는 주어랑 동사도 표시해 보세요.

예시) <u>The dogs</u> (is /(are)) very cute.
     주어   동사

The colors of the dress (is / are) good.

There (is / are) some problems.

The (cat / cats) under the table is so cute.

For him, one of the most important goals (is / are) to have a cat.

There (is / are) a cat in the room.

The (girl / girls) with five (dog / dogs) lives in the house.

06 동사 서폿 조동사
[키워드: 조동사, be, have, do, can, should, will]

이제 동사를 도와주는 조동사에 대해서 알아보겠습니다. 우리가 알고 있는 보통 동사가 메인이라고 한다면 우리가 알아볼 **조동사(auxiliary)**는 동사를 도와주는 동사 서포터에요. 다른 말로 풀어보자면, 동사가 주연이면 이 동사 서포터는 주연을 도와주는 **조연**이죠.

영어에는 동사 서포터 역할을 해주는 애들이 있는데 이렇게 구분해 볼 수 있어요.

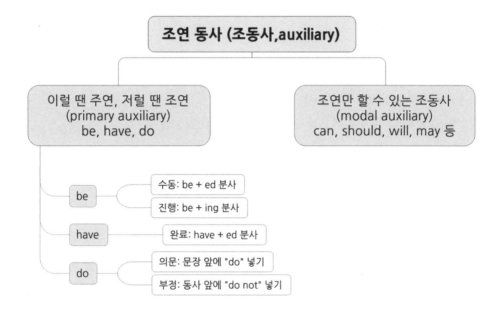

애들은 왜 쓰는 걸까요? 자, 동사가 있으면 동작을 하잖아요? 그럼 그 동작을 살짝 틀어주는 겁니다. 요렇게만 보면 이게 뭔 개소리(?!)냐고 생각하실 수 있으니, 예를 들어보죠.

김복례 씨는 며느리를 <u>만났다.</u>

위 문장에서, 동사인 "만나다"는 조동사가 아니라 주연인 메인 동사입니다. 이 메인 동사에 동사 서포터인 조동사를 끼얹어 보겠습니다.

예시) "~해야 한다" 서포터

　　김복례 씨는 며느리를 <u>만나야 한다</u>.

　　"~할 것이다" 서포터

　　김복례 씨는 며느리를 <u>만날 것이다</u>.

　　"부정" 서포터

　　김복례 씨는 며느리를 <u>만나지 않았다</u>.

　　"수동" 서포터

　　며느리는 김복례 씨에게 <u>만남 『당했다.』</u>

위와 같이 "만나다"라는 동사에 서폿을 붙여서 동사를 살짝 틀어줄 수 있습니다.

자, 그런데 여러분! 영화에서 아예 조연만 전문적으로하는 배우도 있습니다만, 이 영화에선 주연을 맡고 저 영화에선 조연을 하는 배우도 있어요.

또, 게임 좀 해보신 분들은 아시겠지만, 애초에 오직 서포트만 하기 위해 태어난 캐릭터가 있습니다. 반면, 어떨 때는 메인 역할도 하고 또 어떨 때는 서폿도 하는 캐릭터도 있죠.

동사 서포터인 조동사 역시 마찬가지입니다. 어떤 애들은 어떤 문장에서는 주요한 동사(main verb)로 쓰이고, 어떤 문장에선 조동사로 쓰여요. 반면, 어떤 조동사들은 동사로 쓸 수는 없고 동사를 서포트해 주는 조동사로만 쓰입니다. 이제 하나하나 배워봅시다.

이럴 땐 주연, 저럴 땐 조연(primary auxiliary: be, have, do)

자, 익숙한 애들이 나옵니다. <u>have, do</u>, 그리고 모양이 엄청 다양하게 변하는 변태 <u>be</u> 동사인데요, 얘들은 익숙하죠? 또 나중에 자세히 다룰 애들이기에 빠르게 개념만 정리하고 가겠습니다.

얘들은 문장에서 <u>주연을 맡을 때도 있고</u>, 아니면 <u>조연을 맡을 때도 있어요</u>. 즉, <u>어떤 문장에서는 일반 동사로, 어떤 문장에서는 조동사로 쓰이는 거죠</u>.

이제 be, have, do를 조동사가 아닌 <u>주연으로 쓰는 예</u>를 살펴볼까요?

> 예시) be, have, do가 주연으로 쓰였을 때
>
> (be: ～이다, 혹은 있다)
>
> I <u>am</u> your father.
>
> I <u>am</u> yours.
>
> There <u>is</u> a fire starting in my heart.
>
> (have: 가지다, 있다)
>
> I <u>have</u> a pen.
>
> (do: 하다)
>
> I <u>do</u> my best.
>
> I can <u>do</u> it.

그럼 이번에는 be, have, do를 주연을 빛나게 해주는 조연, 즉 <u>조동사(auxiliary)</u>로 써보면 어떨까요?

예시) be, have, do가 조연으로 쓰였을 때

(be: 수동태, 진행)

> 수동 서포터: "be" + ed분사
>
> Min-ji is **loved** by Han-gyu.
>
>
> 진행 서포터: "be" + ing분사
>
> Bok-rye is always **complaining** about her daughter-in-law.
>
> *daughter-in-law 며느리

(have: 완료)

> 완료 서포터: "have" + ed분사
>
> I have **heard** rumors about the deep dark hell hole called "Bronze V".

(do: 부정문, 의문문)

> 부정 서포터: "do" + not
>
> You do **not** know me.
>
>
> 의문 서포터: "do"를 문장 앞에 붙여주기
>
> Do you like kimchi?

위와 같은 경우, be, have, do가 원래 가지고 있던 의미는 없어져요. 즉, 위 문장에서는 대부분 "be: ~이다, 혹은 있다, have: 가지다, 있다, do: 하다" 이런 의미가 아니라는 거죠.(수동태, 분사, 진행, 완료 이런 거 의미 모르셔도 괜찮아요! 아래서 자세히 배웁니다.)

얘네가 특정 조합으로 세트메뉴처럼 뽕! 나타나면, 대부분의 경우 원래 있던 의미는 없어지고 아까 위에서 봤던 김복례 씨 예시와 마찬가지로 <u>동사를 살짝 틀어줍니다.</u>

수동태를 예로 들어볼까요? be + ed분사라는 세트메뉴가 뽕 나타나면 수동태가 됩니다.

Min-ji is loved by Han-gyu.
뮌지는 한규에게 사랑 『당했다.』

여기서 be 동사인 is와 love의 ed분사인 loved가 오기 때문에, be + ed분사 세트메뉴가 됩니다.

그래서 이 세트메뉴는
(1) (사랑)당했다는 의미의 수동태가 되는 거고,
(2) be 동사는 동사를 도와주는 동사 서포터, 즉 조동사가 되는 겁니다. 여기서는 "~이다, 혹은 있다"라는 의미로 쓰이는 게 아니죠.

부정 서포터를 예로 들어보자면, 얘는 "do + not"이라는 세트메뉴가 동사 앞에 오면 부정이라고 약속한 거죠.

그래서, You know me라는 문장에서 "do not"을 동사인 know 앞에 붙여서, "You **do not** know me"라는 문장을 만들면,

(1) "~하지 않다"는 의미의 부정문이 됩니다.
(2) 얘는 위에서 배운 be + ed분사랑은 다르게 그래도 의미가 좀 살아있죠?

한국말하고 비교해 보죠. "김복례 씨는 며느리를 만났다"라는 문장에서 한국말 부정 서포터인 "~않다"가 붙어서 "김복례 씨는 며느리를 만나지 않았다." 이렇게 변신하는 겁니다.

좀 휘리릭 지나갔죠? 개요만 살펴보고 밑에서 상세하게 다룰 테니 너무 걱정하지 마세요!

조연만 할 수 있는 조동사(modal auxiliary: can, should, will, may 등)

반면, 동사 서포터 중에서 주연은 맡지 않고 조연만 전문적으로 하는 애들도 있다고 했죠? 바로 이렇게 생긴 애들입니다.

조연만 할 수 있는 동사 서포터(modal auxiliary, 법조동사)
can, could, shall, should, may, might, will, would, must

이 조동사는 오직 조연 전문, 서포터 전문이에요.

그럼 애들이 하는 일은 뭘까요? 가능성, 능력, 의무, 허락, 필요 뭐 이런 식으로 많이 나와 있습니다. 그런데 잘 안 와닿으시죠?

다음 문장을 가지고 예를 들어보겠습니다. 동사인 "때리다"의 변화를 잘 보세요.

뮌지가 한규를 <u>때리다</u>.
Min-ji hits Han-gyu.

예시) "~할 수 있다(can)" 서포터
　　뮌지가 한규를 <u>때릴 수 있다</u>.
　　Min-ji <u>can</u> hit Han-gyu.

　　"~일 수도 있다(may)" 서포터
　　뮌지가 한규를 <u>때릴 수도 있다</u>.
　　Min-ji <u>may</u> hit Han-gyu.

"~해야 한다(should)" 서포터

뮌지가 한규를 <u>때려야 한다</u>.

Min-ji <u>should</u> hit Han-gyu.

"~할 것이다(will)" 서포터

뮌지가 한규를 <u>때릴 것이다</u>.

Min-ji <u>will</u> hit Han-gyu.

"꼭 ~해야 한다(must)" 서포터

뮌지가 한규를 꼭 <u>때려야 한다</u>.

Min-ji <u>must</u> hit Han-gyu.

어렵지 않죠? 근데 얘들은 한 가지 특징이 있어요. 이렇게 <u>조연만 하는 조동사 뒤에 오는 동사들</u>이 있죠? 그 동사들은 무조건 **원형**이 옵니다.

원형이 뭐냐면요, love라는 동사를 예로 들면, love를 <u>변신 안 시킨 원래 그대로의 형태</u>를 의미하는 겁니다. 즉, can 같은 애들 뒤에 love가 나오면, 뒤에 s, ed, ing 이런 거 없이 그냥 love 그 형태 그대로 오는 게 원형이죠.

He can <u>change</u> his job. (O)

→ He can <u>changes</u> his job. (X)

→ He can <u>changed</u> his job. (X)

→ He can <u>changing</u> his job. (X)

조동사 뒤에 나오는 동사는 그냥 아무 생각 없이 원형으로 팍팍 써주면 되겠죠? 개이득입니다.

이럴 땐 주연, 저럴 땐 조연 vs 조연만 할 수 있는 조동사

여기서는 주연하고 저기서는 조연도 하는 조동사에는 어떤 애들이 있었죠? 네, be, have, do입니다. 반면, 조연만 전문적으로 하는 조동사에는 can, should, will, may 등이 있었죠. 이 둘 사이에는 한 가지 중요한 차이점이 있어요. 간략하게 정리해 보죠!

이럴 땐 주연, 저럴 땐 조연인 애들, 즉 **be, have, do**는 조동사로 쓰일 때도 문장에서 문법에 맞도록 **변신을 합니다.** 주연도 하고 조연도 해야 해서 그런가 봐요.

반면, **조연만 할 수 있는 조동사**, 즉 can, should 이런 애들은 변신하지 않아요.

be 동사가 들어가는 수동태를 예로 들어보겠습니다. 주어에 따른 동사 모양 변화를 잘 봐주세요!

    Min-ji is loved by Han-gyu.

    I am loved by Han-gyu.

    They are loved by Han-gyu.

이런 식이죠.

반면, can 같은 조연 전문 조동사는 주어가 뭔들 변신을 안 합니다.

    Min-ji can hit Han-gyu.

    I can hit Han-gyu.

    Readers can hit Han-gyu.

    Min-ji cans hit Han-gyu. (X)

세 줄이 넘어가는 세 줄 요약

네, 이렇게 동사 서포터인 조동사에 대해서 알아봤습니다. 좀 더 파헤쳐 보면 복잡하지만, 일단은 크게 두 가지 종류로 나눌 수 있었죠? 간략하게 비교해 보면,

be, have, do(primary auxiliary)	can, should, will, may 등(modal auxiliary)
이럴 땐 주연, 저럴 땐 조연	무조건 조연
문법에 맞도록 모양 변함 예시) Min-ji is loved by Han-gyu. I am loved by Han-gyu.	모양 안 변함 예시) Min-ji can hit Han-gyu. I can hit Han-gyu.

이런 차이점이 있었습니다. 아직 안 배운 내용, 혹은 좀 미흡하게 넘어간 내용은 다 이어지는 단원에서 계속 나오니 걱정하지 않으셔도 좋습니다.

● 설명충의 부연설명 – 조동사의 분류?

어떤 분들은 be, do, have가 조동사라는 건 처음 들어보셨을 겁니다. 하지만, 얘네들은 primary auxiliary라고 해서 분명 조동사의 일종이죠. can, should, will 같은 조동사들은 modal auxiliary라고 부르고요.

세부적으로 들어가면 더 복잡해지는데요, marginal modal verbs, semi-auxiliary 등 조동사랑 비스무리한 성격을 가진 애들도 나오고, modal auxiliary는 또 기능에 따라 epistemic modality, deontic modality, dynamic modality 이렇게 나누기도 해요. 우리 수준에선 당연히 알 필요는 없고, 참고하시라고 넣어봤습니다!

● 설명충의 부연설명 – 조연만 할 수 있는 조동사의 해석?

can, should, will, may 같이 조연만 가능한 조동사들 있죠? 위에서 제일 기본적인 뜻은 알아봤습니다. 하지만 얘들을 집중적으로 파고들면, 의미가 굉장히 미묘해요. 일단, could나 would, should만 해도 can, will, shall의 과거형이라고 표현은 하지만, 사실 그렇게만 보는 시각에는 무리가 있습니다.

예를 들어, "예전에 ~할 수 있었다"라는 과거 표현에는 could보다는 was/were able to나 managed to가 더 잘 맞아떨어지는 경우가 많아요. 그리고 또 어떤 특정한 동사(느낌이 지각 동사 일부랑 몇몇 애들)는 was/were able to나 managed to말고 could를 선호하기도 하고요.

우리 책 수준에선 다룰 내용은 아니라 판단해서 한 가지만 간단하게 짚고 넘어가겠습니다. 보통, (can, may)→(could, might)로 갈수록 더욱 가능성이 낮아지거나, 공손한 느낌을 줍니다. 즉, 가능성에 대한 문장이면 may보단 might가 더 가능성이 낮을 거고, 질문하면서 요청을 하는 문장이면, may보다는 might가 더 공손하게 들린다는 거죠.

영어로 말하거나 글을 쓸 때 이런 조동사를 적절히 사용하는 건 생각보단 쉽지 않을 수 있어요. 예를 들어, 공손하게 이야기한다고 may나 might를 남발하면 너무 자신감 없어 보일 수 있고, 또 must처럼 강한 표현 역시도 조심해서 사용해야 해요. 조동사의 적절한 사용은 중급, 혹은 고급 버전의 책에서 좀 더 자세히 다루도록 하겠습니다.

● 설명충의 부연설명 – be, have, do 같은 애들은 주연인지 조연인지는 어떻게 아나요?

얘들이 그냥 동사로 쓰였는지, 조동사로 쓰였는지 헷갈릴 수 있어요. 하지만, 예시를 보면 쉬워요. be 동사를 예로 들어보죠.

예시1) I am your father.

예시2) Min-ji is **loved** by Han-gyu.

예시3) I am yours.

자, 1번하고 3번을 볼까요? 1번은 be 동사 뒤에 your father, 3번은 뒤에 소유대명사인 yours가 나왔네요.

반면, 2번은 be 동사 뒤에 "loved"가 나왔습니다. 동사 love의 ed분사(과거분사)형이죠. 『be + ed분사』라는 세트메뉴는 무슨 의미일까요? 수동태입니다! 이런 식으로 『be + ed분사』와 같이 문법적으로 약속한 세트메뉴(?), 혹은 약속한 구조가 등장하면, be, have, do 이런 애들이 "주연이 아니라 조연으로 나왔구나!" 요롷게 판단할 수 있죠. 이런 세트메뉴들은 앞으로 쭉 배웁니다.

● 설명충의 부연설명 - 조동사가 막 들어가 있는 문장에서 동사는 뭘까요?

조동사 들어가고 거기에 ing분사 같은 분사도 막 들어가고 이러면 뭐가 동사일까요?

예를 들어, "Han-gyu will be sending messages"라는 문장이 있으면, 저기서 동사가 뭘까요? 이 문장을 자세히 분석해 봅시다.

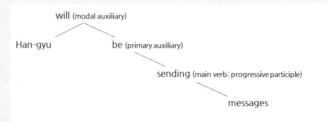

will (modal auxiliary)
Han-gyu   be (primary auxiliary)
                        sending (main verb: progressive participle)
                                        messages

동사 부분 위주로 들여다보면 위처럼 분석할 수 있는데요, will be sending 이거 전체를 일단 동사구라고 엮을 수 있습니다. 구는 단어들을 뭉쳐서 하나의 팀으로 여기는 개념이라는 거 기억나시죠?

저기서 will과 be는 일종의 동사 서포터이고, 굳이 동사 하나를 꼭 집으라고 하면 ing분사인 sending을 꼽는 거죠.

이것도 우리 레벨에서 다룰 내용까진 아니니 참고만 하세요!

두뇌풀가동: 동사 서포터 조동사

문장에서 동사 서포터인 조동사가 있으면 찾아서 밑줄을 그어보세요. 조동사가 없으면 그냥 패스하시면 됩니다. 정답은 [p.382]에 있습니다.

※primary auxiliary와 modal auxiliary 구분 없이 찾으시면 됩니다.

예시)) A prince <u>must</u> therefore be a fox to recognize traps, and a lion to frighten wolves. ※Niccolo Machiavelli

Faker <u>is</u> considered by many to be the best League of Legends player of all time.
※출처: Wikipedia

The cat is very cute.

Exercise 1.

There are over 7 billion people on earth, and he is still single.

Diapers and politicians should be changed often; both for the same reason.

The cat was sleeping under the blanket.

I am always sleepy.

I don't even believe myself when I say I will be ready in 5 minutes.

Yang-ho has been criticized because of his dad jokes. ※dad joke 아재개그

We have done this work for a long time.

Now, we have a really good plan.

I don't believe that low-calorie foods can be delicious.

사랑 『당.했.다.』 – 수동태
[키워드 – 타동사, 조동사 be + ed 분사]

우선, 목적어 절대 못 잃는 동사(타동사, transitive verb)를 잠깐 다시 짚고 넘어갑시다.

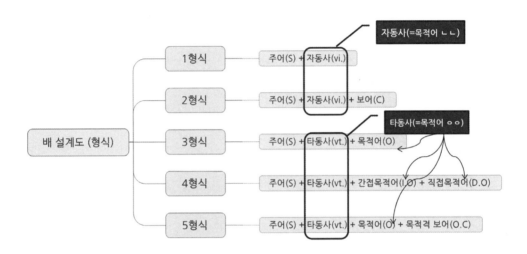

여기서 3~5형식에 해당하는 동사들이 목적어 절대 못 잃는 동사인 타동사에 해당합니다. 얘들은 화살표로 표시한 목적어를 잃으면 틀린 문장이 되어 버립니다.(4형식은 목적어 두 개 주의!)

근데 타동사를 영어로 transitive verb라고 해요. "Transitive"라…. Trans라…. 어디서 많이 들어봤죠? 두뇌풀가동을 해봅시다. Trans랑 관련해서 우리가 흔히 접하는 단어는 "트랜스"젠더와 "트랜스"포머가 있습니다. 이 단어들의 공통점은 뭔가 바뀌고 변하는 거죠? 그럼 타동사에서는 뭐가 변하는 걸까요?

이 목적어 절대 못 잃는 동사들의 특징이 있어요. Transitive, 즉 "바꿀 수 있다"는 이야긴데, 바로 주어와 목적어 **순서를 "바꿔주는" 수동태**(passive voice)라는 걸 만들 수 있다는 거죠.
※1형식(S + V), 2형식(S + V + C)은 목적어가 없죠? 그럼 주어와 목적어의 순서를 바꿔줄 수 있나요? 목적어가 없으니까 당연히 뭐 바꿀 여지조차 없어요. 당연히 수동태로 변신을 못 합니다.

수동태(Passive voice)

수동태에 대해 본격적으로 알아보기 전에 다음 대화를 참고해 주세요.

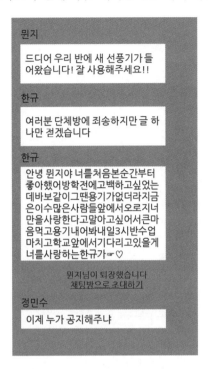

한규는 뮌지를 사랑합니다. 그렇다면 뮌지는 어떤 입장인가요? 뮌지는 한규에게 사랑 『당.했.습.니.다.』

이게 수동태의 기본 개념입니다. 당하는 거니까 적극적, 혹은 능동적인 개념이랑은 거리가 멀죠? 그래서 수동태라고 해요. 좀 억지스럽긴 하지만, 한글로 그냥 막 표현해 봤을 땐, 주어(한규)랑 목적어(뮌지) 순서 바꾸고, 동사에 "당했다"라고 추가해 줬죠? 이걸 이제 영어로 표현해 봅시다.

우선 수동태를 만들어주는 세트메뉴는 『be + 동사ed』입니다.

Han-gyu loves Min-ji.

Min-ji 『is loved』 by Han-gyu.

딱히 어려운 거 없죠? 수동태 만드는 법을 정리하면 다음과 같습니다.

1) 주어(Han-gyu)와 목적어(Min-ji) 위치 바꾸기

2) 동사를 『be + 동사ed』 요렇게 만들어줍니다.

즉, love는 → be loved로 바꿔 줍니다.

그런데 Min-ji가 3인칭 단수니까 be loved → is loved 요렇게 되는 겁니다.

"be + 동사ed"라고 쓰면 영어에서 "(동사)『당했다』"라는 의미로 쓰자! 이렇게 약속한 거죠.

3) 마지막으로 주어였던 단어 앞에 by를 달아줍니다. 위 문장에서는 Han-gyu 앞이죠. Min-ji 가 누구한테, 혹은 누구에 의해 사랑 당했는지 보여주기 위해서죠.

※ "동사ed" 얘는 보통 과거분사, 혹은 p.p 이렇게 부르는데요, 우리 책에서는 앞으로 "ed분사"라 고 부르겠습니다. 자세한 설명은 바로 이어서 나오는 설명충한테 들으셔도 좋고, "일해라 동사야 Ⅱ - ed분사/ing분사(p.312)"를 참고하세요.

간단하죠? 수동태는 예시를 더 보면 훨씬 이해가 쉬울 겁니다.

예시) Han-gyu watches the animation every day.

The animation 「is watched」 by Han-gyu every day.

The doctor treats patients.

Patients 「are treated」 by the doctor.

어때요? 어렵지 않죠? 그런데 한 가지 짚고 넘어가야 할 게 『be + ed분사』 세트메뉴에서 be가 다른 형태로 들어가도 수동태입니다.

무슨 말이냐고요? 저 "be"의 모양이 문법에 맞도록 달라질 수 있거든요. 앞서 배웠듯, 주어에 따라서 is나 are이 될 수도 있어요. 그리고 옛날에 한 일이면 was, were 이런 식으로 표시될 수도 있죠. was랑 were은 다음 단원들에서 쭉 다룰 거니까 너무 걱정마시고, 일단 개념만 대충 챙겨 가시면 됩니다.

예를 볼까요?

예시 1) 리쉰 ganked me.

I 「was ganked」 by 리쉰.

이 문장에서는 be 동사의 과거 형태 중 하나인 was가 나왔습니다. 왜냐하면, 리쉰이 갱킹을 한 시점은 지금이 아니라 과거이기 때문이죠.(이걸 시제라고 하는데 p.203에서 배웁니다!)

어쨌든 was도 be 동사의 변형이기 때문에 『was + ed분사』 요렇게 들어가도 수동태에요.

예시 2) The crab 「is so undercooked」. I can still hear it singing "Under the Sea."

※undercooked – 동사 undercook의 과거형, (음식을) 설익히다

이 문장에서는 중간에 so가 들어갔어요. 「is + (부사) + ed분사」 요렇게 되어 있는 건데, 부사가 꼽사리를 껴줘도 「be + ed분사」 세트메뉴 형태는 계속 있다고 봐야 해요. 얘도 수동태입니다.

예시 3)

3번 문장 역시도 「be released」 요렇게 되어 있으므로 당연히 수동태죠!

수동태에 by는 항상 들어가야 하나요?

사실 by + 뒷부분을 생략해 버리는 경우도 상당히 많습니다. "이럴 때는 무조건 생략한다." 요런 규칙은 없지만, 그래도 다음과 같은 경우에 보통 생략을 해줘요.

(1) 어떤 놈이 했는지 모를 때 생략해 줘요. 이때는 생략하는 수밖에 없겠죠? 지갑을 도둑맞았는데, 누가 훔쳐갔는지 모르는 상황이라면?

   The wallet 「was stolen」.

이렇게 by 뒷부분이 없습니다.

(2) 문장을 예쁘게 쓰기 위해서, 혹은 그 동사 「당.하.는」 놈이 더 중요한 경우에도 by + 뒷부분을 생략해 주기도 합니다.

The Great Wall of China 『was built』 2,200 years ago by the ancient Chinese.

※The Great Wall of China 만리장성

이 문장에서 만약 문맥에 따라 누가 지은 게 중요한 게 아니라, 『지어짐 당하는』 만리장성이 더 중요하다면 "by the ancient Chinese"를 생략해 버릴 수도 있는 거죠.

세 줄이 넘어가는 세 줄 요약

자, 그럼 배운 걸 다시 한 번 정리해 봅시다. 목적어 절대 못 잃는 동사인 타동사는 수동태로 변신할 수 있어요.

Han-gyu loves Min-ji.

Min-ji 『is loved』 by Han-gyu.

요렇게 변신할 수 있습니다. 『be + ed분사』 세트메뉴는 우리나라 말로 치자면, "동사『당.했.다』" 이런 느낌이라고 보시면 됩니다.

또 『be + ed분사』 세트메뉴 구조에서도 "be"는 문법에 맞도록 적절하게 모양이 변해요. "be"의 모양이 is, are, was, were, been 등 아무리 다양한 형태로 변해도 "be 동사류 + ed분사" 요렇게 나오면 수동태입니다.

● 설명충의 부연설명 – 능동태 vs 수동태

Min-ji 「is loved」 by Han-gyu.

다들 아시다시피 얘는 수동태입니다. 민지는 사랑 「당하는」 애죠? 사랑 「당하는」 일은 당연히 적극적이지 않고 수동적인 겁니다. 그래서 수동태라고 하죠. 그렇다면, 수동태로 바꾸기 전의 문장은 뭐라고 부를까요?

Han-gyu loves Min-ji.

수동태의 반대개념은 능동태(active voice)라고 불러요. 한규라는 주어가 수동적이지 않고 능동적으로 민지를 사랑하는 거죠.

● 설명충의 부연설명 – ed분사 그는 도대체…?

자, 동사 끝에 ed를 붙여 놓은 "ed분사"에 대해 조금만 더 알아봅시다. 얘는 이름이 엄청 많아요. 쭉 나열해 볼까요? 과거분사(past participle, 혹은 줄여서 p.p), ~ed form, ~en form 등이 대표적이고, 쓰임새에 따라 passive participle 등 더 세부적인 분류 및 이름도 있습니다. 보통 한국에서는 과거분사나 p.p라고 많이들 배워요.

복잡하죠? 쉽게 갑시다. 일단 언급한 대로 우리 책에서는 동사 + ed를 "ed분사"라고 부르겠습니다.

그럼 ed분사란 뭘까요? "일해라 노예야"에서 간단히 다뤘던 개념인데요,

사장님: 동사야. 내가 니 뒤에 ed를 붙여주고, 앞에 다른 직원들 보내줄 테니까 세트로 일 좀 해.

(예: jump → jumped, look → looked, play → played, ruin → ruined)

사장님이 이래놓고 be를 데려오죠? 그럼 "be + ed분사" 세트메뉴가 완성되는데요, 그럼 이건 ~「당.했.다.」는 의미의 수동태입니다. 만약 be가 아니라 have를 데려오면 또 "have + ed분사" 세트메뉴가 되서 "~해왔다"는 의미를 지닌 애로 변신해요. 얘는 "완료"라는 애입니다.

근데 이게 끝일까요? 우리 사장님을 그렇게 보면 섭섭합니다.

사장님: 동사야, 근데 니가 동사로만 일하면 섭하지. 형용사처럼 일도 좀 해봐라.

(예: ruin → the ruined cake)

여기서 동사인 ruin에 ed를 달아서 ed분사인 "ruined"를 만들고, 이 ruined를 형용사처럼 썼습니다. 즉, 망가진 케이크라는 뜻이 되었어요. 이런 경우에는 앞에 be나 have 같은 다른 애들도 안 붙여줘요.

요약하면, ed분사는 크게 두 가지 방법으로 쓰여요.

1) 다른 애들 + ed분사를 세트메뉴로 써서 수동태와 같은 특별한 문법적인 기능을 나타내거나,

2) ed분사만 따로 써서 형용사처럼 씁니다.

그런데 ed분사는 말이 ed지 되게 다양한 형태로 변신을 많이 해요. 동사 + ed로 끝나는 애들이 대부분이지만, 또 다른 모양으로 끝나는 경우도 많아요. 그렇다 보니, 사전에서 동사를 찾으면 꼭 염두에 두고 봐야 하는 애죠.

(예: sing → sung, see → seen, give → given, do → done 등)

ed의 다양한 태세 변환은 시제 파트에서 같이 다룰 예정이지만, 지금 꼭 보고 싶으시다면, "시제 태세 변환 심층 분석 삼종세트(p.206)"를 참고하세요! 완료랑 ed분사는 뒤에서 자세히 다룰 예정이니 개념 이해만 살짝 하고 넘어가시면 됩니다.

두뇌풀가동: 능동 vs 수동

문장이 능동태인지 수동태인지 구분하시고 능동태면 수동태로, 수동태면 능동태로 바꿔보세요. 정답은 [p.384]에 있습니다. (문제 풀이를 위해 만든 살짝 억지스러운 문장 주의!)

예시 1) **Min-ji is loved by Han-gyu. (능동/수동)**

→ Han-gyu loves Min-ji.

예시 2) **리쉰 ganked me. (능동/수동)**

→ I was ganked by 리쉰.

Exercise 1.

Many students find job offers from the website. (능동/수동)

→

한조우 is picked by Han-gyu nearly every time. (능동/수동)

→

Patients are examined by the doctor on the third floor. (능동/수동)

→

The employees use an electric vehicle as a means of transportation. (능동/수동)

→

아… 안 돼! vs 돼! – 부정문
[키워드: 조동사 do, 부사 not]

우리나라 말에서 부정문을 만들 때 여러 가지 방법이 있지만, 제일 대표적인 건 동사 앞에 "안"이나 "못"을 끼얹는 겁니다.

"된다"의 부정문은? "안 된다"입니다. "본 눈 삽니다"의 부정은 "안 본 눈 삽니다"이죠.

영어에서도 부정문(negative sentence)을 만드는 법은 비슷해요. 동사 앞에 "do not"이라는 세트메뉴만 추가해 주면 됩니다.

참고로, 여기서 do는 조동사고요, not은 "~아니다"라는 의미를 가진 부사입니다.

　예시) **They like kimchi. → They do not like kimchi.**
　　　 김치 좋아함 → 김치 안 좋아함

이런 식이죠. 다른 예도 볼까요?

　예시) **My cat meows at me. → My cat does not meow at me.**
　　　 고양이가 나한테 야옹 함 → 고양이가 나한테 야옹 안 함　※meow(자동사): 야옹 하고 울다.

그런데 이 간단한 문장에서도 체크하고 넘어가야 할 게 두 가지가 있습니다.

첫째! 부정문 세트메뉴를 끼얹으면서 meows → meow가 돼버렸습니다. 왜냐하면, does가 조.동.사이기 때문이죠. 동사서포터 조동사 뒤에 오는 동사는 뭐다? 원형이다! 기억나시죠? 그래서 "do not" 세트메뉴 뒤에 오는 동사는 **원형**입니다.

복잡하면, 그냥 "do not" 부정문 뒤에는 동사 원형이 온다고 기억하시면 됩니다.

둘째! 위 문장에서 "do not"이 아니라 "does not"이 들어갔죠?

『be + ed분사』인 수동태에서 be는 문법에 맞도록 알맞게 변했던 거 기억하시나요? "is + ed분사" "are + ed분사" 이런 거 모두 다 수동태로 친다고 했어요.

"do not" 세트메뉴의 do도 마찬가지로 문장에서 문법에 알맞게 변화합니다. 수련회 조교님이 천사가 될 수도 있고 악마가 될 수도 있듯, 저기서 do는 문장에서 주어, 시제 등에 따라 does도 될 수 있고, do의 과거형인 did도 될 수 있죠.

예시) I read the news. → I did not read the news.
Min-ji gave a gift to her boy friend. → Min-ji did not give a gift to her boyfriend.
Bok-rye cooks for her daughter-in-law. → Bok-rye does not cook for her daughter-in-law.

줄임말 do not → don't

우리도 평소에 줄임말을 많이 사용합니다.
(예: 지방자치단체 → 지자체, 문화상품권 → 문상, 갑자기 분위기 싸해짐 → 갑분싸)

영어에서도 마찬가지로, 매번 did not, does not 이렇게 하기 너무 길고 귀찮은 거임. 그래서,

예시) I don't(=do not) know who you are.
Bok-rye doesn't(=does not) cook for her daughter-in-law.

요렇게 not을 n't로 줄여서 쓸 때도 많습니다!

변태 be 동사와 조동사의 부정문

부정문도 참 간단하죠? 하지만, 영어에는 보통 예외가 있기 마련이죠.

우선, 변태 be 동사입니다. 하, 당신은 도대체… 근데 사실 별거 없고, 그냥 be 동사 부정문은 be 동사 뒤에 "do not" 대신 그냥 "not"만 붙여주면 끝입니다.

> 예시) **립어풀** is a big club. → **립어풀** is not(=isn't) a big club.
>
> You are the only one. → You are not(=aren't) the only one.
>
> Han-gyu is my friend. → Han-gyu is not(=isn't) my friend.

참 쉽죠? 동사서포터 조동사(auxiliary)의 부정문도 비슷합니다. 조동사 뒤에 "do not" 대신 do 떼버리고 그냥 딸랑 "not"만 붙여주면 끝입니다.

그런데 조동사는 위에서 살짝 배운 대로 여러 개가 같이 한꺼번에 결합해서 나올 수 있어요. 예를 들면, "has been chosen" 이런 식으로 나오는 경우죠. 그럴 땐 고민하지 마시고, 걍 제일 첫째 조동사 뒤에 not만 붙여주면 됩니다. 그리고 뒤에 오는 애들은 원형 같은 거 신경 쓰지 마시고 그냥 내비 두세요!

> 예시) Min-ji will hit Han-gyu. → Min-ji will not hit Han-gyu.
>
> I have played the game for three years. → I haven't played the game for three years.
>
> I was loved by Han-gyu. → I wasn't loved by Han-gyu.
>
> Han-gyu will be sending messages. → Han-gyu will not be sending messages.
>
> He has been criticized by the public. → He has not been criticized by the public.

어때요? 참 쉽죠?

세 줄이 넘어가는 세 줄 요약

배운 내용을 간단히 정리해 보죠. 영어 부정문을 만들 땐 동사 앞에 "do not" 세트메뉴를 끼얹었어요. 여기서 "do"는 does, did 이런 식으로 주어, 시제 등에 따라 문법에 맞게 모양이 변할 수 있어요. 그리고 "do not" 세트메뉴 뒤에 오는 동사는 원형이 오죠.

이렇게만 끝나면 좋은데, 변태 be 동사 부정문이랑 조동사 부정문에는 "do not" 세트메뉴 대신 do는 빼버리고 "not"만 딸랑 끼얹습니다.

● **설명충의 부연설명 – 눈여겨봐야 할 조동사의 부정문**

아주 살짝 신경을 더 써야 하는 조동사의 부정문이 있습니다. 주인공은 바로 will이랑 can인데요, will부터 알아봅시다.

will not을 줄이면 willn't이 아니라 won't입니다. 왜냐고요? 되게 먼 옛날에 이 will not의 줄임말 형태를 다양하게 쓰다가, 결국 won't만 살아남았기 때문입니다. 영국 수필가인 Joseph Addison을 비롯해서 will not의 줄임말이 이렇게 이상하게 변하는 걸 비판한 분들도 계시죠.

암튼 중요한 건, will not의 줄임말은 won't이다! 이거만 아시면 됩니다.

can은 줄임말에 있어선 문제가 없어요. can't죠. 근데, 얘는 줄임말로 쓰지 않을 때 조금 이상해요. 보통 "can not"이라고 쓰지 않고, "cannot"이라 쓰고요, "can not"은 특수 구문이 들어갈 때 쓰여요. 어떤 사전에서는 둘 다 가능하지만, cannot이 훨씬 많이 쓰인다고 나와 있기도 해요.

● 설명충의 부연설명 – 고급 영어 vs 일상 영어

영어에서는 formal language랑 informal language가 있습니다. formal이 좀 격식을 차린 영어라면, informal은 편하게 일상생활에서 이야기하는 느낌이죠. Formal한 영어가 필요한 상황을 예로 들자면, 뭐 스타일에 따라 다를 수 있지만 보통 계약서 쓸 때, 정부 고위 관계자 협상을 할 때와 같은 경우가 있겠고요, 일상 영어를 예로 들면, 편한 친구끼리 대화, SNS 똥글 등이 있습니다. 이럴 때 사용하는 단어나 스타일이 좀 달라요.

우리도 시장이나 장관이 발표할 때, "존경하는 내외귀빈 여러분, 이 자리에 참석해 주셔서 감사합니다." 이렇게 말하지 "시민님들, 안녕하세요? 와주셔서 기뻐요." 이러지도 않고, "이번 인사청문회 오졌고 지렸고, 친일행적 실화냐?" 이러지 않습니다. 또 반대로 지나친 격식 표현을 마구 남발하면 대학교 MT 갈 때 풀정장 입고 가는 느낌일 수도 있어요.

줄임말인 n't 얘들은 informal에 가깝고, "do not, cannot, will not" 이렇게 다 써주는 게 formal에 좀 더 가깝다고 보시면 됩니다. 줄임말과 줄임말이 아닌 애들은 그 외에 차이점도 있으나 자세한 설명은 생략하겠습니다.

두뇌풀가동: 부정문 파헤치기

다음 문장에서 문장이 부정이면 긍정으로, 긍정이면 부정으로 만들어보세요. 부정문을 만들었으면 줄임말도 써보세요. 정답은 [p.385]에 있습니다.

예시) Min-ji gave a gift to her boyfriend. → Min-ji did not (didn't) give a gift to her boyfriend.

I don't know who you are. → I know who you are.

Han-gyu will not be sending messages. → Han-gyu will be sending messages.

Exercise 1.

Yang-ho runs a website.

→

We cannot be happy.

→

It was really great for both of us.

→

Bok-rye loves her son.

→

He can speak English very well.

→

Han-gyu wants to talk to Min-ji.

→

I am not terrified of roaches.

→

We have done this work for a long time.

→

I am going to make you dance.

→

You will have a girlfriend for sure!

→

Min-ji spent a lot of money for a new bag.

→

The cat was sleeping under the blanket.

→

The tourists should try kimchi.

→

Min-ji is my friend.

→

I was studying for the exam.

→

They will see the result.

→

I was invited to the party yesterday.

→

Do you know…? 의문문

[키워드: 조동사 do]

우리나라 말에서는 질문을 어떻게 하나요? 여러 가지 방법이 있지만, 일단 한 가지 예를 들어서 설명해 보겠습니다.

　너는 내가 누군지 안다. → 너 내가 누군지 아니?

이렇게 끝에 부분을 살짝 바꿔주면서 물음표를 얹으면 됩니다. 영어에서도 몇 가지 접근 방법이 있으나, 일단 제일 쉬운 방법 먼저 배워보겠습니다. 의문문을 만들 때 <u>문장 맨 앞에 Do</u> 하나 떡 얹고 <u>뒤에 물음표</u> 딱 붙이면 끝납니다.

You know who I am. → <u>Do</u> you know who I am?

You like kimchi. → <u>Do</u> you like kimchi?

참 쉽죠? 여기서 <u>Do</u>는 조동사고요. 조동사 do라 그런지 위에서 배운 부정문하고 공통점이 많아요.

(1) <u>Do</u>는 문장에서 주어, 시제에 맞게 <u>적절하게 변할 수 있습니다</u>. Did, Does와 같이 말이죠.

(2) <u>Do + 주어</u> 뒤에 동사는 동사 원형이 옵니다.

※동사 원형 – 동사 변신 안 시킨 원래 그대로의 형태

Yang-ho runs a website. → <u>Does</u> Yang-ho <u>run</u> a website?

양호 씨는 나, 너가 아닌 3인칭 단수이기 때문에 "Do" 대신 "Does"가 왔습니다. 그리고 그 뒤에 오는 동사가 원형이 되어야 하기 때문에 runs → run이죠.

Han-gyu picked 야수오. → Did Han-gyu pick 야수오?

한규가 야수오를 골랐어요. 한규도 3인칭 단수라 "Does"가 와야 할 것 같지만, picked가 과거형이기 때문에 "Did"가 왔고요, picked는 동사 원형이 되어야 하기 때문에 picked → pick이죠.(과거형은 아직 안 배웠어요! 다음 단원에 배웁니다.)

자, 되게 간단하죠? 하지만 또 예외가 등장합니다. 그렇지만 놀라실 필요는 없습니다. 부정문하고 겁나 비슷해요. 예외 1번! 변태 be 동사 의문문, 예외 2번! 조동사(auxiliary)의 의문문입니다.

be 동사 의문문

되게 간단해요. 그냥 다른 거 신경 쓸 거 없이 is나 are 같은 be 동사를 그냥 쓱 앞으로 끄집어내면 돼요. 문장에 do 같은 거 붙일 필요도 없고, 원형 같은 거 신경 쓸 필요도 없어요.

예시) **립어풀 is a big club.** → **Is 립어풀 a big club?**
　　　He is a student. → **Is he a student?**
　　　I am ugly. → **Am I ugly?**

조동사(auxiliary)의 의문문

얘도 간단합니다. 위에 be 동사랑 마찬가지로, 조동사를 그냥 쓱 앞으로 끄집어내면 됩니다. 그런데 만약 조동사가 여러 개 있다면? 그럼 맨 앞에 있는 조동사만 쓱 앞으로 끄집어내요. 얘도 문장에 do 같은 거 붙이지 않습니다. 동사 원형 이딴 거 신경 쓰지 마시고, 걍 끌어오기만 하고 냅두시면 됩니다.

Min-ji will hit Han-gyu. → **Will Min-ji hit Han-gyu?**

Bok-rye will be tired. → Will Bok-rye be tired?

Min-ji has received messages from Han-gyu. → Has Min-ji received messages from Han-gyu?

부정문 + 의문문

부정문하고 의문문도 퓨전을 할 수가 있습니다. 별로 어렵지 않아요. 바로 예를 들어보죠.

Do you know who I am? → Don't you know who I am?

Do you like kimchi? → Don't you like kimchi?

Is 립어풀 a big club? → Isn't 립어풀 a big club?

Has Min-ji received messages from Han-gyu? → Hasn't Min-ji received messages from Han-gyu?

줄임 형태가 아니면?

Do you not know who I am?

Do you not know kimchi?

Is 립어풀 not a big club?

Has Min-ji not received messages from Han-gyu?

이렇게 됩니다. 근데 부정문 + 의문문 형태에서는 줄임 형태를 압도적으로 많이 씁니다.

세 줄이 넘어가는 세 줄 요약

문장을 의문문으로 만들려면,

(1) 문장 앞에 Do를 떡 얹고, 뒤에 물음표를 붙인다.

(2) Do는 주어와 시제에 따라 형태를 그대로 유지하거나, 혹은 Did나 Does로 적절하게 변신!

(3) Do + 주어 뒤에 나오는 동사는 원형! 간단하죠?

변태 be 동사 의문문에서는 그냥 be 동사를 앞으로 쭉 빼주면 끝입니다.

동사 서포터 조동사 의문문에서도 제일 앞에 있는 조동사 앞으로 쭉 빼주고, 나머지는 그냥 그대로 쓰면 돼요.

● 설명충의 부연설명 − 부정문의 뉘앙스

일반적인 의문문이 그냥 중립적인 느낌이라면, 부정문 + 의문문은 답정너 느낌에 조금 더 가깝습니다. 무슨 말이냐 하면, 이미 대답할 사람이 어떻게 대답하리라 어느 정도 기대하고 있는 거죠.(물론 언제나 그렇듯, 문맥이 더 중요합니다.)

1) Do you speak Chinese?　　2) Don't you speak Chinese?

1번이 중국어 할 줄 알아? 이렇게 그냥 중립적인 느낌이면, 2번에서는 중국어를 하리라 어느 정도 전제를 깔면서 물어보는 거죠. 중국어 할 줄 모른다고 대답하면 오히려 놀라게 됩니다.

그런데 이런 질문에 yes, 혹은 no로 대답할 때는 한국하고 좀 다릅니다.

여러분이 중국어를 하실 수 있다고 쳐봅시다. 그러면 대답은 Yes로 시작합니다. 반면, 중국어를 못하신다면? 대답은 No로 시작합니다.

즉, (중국어를 할 줄 아는 사람)

1) Do you speak Chinese? → Yes, ~　　2) Don't you speak Chinese? → Yes, ~

(중국어를 할 줄 모르는 사람)

1) Do you speak Chinese? → No, ~　　2) Don't you speak Chinese? → No, ~

그러면, 이런 질문이 있다고 쳐봅시다.

1) Do you have a girlfriend?　　2) Don't you have a girlfriend?

위 문장에서는 어떻게 대답하시겠어요? 우리는 여자친구가 없으므로, 1번 2번 모두 No라고 대답하시면 됩니다.

두뇌풀가동: Do you know…? 의문문

문장을 의문문과 부정문 + 의문문으로 만들어보세요. 정답은 [p.387]에 있습니다.

예시)) **You like this food.**

　　(의문문) Do you like this food?

　　(부정문 + 의문문) Don't you like this food?

Exercise 1.

He likes kimchi.

(의문문)

(부정문 + 의문문)

His explanation was persuasive.

(의문문)

(부정문 + 의문문)

Many fans were disappointed.

(의문문)

(부정문 + 의문문)

We can be happy.

(의문문)

(부정문 + 의문문)

He has taken bribes.

(의문문)

(부정문 + 의문문)

Min-ji wants a lot of attention.

(의문문)

(부정문 + 의문문)

The cat is cute.

(의문문)

(부정문 + 의문문)

The cat was sleeping under the blanket.

(의문문)

(부정문 + 의문문)

The dog was attacked by the cat.

(의문문)

(부정문 + 의문문)

맞았어요 vs 맞아요 vs 맞을 거예요 – 시제(tense)
[키워드: 과거/현재/미래]

시제는 복잡하게 들어가면 되게 내용도 많고 어렵지만 간단하게 접근하자면 또 간단합니다. 우리 컨셉에 맞도록 제일 간단한 방법으로 가보겠습니다.

한글로 보면,

  (과거) 어제 한규가 아저씨한테 <u>맞았어요</u>.
  (현재) 한규는 친구가 <u>없어요</u>.
  (미래) 한규는 뭔지한테 <u>차일 거예요</u>.

이런 식입니다. 너무 뻔하죠? 이제 개념을 살펴보고, 그 후엔 영어로 과거, 현재, 미래를 만드는 법에 대해 알아봅시다.

자라나라 개념개념!

우선 개념을 이야기하기 전에 짚고 넘어갈 부분이 있습니다. 이 시제에서 나오는 용어(과거, 현재, 미래)는 좀 오해의 소지가 있어요. 특히 "현재"를 문자 그대로 받아들이면 혼돈의 카오스가 벌어질 수 있습니다.

일단 과거랑 미래는 딱히 설명할 것도 없습니다. **과거시제**는 <u>옛날에 있었던 일</u>이고, **미래시제**는 <u>앞으로 있을 일</u>에 대한 이야기죠.

현재가 제일 헷갈리는데요, 그냥 표면적으로만 보면, "지금 이 순간에 일어나고 있는 일" 같죠?

그런데 "나 지금 똥 싸는 중이야"라는 문장은 영어에선 현재가 아니라 "현재 진행"에 가깝습니다. 그럼 이 혼돈의 카오스 같은 현재는 언제 쓸까요?

여러 가지 상황에서 많이 사용하지만, **현재시제**의 제일 큰 개념은 그냥 시간과 상관없다고 보시면 됩니다. 즉, 안 변하는 거죠. 그래서 간혹 현재시제를 present tense 대신 unmarked tense 라고 표현하기도 해요. 가장 일반적으로 많이 사용하는 건 1) 습관이나 반복적으로 계속하는 거, 2) 사실이나 진리입니다.

간단하게 정리하면, 과거=옛날, 현재=시간과 상관없이 안 변하는 거, 미래=앞으로 있을 일, 이렇게 보시면 됩니다.

만드는 법?

과거형을 만들고 싶으면 보통 동사에 "ed"를 붙여서 변신시켜 주면 됩니다. 현재는 그냥 우리가 아는 동사를 그대로 써주면 되고요, 미래는 동사 서포터인 will을 동사 앞에 붙여주면 끝입니다.

동사 play를 예로 들어볼까요?

  (과거) Tong-kwi played dodgeball.
  (현재) Tong-kwi plays dodgeball every night.
  (미래) Tong-kwi will play dodgeball.
  ※dodgeball 피구

자, 과거는 동사인 play에 ed를 붙였습니다. 즉, play → played죠. 이 의미는 통퀴가 예전에 피구를 했었다는 거죠.

현재는 그냥 우리가 아는 동사 그대로 써주고, 수일치만 신경 써주면 됩니다. 통퀴는 3인칭 단수니까 play → plays가 됐고요. 주어–동사 수일치 기억나시죠? 뜻은 통퀴가 매일 밤 피구를 한다는 거죠.

"통퀴가 오늘 밤에 피구를 하는 중이다"라는 뜻이 아니라는 거! 꼭 기억해 주세요.

미래는 동사 play 앞에 will만 뿅 붙였습니다. 즉, play → will play죠. 그런데 여러분, will은 조연만 가능한 조동사고, 그 뒤에 오는 동사는 뭘까요? 원형입니다! 그래서 will plays 이런 거 없고, 무조건 will play입니다. 의미는 통퀴가 미래에 피구를 할 거라는 얘기죠.

자, 얘를 표로 정리해 볼까요? 동사 play와 take를 가지고 정리해 보겠습니다.

시제 태세 변환	과거	현재	미래
규칙(regular)	played	play/plays	will play
불규칙(irregular)	took	take/takes	will take

위에서 보면 알 수 있듯, 주어–동사 수일치는 "현재 시제"만 신경 쓰면 됩니다. 간단하죠?

근데 좀 걸리는 점이 있어요. 우선, 불규칙 쟤는 대체 뭘까요? 동사가 현재 → 과거로 갈 때 보통 동사들은 규칙적으로 태세 변환을 해요. 하지만 불규칙 동사는 개X마이웨이라 지 마음대로 변합니다.
(팩트: 태세 변환은 문법 용어가 아닙니다)

다음으로 또 걸리는 점은, 규칙적으로 태세 변환을 하는 착한 동사 어린이들이에요. 불규칙 빌런들을 제외하고 나머지 동사들은 무조건 현재 → 과거로 갈 때 "ed"만 붙여주면 될까요? 아닙니다! 불규칙처럼 아예 지 멋대로는 아니어도, 특이한 규칙을 따르는 애들도 있어요.

마지막으로, "ed"라고 하면 ed 분사랑 과거랑 같은 걸까요? 그것도 아닙니다. 이 거치적거리는 세 놈을 자세히 알아보고 넘어갑시다.

시제 태세 변환 심층 분석 삼종세트

(1) 일종세트 – ed분사 vs 과거형

우선, ed분사와 과거형의 차이를 짚고 넘어갑시다. 일단 얘들이 헷갈리는 이유는 모양이 비슷하기 때문이에요. take처럼 take – took(과거) – taken(ed분사) 요렇게 아예 서로 모양이 다 다른 애들도 있지만, jump – jumped(과거) – jumped(ed분사) 요렇게 생긴 것만 놓고 보면, 과거=ed분사인 애들이 있어요.

ed분사는 다양한 문법에 세트메뉴로 들어가요. 이미 배운 수동태에서 be + ed분사 세트메뉴가 나왔고요, 뒤이어 배울 완료에서도 have + ed분사가 나와요. 또 얘를 형용사처럼 쓰기도 하는데요, 이건 나중에 배울 예정입니다.

반면 과거형은 그냥 단순히 옛날에 일어난 일을 이야기해 주는 거예요. "한규가 아저씨한테 맞았어요." 이런 느낌이죠.

간단한 예를 들어보죠.

[loved: 과거] Han-gyu loved Ji-hye.
[loved: ed분사] Min-ji is loved by Han-gyu.

1번 문장은 그냥 한규가 예전에 지혜를 사랑했었다는 이야기고, 2번 문장은 "be + ed분사" 수동태입니다. 이제 ed분사와 동사의 과거형에 차이점을 아시겠죠?

(2) 이종세트 – 규칙이 있는 태세 변환

현재 → 과거로 동사를 바꿀 때 규칙적으로 변하는 태세 변환부터 알아보죠. 근데 이 태세 변환을 공부할 때, 보통 ed분사 모양까지 세트로 외워버립니다. 우리도 그렇게 할 예정이에요.

제일 기본 규칙은 동사에 ed를 붙여주는 겁니다. paint → painted 이렇게요. 너무 쉽죠? 근데 애가 그렇게 호락호락하진 않아요.

태세 변환표(규칙)	현재/과거/ed분사
대부분의 동사? + ed	예) jump/jumped/jumped, look/looked/looked, laugh/laughed/laughed
동사가 e로 끝나? + d	예) thrive/thrived/thrived, love/loved/loved, hope/hoped/hoped
동사가 자음 + y? y → i + ed	예) cry/cried/cried, fry/fried/fried, study/studied/studied
동사가 자음 + 모음 + 자음? 끝 글자 반복 + ed	예) stop/stopped/stopped, tap/tapped/tapped, chat/chatted/chatted

※모음: a, e, i, o, u // 자음: 모음 빼고 다

※예외 주의

마지막에 나온 애가 좀 어렵죠? 동사 끝을 봤을 때, 자음 + 모음 + 자음으로 끝나면, (1) 마지막에 나온 자음을 한 번 더 반복! (2) 그다음 ed를 붙여주는 겁니다. 쉽죠?

즉, stop → stopped 이런 식이죠. 자음 p를 한 번 더 반복해 주고 ed를 붙여준 겁니다.

문장에서도 함 봐볼까요?

[love 현재형] Han-gyu loves Min-ji.
[love 과거형] Han-gyu loved Ji-hye.
[love ed분사형] Min-ji is loved by Han-gyu. Han-gyu has loved Ji-eun.

사실 이거보다 더 자세하게 나눌 수 있어요. 그러면 훨씬 정확해지고, 예외도 없어지는데요, 근데 문제는 강세도 고려해야 하고 외울 게 많아진다는 거죠. 일단 단순한 버전을 보여드렸습니다.

처음에는 "어휴, 저걸 어떻게 외우나?" 이러실 수도 있으나, 나중엔 저런 공식(?) 같은 거 생각

안 하고도 머릿속에서 자연스럽게 동사를 바꿀 수 있답니다.

(3) 삼종세트 – 불규칙한 개X 마이웨이 태세 변환

불규칙한 애들을 배워보죠. 애들은 위에 규칙 따위는 아예 무시하거나, 좀 따르는 척하다 말거나 그럽니다. 해결책은 간단해요. 그냥 외우면 됩니다. 참 쉽죠?

라고 하면 너무 압박이죠? 그래서 타입별로 슬쩍 정리해 봤습니다.

3.1) 정몽주형 태세 변환(A/A/A 태세 변환)

애는 현재/과거/ed분사가 다 똑같이 생겼습니다. 백골이 진토되어 넋이라도 있고 없어도 태세 변환 없이 쭉 일편단심이죠.

> 예시) hit/hit/hit, cut/cut/cut
> [과거] Min-ji hit Han-gyu yesterday
> [현재] Min-ji hits Han-gyu every morning.
> [ed분사] Han-gyu was hit by Min-ji.

3.2) 두 놈만 같은 태세 변환(A/A/B or A/B/B 태세 변환)

원래 세 명이 함께 다니면, 그중에서도 꼭 두 명이 더 친하죠? 애는 현재/과거/ed분사 중에서 두 놈만 똑같습니다.

> 예시) beat/beat/beaten, have/had/had, catch/caught/caught
> [과거] The cat caught the mouse.
> [현재] The early bird catches the worm.
> [ed분사] The photographer has caught his smile perfectly.

3.3) 앞뒤가 똑같은 전화번호형 태세 변환(A/B/A 태세 변환)

애는 현재/과거/ed분사 중에서 현재랑 ed분사가 똑같이 생겼습니다.

예시) become/became/become, run/ran/run

[과거] The sad frog became a popular meme.

[현재] The climate becomes warmer.

[ed분사] The air quality has become so bad.

3.4) 이방원형 태세 변환(A/B/C 태세 변환)

1번이 모양 변화 없이 쭉 일편단심이면 애는 이런들 어떠하리 저런들 어떠하리입니다. 현재/과거/ed분사의 모양이 다 변해요.

예시) do/did/done, eat/ate/eaten, know/knew/known

[과거] Han-gyu knew what he did.

[현재] They know my name.

[ed분사] Yang-ho is known for his stinky smells.

3.5) 변태 be 동사

이 변태 놈은 더 신경을 써줘야 합니다. 다른 동사들하고 다르게 "과거 시제"에서도 수일치를 신경 써줘야 해요. be 동사의 기본형은 be예요. 과거형은 was/were, 현재형은 am/is/are입니다.

예시) He was a teacher.

They were hangry.

※hangry 배고파서 화가 난 상태(hungry + angry), 신조어라 격식을 차릴 땐 쓰시면 안 됩니다.

그럼 ed분사는 어떨까요? 다행히 been 하나밖에 없어요.

예시) 야수오 has been banned.

You have been following me?

그리고 이걸 정리하면 이렇게 되죠.

자, 이렇게 해서 불규칙 태세 변환을 네 가지 종류로 분류했는데요, 굳이 뭐 A/A/A 타입, A/B/B 타입 이런 식으로 어떤 종류가 있다고 외우실 필요는 없어요. 그냥 여러분이 편한 방식으로 외우시는 게 제일 좋습니다!

위에서 나온 소수의 동사만 불규칙 변환을 하면 좋겠습니다만, 안타깝게도 현실을 그렇지 않습니다. 좀 자주 쓰이는 애들을 표로 정리해서 "님 머릿속에 저장! – 규칙 따위 안 따르는 불규칙 동사 태세 변환표(p.415)"에 넣어뒀으니까, 꼭 외우셔야 합니다. 저걸 언제 다 외우나 싶겠지만, 영어를 자꾸 접하다 보면 외워져요. 자주 쓰는 애들은 외워놓아야 문장을 빠르고 편하게 만들고, 독해할 때도 안 헷갈리고 그래요. 특히, be 동사 태세 변환은 꼭 외우셔야 하고요!

혹, 여기에 안 나와 있는 동사를 변환할 때, 뭔가 끼리하다 싶으면 사전을 찾아보세요!

※아주 가끔 ed분사가 두 개 적혀 있는 애들이 있어요. 예를 들면, learn이나 get이 그런데요, 이게 지역에 따라 갈리는 경우도 있고, 문어체냐 구어체냐에 따라 갈리는 경우도 있어요. get의 ed분사는 got/gotten 요렇게 되어

있습니다. gotten은 보통 미국이나 캐나다에서 주로 사용하고요, got은 그 외 다른 국가에서 주로 쓰여요. 원래 더 복잡한 스토리가 있습니다만, 그냥 슥 참고만 하고 넘어가세요.

● 설명충의 부연설명

시제에 대해 알아봤는데요, 사실 뭐 매번 그렇듯 시제도 파고들면 복잡해요. 일단 의미적으로 접근해 보면, 현재형만 해도 우리가 배운 내용 이외에 간혹 미래에 딱 시간이 정해진 일을 말할 때 쓰기도 하고요, 아니면 문학 같은 데서 쫌 더 재미지게 이야기하려고 쓰기도 하죠.

또 심지어는 영어에서 미래시제가 없다고 보는 학자들도 있습니다. 그리고 앞으로 배울 완료랑 진행도 시제에 넣는 분들도 있고 아닌 분들도 있죠. 일단 우리 책에서는 제일 다가가기 쉬운 버전으로 접근해 봤습니다.

(팩트: 제일 다가가기 쉽다는 건 제 희망 사항이자 뇌피셜)

이모! 여기 시제에 라면사리랑 치즈사리 추가요(완료, 진행) [키워드: 조동사 be + ing분사, 조동사 have + ed분사]

이제 완료(perfect)와 진행(progressive)에 대해서 배워봅시다. 위에서 방금 배웠듯, 모든 문장에는 일단 과거/현재/미래와 같이 시제가 있는데요, 이런 시제에 완료나 진행 같은 짭시제를 <u>또 추가할 수 있어요</u>.

떡볶이(해물/일반/짜장=과거/현재/미래) 중 하나 메인으로 골라서 시켜놓고 위에 치즈사리나 라면사리 추가하듯 넣을 수 있는 거죠.

간단하게 큰 의미 먼저 파악해 볼까요? 완료는 우리나라 말로 "~해왔음"입니다. 진행은 "~하는 중"이고요. 예를 들어볼까요?(한글 어색함 주의)

예시) 완료– 한규는 고백을 <u>준비해 왔다</u>.

완료– 뭔지는 1교시부터 한규를 <u>때려 왔다</u>.

진행– 나는 화장실에 똥을 <u>싸는 중이었다</u>.

진행– 한규가 뭔지한테 <u>맞는 중이다</u>.

대충 감이 오시죠? 완료를 조금 더 설명해 보겠습니다.

예시 1) 한규가 고백을 <u>준비했다</u>.

예시 2) 한규가 고백을 <u>준비했었다</u>.

예시 3) 한규가 고백을 <u>준비해 왔다</u>.

이걸 비교해 보면, 1번, 2번 문장이랑은 다르게 "완료"인 3번은 <u>예전부터 여태까지 쭈욱 해왔다는 사실을 조금 더 강조</u>합니다.

진행도 설명을 좀 더 해드리면,

> 예시 1) 한규는 화장실에서 <u>똥을 싼다.</u>
> 예시 2) 한규는 화장실에서 <u>똥을 쌌다.</u>
> 예시 3) 한규는 화장실에서 <u>똥을 싸는 중이다.</u>

1, 2번 문장이랑은 달리, "<u>진행</u>"인 3번은 지금 이 순간 똥을 싸고 있다는 걸 <u>강조합니다.</u> 언제냐고 물으신다면 바로 지금을 의미하는 거죠. 현재도 계속하고 있다는 겁니다.

이제 본격적으로 만드는 법을 알아볼까요?

<u>완료(perfect)</u>

먼저 완료! 완료를 표현해 주는 세트메뉴는 <u>**have + ed분사**</u>입니다.

> They <u>like</u> cats. → They have liked cats.
> Han-gyu <u>loves</u> Min-ji. → Han-gyu has loved Min-ji.

이런 식으로 바꿔요. 여기서 "<u>have</u>"는 동사 서포터인 <u>조동사</u>로 쓰였고요, 얘는 문장에서 <u>주어에 어울리게끔 모양이 변해요.</u>

근데 아까 시제가 떡볶이라면, 완료/진행은 사리라고 했죠? 여러분, 떡볶이집 가서 "이모! 저희 떡볶이는 주지 마시고 라면사리만 주세요!" 이럴 수 없죠? 떡볶이(해물/일반/짜장=과거/현재/미래) 중 하나 메인으로 골라서 시켜놓고, 원한다면 위에 라면사리 추가하는 거죠.

즉, 과거/현재/미래 시제 중 하나를 시킨 후, 거기에 필요하다면 완료를 끼얹을 수 있어요. 다시 말해, <u>과거 + 완료/현재 + 완료/미래 + 완료</u> 이렇게 쓸 수 있습니다.

그럼 이제 과거 + 완료/현재 + 완료/미래 + 완료를 어떻게 표현하는지 알아볼까요? 애들은 동사 서포터인 "have"를 변경해 줘서 표현해 주면 됩니다. 다 배운 거 가지고 돌려막는 거라 어렵지 않아요.

여러분, have의 과거형은 뭐죠? had입니다. have를 미래로 표현해 주려면? 앞에 미래를 나타내는 동사 서포터 "will"을 붙여서 will have 요렇게 되죠?

과거 + 완료=had + ed분사
현재 + 완료=has/have + ed분사
미래 + 완료=will have + ed분사

어때요? 쉽죠? 이걸 좀 더 자세히 봐볼까요?

기본형	과거 + 완료 (had + ed분사)	현재 + 완료 (has/have + ed분사)	미래 + 완료 (will have + ed분사)
call	had called	has/have called	will have called
work	had worked	has/have worked	will have worked
say	had said	has/have said	will have said
take	had taken	has/have taken	will have taken
go	had gone	has/have gone	will have gone
be	had been	has/have been	will have been
have	had had	has/have had	will have had

이런 식이고요, have는 헷갈릴 수 있으니 한 번 짚고 넘어가죠. 사실, 그냥 그대로 따라 가면 됩니다. have의 현재 + 완료는 have(조동사) + ed분사입니다. 동사 have를 ed분사로 만들면? had입니다! 그러면 have(조동사) + had(have의 ed분사), 즉 have had 이렇게 되는 겁니다. 얘는 알고 보면 have worked, have called 이런 애들이랑 별 차이가 없어요.

이번엔 문장을 통해서 과거 + 완료, 현재 + 완료, 미래 + 완료를 살펴보겠습니다.

[과거+완료] Bok-rye stayed up all night because her son had not sent a text message
to her.
[현재+완료] Han-gyu has loved Min-ji for seven years.
[미래+완료] I will have finished my homework at eight o'clock.

이런 식으로 표현할 수 있어요. 과거완료랑 미래완료 의미를 살짝 짚고 넘어가죠.

과거 + 완료에서는 보통 두 가지 시점이 나와요. 근데 그 두 가지 중에서 하나는 과거에 일어난
거, 다른 하나는 그거보다도 더 과거에 일어난 겁니다. 더 옛날에 일어난 거에 had + ed분사를
써줘요.

즉, 위에 예시에서는 우선, 1) 아들이 복례 씨한테 문자를 안 보낸 게 먼저 일어난 일이고요,(과거
+ 완료, had not sent), 2) 그래서 아들을 너무 사랑하는 복례 씨가 잠을 못 자고 밤새도록 깨어
있던 겁니다.

이해가 되시나요? 예를 하나 더 들어보죠. 한규가 뮌지한테 영화를 보자고 했어요.

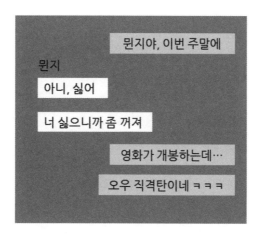

이걸 뭐 저번 토요일에 일어난 일이라고 쳐보고, 이 짤을 영어로 표현하면요,

Han-gyu had gotten dumped even before he asked her out.

※get dumped 차이다 / ask someone out ~에게 데이트 신청하다

이렇게 됩니다. 즉,

1) 한규가 차인 게 먼저 일어난 일이고요,(과거 + 완료)

2) 한규는 이미 차인 후 데이트 신청을 한 셈이죠.

미래완료는 좀 더 쉬워요. 미래 + 완료는 미래 어느 시점에 내가 하던 걸 완료한다는 의미죠.

I will have finished my homework at eight o'clock.

위에 예시에서는 여덟 시 정각이라는 시점에 내가 숙제 하던 걸 다 끝마친다는 의미입니다.

진행(progressive)

이제 진행에 대해 알아봅시다. 진행을 표현해 주는 세트메뉴는 be + ing분사입니다. ing분사 개념은 아래 설명충이 설명해 줄 거고, ing분사 만드는 법은 보통 동사 뒤에다가 걍 ing를 붙이면 됩니다. 자세한 방법은 "님 머릿속에 저장! – ing분사 만들기(p.414)"에 나와 있으니 참고해 주세요.

예문을 볼까요?

The cats are sleeping.

Bok-rye is complaining about her daughter-in-law.

여기서 마찬가지로 "be"는 동사 서포터인 조동사입니다. 주어에 맞게 모양이 변하고요.

완료랑 마찬가지로, 얘도 떡볶이에 들어가는 사리 같아요. 떡볶이(해물/일반/짜장=과거/현재/미래) 중 하나를 메인으로 골라서 시켜놓고, 원한다면 위에 치즈사리를 추가하는 거죠.

즉, 과거 + 진행, 현재 + 진행, 미래 + 진행 이렇게 쓸 수 있어요.

표시하는 방법도 같은 맥락이에요. 동사 서포터인 "be"를 시제에 맞게 변경해 주면 돼요.

과거 + 진행=was/were + ing분사

현재 + 진행=am/is/are + ing분사

미래 + 진행=will be + ing분사

참고로 미래 + 진행에서 "will be" 둘 다 동사 서포터 조동사입니다.

얘를 단어에 적용해서 살펴보죠.

기본형	과거 + 진행 (was/were + ing분사)	현재 + 진행 (am/is/are + ing분사)	미래 + 진행 (will be + ing분사)
call	was/were calling	am/is/are calling	will be calling
work	was/were working	am/is/are working	will be working
say	was/were saying	am/is/are saying	will be saying
take	was/were taking	am/is/are taking	will be taking
go	was/were going	am/is/are going	will be going
be	was/were being	am/is/are being	will be being
have	was/were having	am/is/are having	will be having

be가 좀 헷갈릴 수 있으니 짚고 넘어가죠. 우선, be의 진행이 be(조동사) + ing분사인 걸 명심하세요! 그다음, be를 ing분사로 만들면? being이죠? 그러면 be(조동사) + being(be의 ing분사), 즉 be being 이렇게 되는 거죠.

그런데 이 앞에 있는 be의 모양이 주어와 시제에 따라 바뀌어서 위 모양 중 하나를 취하게 되는 거죠. 말이 장황해서 그렇지 was calling, is calling, will be calling 이런 애들하고 전혀 차이가 없답니다.

전체적으로 완료보다 훨씬 간단하죠? 의미도 단순해요. 과거 + 진행은 과거에 "~하던 중", 현재 + 진행은, 현재 "~하는 중", 미래 + 진행은 미래에 "~하는 중일 것" 이렇게 보시면 돼요.

[과거 + 진행] 어제 저녁 7시에 나는 똥을 싸던 중이었다.
[현재 + 진행] 나는 지금 똥을 싸는 중이다.
[미래 + 진행] 내일 저녁 7시에 나는 똥을 싸는 중일 것이다.

[과거 + 진행] The cats were sleeping when you came to my house.
[현재 + 진행] Bok-rye is complaining about her daughter-in-law.
[미래 + 진행] I will be waiting for you.

완료 + 진행?

시제는 떡볶이고 완료/진행은 치즈사리, 라면사리 같은 거라고 했었죠? 그런데 떡볶이에 치즈사리 + 라면사리를 같이 얹을 수 있나요? 네, 당연히 가능합니다.

즉, 치즈/라면 사리를 고를 때, 1) 사리를 아예 추가 안 할 수도 있고, 2) 하나만 추가할 수도 있고, 3) 두 가지 다 추가할 수도 있어요.

마찬가지로, 과거/현재/미래에다가 1) 완료/진행을 추가 안 할 수도 있고, 2) 완료/진행 중 하나만 추가할 수도 있고, 3) 완료/진행 둘 다 추가할 수도 있다는 거죠.

그래서 다음과 같이 과거/현재/미래 시제에 완료/진행 둘 다 추가시킬 수도 있어요.

과거 + 완료 + 진행 / 현재 + 완료 + 진행 / 미래 + 완료 + 진행

<u>완료 + 진행의 전반적인 의미는 주로 여태까지 ing분사를 쭈~욱 해왔다는 기간에 초점을 두면</u><u>서</u>, 그 쭈욱 해오던 무언가가 <u>막 끝났거나,</u> 혹은 <u>앞으로도 쭉 계속되는 거죠.</u>

생긴 거는 완료랑 진행을 더해 주면 돼요. 순서는 완료가 먼저, 진행이 나중이고요, 중간에 겹치는 애들을 잘 섞어주면 됩니다. ed분사랑 be를 잘 섞어야 한다는 거죠!

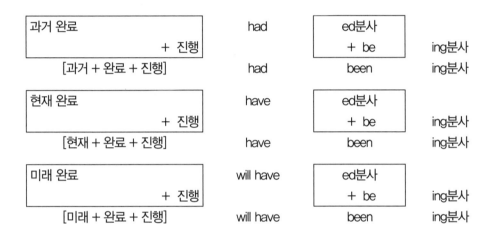

이걸 정리하면,

  [과거 + 완료 + 진행] had been ing분사
  [현재 + 완료 + 진행] has/have been ing분사
  [미래 + 완료 + 진행] will have been ing분사

이렇게 됩니다.

이걸 예문에서 표시하면, 다음과 같아요.

[과거 + 완료 + 진행] Han-gyu had been waiting for three hours before Min-ji came to the park.

[현재 + 완료 + 진행] You have been following me?

[미래 + 완료 + 진행] I will have been working for only 2 months before I win the lottery.

아까도 말씀드린 부분이지만, 뜻은

1) 여태까지 ~ing분사 해왔다는 기간에 초점을 맞추고,

2) 그 쭉 해오던 행동이 막 끝났거나, 혹은 계속됩니다.

1번 문장을 보면, 뮌지가 공원에 올 때까지 한규가 세 시간이나 기다려 왔다는 걸 강조합니다. 뮌지가 나타났으니 뭐 기다림은 끝이겠죠.

2번 문장을 해석하면 "요태까지 날 미행한 고얌?" 이런 뜻인데 여기서도 마찬가지로 여태까지 쭉 미행해 왔냐는 걸 강조하는 거죠. 즉, "following" 해온 기간을 강조한 겁니다.

그리고, 이 미행하던 사람은 미행하던 게 걸렸기 때문에 미행을 이제 끝마칠 수도 있어요. 아니면, 여태까지도 그래 왔듯 앞으로도 계속 미행을 할 수도 있겠죠? 이러한 여부는 문맥에 따라, 그리고 상황에 따라 달라집니다.

● 설명충의 부연설명 – ing분사 당신은 도대체…?

이번엔 동사 끝에 ing를 붙여놓은 "ing분사"에 대해서 알아보겠습니다. 얘는 ed분사랑 공통점이 많아요. 자, 다시 한 번 아름다운 좋소기업의 사장님을 소환해 봅시다.

사장님: 동사야, 내가 네 뒤에 ing를 붙여주고, 다른 직원 붙여줄 테니까, 세트로 일 좀 해봐라.

(예: look → looking, play → playing)

여기에 be를 데려오면 바로 우리가 방금 배운 "be + ing분사", 즉 진행입니다. 하지만 사장님은 절대 하나만 시키지 않아요.

사장님: 동사야, 근데 동사로만 일할 거니? 다른 일도 좀 해야지. 형용사처럼 일도 좀 하렴.

(예: amaze → the amazing book)

즉, ing분사는 두 가지 방법으로 쓰이는데요,

1) 문법적인 도구, 즉 be + ing분사 이렇게 써서 진행을 나타낼 때랑

2) ing분사를 따로 형용사처럼 쓸 수 있어요.

자세한 개념은 ing분사 파트에서 배워보도록 하죠.

● 설명충의 부연설명

시제랑 마찬가지로, 완료랑 진행, 완료 + 진행도 파고들면 미묘하면서도 복잡한 뜻이 좀 있습니다. 우리 책에서는 제일 쉽고 대표적인 애들을 다뤄봤어요.

완료와 진행은 관점에 따라 시제(tense)로 보는 분도 있고, 태(aspect)로 보는 분들도 있습니다. 아니면 구문(construction) 관점에서 접근하기도 하고요. 네, 딱 봐도 우리가 알 필요는 없어 보이죠? 완료나 진행 같은 애들은 떡볶이(시제) 위에 얹을 수 있는 사리 비슷하다고 이해만 하시면 됩니다.

시제, 완료, 진행 정리하기

시제랑 완료, 진행을 배워봤는데요, 한 번에 깔끔하게 정리해 보겠습니다. 일단 그림으로 정리해 보겠습니다. 동사 work를 가지고 만들어봤어요.

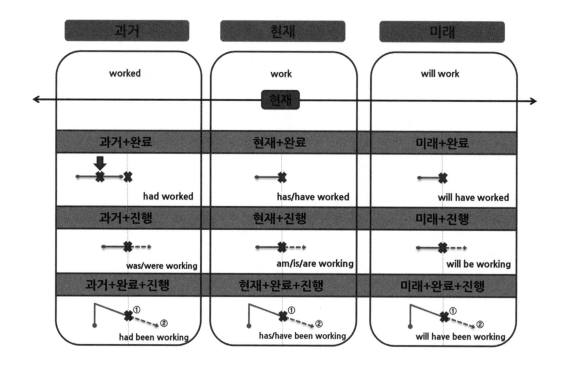

이번엔 표로 나타내보죠.

과거	현재	미래
옛날에 일어난 일	시간과 무관한 일, 습관, 사실, 진리 등	앞으로 일어날 일
Tong-kwi played dodgeball.	Tong-kwi plays dodgeball every night.	Tong-kwi will play dodge-ball.

과거 + 완료	현재 + 완료	미래 + 완료
옛날에 일어난 일보다 더 옛날에 일어난 일 나타내기	쭈욱 ed분사 해왔음	미래 어느 시점에 내가 하던 거 완료할 것임
Bok-rye stayed up all night because her son had not sent a text message to her.	Han-gyu has loved Min-ji for seven years.	I will have finished my homework at eight o'clock.

과거 + 진행	현재 + 진행	미래 + 진행
옛날에 ing분사 하던 중	지금 ing분사 하는 중	미래에 ing분사 하는 중일 것임
The cats were sleeping when you came to my house.	Bok-rye is complaining about her daughter-in-law.	I will be waiting for you.

과거 + 완료 + 진행	현재 + 완료 + 진행	미래 + 완료 + 진행
옛날부터 쭉 ing분사 해오다가 1) 막 끝났었음. 2) 그 이후로도 계속 쭉 함.	여태까지 쭉 ing분사 해왔음. 1) 막 끝났음. 2) 그 이후로도 계속 쭉 함.	미래에 쭉 ing분사 하던 게 1) 막 끝났을 거임. 2) 그 이후로도 계속 쭉 함.
Han-gyu had been waiting for three hours before Min-ji came to the park.	You have been following me?	I will have been working for only 2 months before I win the lottery.

이렇게 정리해 봤고요, 정리한 건 참고용일 뿐입니다. 자세한 사안은 위에서 배운 내용을 봐주세요.

두뇌풀가동: 시제, 완료, 진행

Exercise 1. 다음 표를 예시와 같이 채워보세요. 배웠던 내용을 활용하시고, 사전을 찾아서 확인하는 법도 알아두시면 좋습니다. 정답은 (p.389)에 있습니다.

기본형	과거	현재	미래
call	called	call/calls	will call
cry			
love			
begin			
drive			
be			
have			

기본형	과거 + 완료	현재 + 완료	미래 + 완료
call	had called	has/have called	will have called
cry			
love			
begin			
drive			
be			
have			

기본형	과거 + 진행	현재 + 진행	미래 + 진행
call	was/were calling	am/is/are calling	will be calling
cry			
love			
begin			
drive			
be			
have			

기본형	과거 + 완료 + 진행	현재 + 완료 + 진행	미래 + 완료 + 진행
call	had been calling	has/have been calling	will have been calling
cry			
love			
begin			
drive			
be			
have			

위에 표현들, 특히 복잡한 애들은 상당수가 실생활에서 쓰는 영어라기보다는 문법을 위한 문법 느낌이 강합니다. 그래도 변환하는 방법을 아는 건 중요하기 때문에 넣어봤습니다.

Exercise 2. 지시에 맞도록 동사를 바꿔서 넣어보세요. 빈칸은 길이를 보고 유추하실 수 없도록 넉넉하게 드렸습니다.

예시)) sleep → (과거 + 진행)

My cat was sleeping under the table, when I entered my room.

finish → (현재 + 완료)

Min-ji _____ her homework.

talk → (현재 + 진행)

Am I _____ too much?

find → (미래)

I _____ you.

finish → (미래 + 완료)

By February 2030, Han-gyu _____ his university degree.

meet → (과거 + 완료)

Yang-ho _____ his friend before the event.

live → (현재 + 완료 + 진행)

The cat _____ in the box for 2 years.

smoke → (과거 + 완료 + 진행)

I _____ for 10 years before I quit.

Exercise 3. 빈칸에 맞는 답을 찾아서 표시하세요.

1. Tong-kwi _____ dodgeball when I saw him.

   a) was playing

   b) plays

   c) will have been playing

   d) were playing

2. Ye Wan-yong _____ in 1926.

   a) died

   b) has died

   c) die

   d) dies

3. Han-gyu _____ in Seoul for the past 3 years.(한규는 아직도 서울 살고 있음.)

   a) has lived

   b) will be living

   c) was living

   d) had been lived

4. Every time Bok-rye watches that TV show, it _____ her cry.

   a) makes

   b) made

   c) has been made

   d) will make

어려우셨죠? 어려운 게 정상입니다. 위 문제는 비교적 명료한 애들로 넣어 봤습니다. 사실 시제라는 게 구분이 어려울 때가 많아요. 쓰는 지역에 따라 갈리기도 하고, 또 같은 상황에 대해서 여러 가지 시제를 사용해도 무방한 경우도 간혹 있습니다.

Exercise 4. 다음 문장의 시제를 적어보세요.

예시) He has been following us.
→ 현재 + 완료 + 진행

The tourists had been warned by the police.
→

Min-ji has complained about her new friend.
→

Han-gyu had been waiting for three hours before Min-ji came to the park.
→

He will be satisfied with your gift.
→

UNIT 12

가즈아! – 명령문(imperative)

명령문은 쉬워서 그런지 문법 문제에서 찾아보기 힘들어요. 하지만 일상회화에서는 어마어마하게 많이 사용합니다. "명령"문이라는 게 사실 좀 이름이 그래요. 명령 말고도 다른 여러 가지 상황에서도 많이 쓰거든요. 예를 통해서 볼까요?

예시 1) **Drop your weapon!**

예시 2) **Enjoy your dinner.**

예시 3) **Feel free to text me!**

1번은 <u>명령</u>입니다. 영화에서 FBI나 경찰이 "무기 버려!" 이럴 때 쓰는 거죠. 2번, 3번은 일종의 <u>바람? 기원?</u> 혹은 <u>요청</u>으로 볼 수 있어요. 2번은 "맛저하세요." 이런 느낌이고, 3번은 "편하게 문자 해!" 이런 뜻이죠.

사실 이렇게 보면 한국말에서도 많이 쓰고 있죠? 예를 들어보죠.

한규: 깨톡해!

뭔지: 꺼져.

이외에도, "야, 친한 척해라." "가즈아!" 이런 것도 영어라고 치면 일종의 명령문이에요. 간단하죠? 만드는 법도 간단해요. 일단 국어, 영어 모두 다 주어가 없죠? 그러니까 1) 주어를 생략해 버리고, 2) 동사는 원형으로 해주시면 됩니다.

참고로, 부정문의 명령문은 이런 식으로 써요.

한규: 뭔지야 문자 할게.

뭔지: **Don't text me**.

명령문은 시험에는 많이 나오진 않아도, 일상 회화에서는 중요하다는 점 명심하세요!

느낌이 동사와 시킴이 동사
[키워드: 지각동사, 사역동사, 원형 부정사]

이제 느낌이 동사인 지각동사(verb of perception)와 시킴이 동사인 사역동사(causative verb)를 알아봅시다.

느낌이 지각동사(verbs of perception)에는 see, hear, feel, smell, taste, watch, notice 등이 있어요. 예리하신 분들은 이미 느끼셨겠지만 얘들 뜻이 다 씹고 뜯고 맛보고 이런 스타일이죠. 즉, 지각동사는 우리가 느끼는 거랑 관련이 있어요.

시킴이 사역동사(causative verb)에는 have, help, make, let 같은 애들이 있죠. 사역이는 시킴이라서 누군가로 하여금 뭘 하게 만드는 애들이죠.

다음으로 넘어가기 전에 문장 분석을 좀 해볼까요? 다음 문장에서 문장성분을 찾아 써보고 몇 형식인지 써보세요.

His friends called him "Yangsuri Ronaldo."

Tong-kwi played dodgeball and took a shower.

Bok-rye will have her son fix the charger. ※charger 충전기

정답은 다음과 같습니다!

His friends called him "Yangsuri Ronaldo."
주어   동사   목적어   목적격보어   → 5형식

Tong-kwi played dodgeball and took a shower.
주어   동사   목적어   (접속사) 동사   목적어   → 3형식 + (접속사) + 3형식

Bok-rye made her son fix the charger.
주어   동사   목적어 동사(???) 목적어(???)   → ???

근데 3번 문장이 이상하죠? 일단 뜻도 이상해요. 보통은 make 하면 "만들다"를 생각하실 텐데 여기서는 "~하게끔 하다" 이 정도로 받아들이시면 됩니다.

그런데 이것보다 더 이상한 건, made her son 뒤에 "fix"라는 동사가 나왔다는 거죠. 원래, 주어, 동사, 목적어(S + V + O) 다음에 뭐가 또 나오면 다음 중 하나여야 합니다.

1) 앞의 목적어가 간접목적어라면, 뒤에 직접목적어가 와서 <u>4형식</u>(S + V + I.O + D.O)
2) 1번 문장처럼 목적격보어가 와서 <u>5형식</u>(S + V + O + O.C)
3) 아니면 2번 문장처럼 <u>접속사 + 적절한 애들</u>이 오거나,
4) 이것도 아니면 기타 <u>수식</u>이 와야 되죠.

그런데, "fix"라는 동사가 나왔습니다. 동사형이 거기서 왜 나와…?

이렇게 느낌이 동사인 지각동사와 시킴이 동사인 사역동사는 5형식(S + V + O + <u>O.C</u>)으로 나올 때, 저 목적격보어 자리(O.C)에 뜬금없이 동사가 또 튀어나올 수 있어요.

근데 문장에서 접속사도 없는데 동사가 두 개 나오는 건 좀 아니지 않나요? 이러면서 갑자기 분위기 싸해질 수 있습니다. 5형식, 문장성분 등의 단원에서 배웠던 내용을 생각해 보면, 접속사 없이 동사가 두 개 나오면 틀린 문장이기 때문이죠.

저 목적어 뒤에 나오는 이상한 애는 동사처럼 생겼으나 동사가 아닙니다. 얘는 **원형 부정사(bare infinitive)**라는 놈입니다. 이름 한번 거창하죠?

예를 통해 보면, 은근히 별거 없습니다. 일단 비슷한 형태의 문장을 비교해 볼까요?

I didn't **allow** Han-gyu <u>to choose</u> 한조우.
I didn't **let** Han-gyu <u>choose</u> 한조우.

자, 의미는 사실 같아요. 두 문장 모두 "나는 한규가 한조우를 선택하도록 허용하지 않았다"라는 의미입니다.

1번 문장에서 등장하는 <u>"to + 동사원형 + (떨거지)"</u>, 즉 "to choose (한조우)" 이걸 <u>to 부정사</u>라고 합니다.

근데, 2번 문장에서는 to 부정사 대신에 원형 부정사라는 놈이 쓰였어요. 용어가 거창하다고 어렵게 생각하실 거 없어요. 얘는 <u>to 부정사랑 하는 짓은 똑같은데 to가 숨어 있는 겁니다.</u>

I didn't **let** Han-gyu <u>choose</u> 한조우.

여기서 알고 보면 choose 앞에 to가 숨어 있는 거죠. 마치 다쿠템플러처럼 은신을 한 거라고 보시면 됩니다. 투명망토를 쓴 것처럼 안 보이는 거죠. 그런데 은신을 했건, 투명망토를 뒤집어썼건, 사실 그 본체는 남아서 기능은 하죠?

즉, 원형 부정사는 to 부정사랑 하는 짓은 똑같은데 앞에 to만 우리 눈에 안 보이는 겁니다.
※to 부정사랑 원형 부정사는 부정사 단원에서 다시 배워요! 몰라도 괜찮습니다.

이런 일은 <u>지각/사역 동사를 5형식(S + V + O + O.C)으로 쓰면 나타나요. 목적격 보어(O.C) 자리에서 일어나는 일입니다.</u>

이게 바로 느낌이 지각동사랑 시킴이 사역동사의 종특이고, 이래서 이 지각/사역동사를 따로 취급하는 거죠.

하, 뭐 복잡하네요. 근데, 예를 통해서 보면 쉬워요.

I didn't let Han-gyu to chose 한조우. (X)
→ I didn't let Han-gyu ~~to~~ choose 한조우. (O)

Bok-rye made her son to fix the charger. (X)
→ Bok-rye made her son ~~to~~ fix the charger. (O)

이렇게 to가 은신합니다. 느끼고 시키려면 한 순간순간이 급하겠죠? 너무 바쁩니다. 그래서 to 같은 거 붙여줄 시간이 없나 봐요.(팩트: 문법적인 근거가 있는 건 아닙니다)

이제 예문을 보도록 하겠습니다.

예시 1) I heard Han-gyu sing.
예시 2) I felt the mosquito bite me.
예시 3) Let it go.
예시 4) Let me do it again.
예시 5) Bok-rye made her son fix the charger.

시킴이 사역동사를 조금 더 설명하면요, 얘들의 의미는 주어가 ~를 ~하게 시키는 거예요. 특히, have는 있다, 갖다, 그리고 make는 만들다라고 생각하기 쉬운데, "사전을 보자!" 파트에서 배웠듯, 영어는 한 단어가 많은 형태와 많은 의미를 가져요.

아무튼 예를 통해서 볼까요?

Bok-rye made her son fix the charger.

→ 복례는 자기 아들에게 충전기를 고치도록 하게 했다.

The teacher had students read the textbook.

→ 선생님께서 아이들에게 책을 읽도록 하게 했다.

세 줄이 넘어가는 세 줄 요약

자, 복잡하게 가지 말고 간단히 정리해 보죠. 느낌이 지각동사하고 시킴이 사역동사는 5형식으로 쓰였을 때 문장 안 목적격 보어 자리에 갑자기 동사 하나가 더 튀어나올 수 있어요.

원래 문장 안에 접속사가 없으면 동사는 한 개여야 하는데 뜬금없이 다른 동사가 깜빡이도 안 켜고 훅 들어오죠? 알고 보니 이 추가로 나오는 동사는 동사가 아니라 원형부정사라는 놈입니다.

"Let it go." 혹은 "Let me do it again."과 같이 쉬운 예문을 외워두면 간단히 이해 가능합니다!

> ● 설명충의 부연설명 - 시킴이 사역동사의 뉘앙스
>
> 일단 have, get, make, let, help가 모두 다 시키는 그런 느낌이긴 한데요. 얘들이 조금씩 뉘앙스가 다릅니다.
>
> 일단 have는 누구에게 요청하는 느낌이고, get은 설득하거나, 말하거나, 혹은 막 권해서 하는 느낌이 강해요. 그리고 make는 좀 더 센 느낌이죠. 밀어붙이는 느낌이 있어요. let은 ~하게끔 허락해 주는 느낌입니다. 마지막으로 help는 단어에서 나오는 그대로 좀 도와서 ~하게 해주는 뉘앙스입니다. 물론 언제나 그렇듯 문맥이 더 중요한 거 아시죠? 참고용으로 넣어봤습니다.

동사 사용설명서

얼추 동사 단원도 끝나가는데요, 동사에 대해서 간단히 말씀드리고, 동사 사용법도 살짝 다뤄보겠습니다.

잡설을 좀 하자면, 어떤 친구는 남친, 혹은 여친을 사귈 때 얼굴만 봐요. 또, 어떤 애들은 키 위주로 보죠. 성격만 보는 애들도 있고요. 그리고 종합적으로 다 보는 애들도 있죠. 아니면 그냥 주민번호 뒷자리가 1이나 2로 시작하면 되는 애들도 있어요.

동사도 마찬가지로 자기 취향이 있어요. 지들 뒤에 오는 애들을 고를 때 말이죠. 어떤 동사는 to 부정사라는 애만 좋다고 그러고, 어떤 동사는 동명사라는 애만 좋아해요. "난 죽어도 동명사 아니면 안 돼!" 막 이런 극단적인 애들도 있어요. 또 어떤 애들은 특정한 전치사하고만 어울려 놀고요. 뭐 이런 거 안 가리고 다 괜찮다는 동사들도 있고요.

동사마다 아주 각양각색인데요, 예를 좀 들어보겠습니다.

그전에 우선, 앞서 배웠던 시킴이 사역동사로 돌아가 보죠. 아까 자세히 이야기하지 않고 넘어간 부분이 있습니다. 바로 get하고 help인데요, 애들을 다른 사역이랑 비교해 볼까요?

[사역동사 let]

I didn't let Han-gyu choose 한조우. (O)

I didn't let Han-gyu to choose 한조우. (X)

[사역동사 get]

Bok-rye got her daughter-in-law cook dinner. (X)

Bok-rye got her daughter-in-law to cook dinner. (O)

[사역동사 help]

Yang-ho helped students understand the lesson. (O)

Yang-ho helped students to understand the lesson. (O)

이렇게 let은 to가 스르륵 은신하는 원형 부정사를 써줘요. 그런데 get을 보면, to가 은신하지 않고 살아있어요. help는 원형 부정사도 되고 그냥 to를 써주기도 해요.

이렇게 동사마다 쓰임새가 달라요. 느낌이 지각동사 같은 경우에도, 다양한 형태로 쓸 수 있어요. 동사 hear을 예로 들어 보겠습니다.

I heard him sing. (O)

I heard him singing. (O)

I heard him to sing. (X)

이렇게 어떤 동사들은 뒤에 꼭 정해진 애들만 허용해요. 평소에 지랑 안 친한 애들하고 어울려 놀지 않는 거죠.

참고로 위의 help, hear와 같이 여러 형태를 허용하는 경우에도, 원어민이 일반적으로 더 선호하는 표현이 있습니다.

또 다른 예를 들면요, keep, prevent 이런 애들은 "prevent 한규 from watching porn" 이런 식의 구조가 일반적입니다. 저기 from 대신에 다른 전치사를 넣으면? 뭐 문장을 직접 봐야지 기다 아니다 확실히 말할 수 있지만, 틀릴 확률이 상당히 높습니다. 애들을 from을 되게 좋아하거든요.

또 동사를 사용할 때 이거말고도 고려해야 할 점이 있어요. 다음 문장이 어떻게 느껴지나요?

"깜짝 담배를 끊으면 요요 효과를 얻을 것이다."

뭔가 딱 봐도 어색한 걸 느낄 수 있습니다. 왜냐하면 우리가 자주 쓰는 단어 쌍이 아니거든요. 영어도 마찬가지로, 원어민들이 사용해온 단어 조합이 있어요. 영어를 진짜 잘하기 위해서는 이런 단어의 조합을 많이 알아야 해요. 이런 조합은 일차적인 해석으로는 어색해 보일 수도 있어요.

make the bed → 침대를 만들다 (X) 침대를 정리하다 (O)

go bald → 대머리 가즈아!!! (X) 대머리가 되다 (O)

이런 식입니다. 또 조금은 다른 맥락이지만, 우리가 보통 햄버거나 이런 애들 이야기할 때 fast food라고 하지 quick food라고는 안 하죠? 이렇듯 자주 쓰는 단어 조합을 잘 알아야 합니다.

이런 애들은 어떻게 해야 알 수 있을까요? 이미 언급한 적 있으나, 간단히 짚고 넘어가겠습니다.

1) 몇 형식 동사인지 외우기 + 동사 사용 방법별로 정리한 거 외우기
예를 들어, deprive, divest, rob, 이런 동사는 주로 S + V + O + of 명사 이런 구조를 취합니다.

2) 많이 듣고 많이 읽기, 3) 사전 찾아보기 등이 있습니다.

우리 책에서는 1번 방법은 비교적 세세히 다루지 않았어요. 왜냐하면, 우리 책의 일차적인 목적은 영어의 제일 기본적 구조를 이해하는 건데, 저런 내용을 벌써 다 배우려고 하면 지칠 수 있거든요. 추후에 따로 다룰 기회가 있다면 그때 상세히 짚고 넘어가겠습니다.

이번에 배워볼 동사는 여러 단어로 이루어진 동사입니다. 우리가 여태까지 배운 동사는 "show" "give" "present"처럼 한 단어로 이루어져 있었어요. 근데 얘는 두 단어, 혹은 세 단어로 이루어진 동사에요. 예를 들어볼까요?

Han-gyu gave up.

The program gave rise to a new optimism in the community.

※give의 과거형은 gave

자, 저렇게 밑줄 친 한 묶음을 하나의 동사로 보면 편합니다. 외국 아재랑 아지매들이 옛날부터 저렇게 한 묶음으로 쭉 써온 애들이 굳어졌다고 보시면 됩니다.

"give up"이란 단어 묶음은 "포기하다"라는 뜻으로 쓰이고요, "give rise to"라는 단어 묶음은 발생시키다, 일으키다 이런 뜻으로 사용하는 거죠.

이렇게 여러 단어를 묶어 놓은 묶음 동사는 두 가지 특징이 있어요.
1) 동사가 뒤에 친구를 하나나 두 개 정도 달고 나타나요.
2) 원래의 뜻을 어느 정도 유지하는 경우도 있지만, 아예 상관없는 경우도 많아요.

예를 들어보죠.

Han-gyu didn't hand in his paper. ※hand in: 제출하다

They broke up. ※break up: 헤어지다

Min-ji doesn't keep up with Han-gyu. ※keep up with: 연락하며 지내다

이 묶음 동사는 우리나라에서는 구동사라고 많이들 하는데요, 사실 이 이름이나 분류는 문법 체계마다 엄청 다르게 취급하고 되게 복잡해요.(묶음 동사는 제 마음대로 만든 표현입니다!)

참고로, 얘들은 형식 틀에서 보면 상당히 복잡합니다. 저명한 학자들도 얘들을 나누는 방식이 엄청 다양해요. 보통 격식을 차린 문장보다는 일상 대화에서 자주 써서 그런지 원어민들은 되게 잘 사용하는 반면에 한국인들은 좀 취약하죠. 그리고 개수도 굉장히 많아요. 이거로만 책 한 권은 그냥 나오죠.

우리 목표는 문장에서 묶음 동사가 나와도 "아 얘 묶음 동사구나!"라고 감을 잡아서 당황하지 않고 사전을 찾아본 후 해석을 하는 것입니다!

● 설명충의 부연설명 - 묶음 동사의 분류

묶음 동사는 여러 가지로 분류해 볼 수 있지만, 다음의 세 가지 형태로 분류해 볼 수도 있어요.

1) phrasal verb(동사 + 부사)

2) prepositional verb(동사 + 전치사)

3) phrasal + prepositional verb(동사 + 부사 + 전치사)

얘들은 일단 뒤에 붙는 애들 때문에 이렇게 나뉘는데요, 제일 눈여겨봐야 할 부분은 바로 1)과 2)의 차이입니다. 예를 통해서 그 이유를 말씀드리겠습니다.

예시 1) phrasal verb(동사 + 부사)

I took off my coat. (O)   I took my coat off. (O)

※take off (옷 등을) 벗다

예시 2) prepositional verb(동사 + 전치사)

The cat jumped on the bicycle. (O)   The cat jumped the bicycle on. (X)

※jump on 올라타다

자, 일단 1번 take off가 묶음 동사고 my coat가 목적어인데요, 목적어 위치가 변해도 아무런 상관이 없어요. 그런데 2번에서는 the bicycle이라는 목적어 위치가 변하면 안 돼요. 첫 번째 형태로만 가능합니다.

이게 바로 1)은 동사 + 부사 조합이고 2)가 동사 + 전치사 조합이라 그런 건데요, 간신배 전치사는 뒤에 항상 명사를 달고 다녔었죠? 그래서 이번에도 명사 앞에만 있으려고 한다고 생각하면 기억하기 좀 쉬워요.

하지만 얘들 뒤에 오는 애가 부사인지 전치사인지 알아보는 건 쉽지 않아요. 왜냐면 되게 많은 경우에 얘들 모양이 아예 똑같거든요. 차라리 "take off" "jump on" 이렇게 세트로 검색해서 보는 게 좋습니다. 그다음 예문을 보면 이동 가능한 애들인지 아닌지 알 수 있어요.

그리고 얘들도 다른 동사랑 비슷하게 목적어가 들어가면 안 되는 자동사로 쓰이는 애들, 목적어 절대 못 잃는 타동사로 쓰이는 애들, 혹은 자/타 둘 다 되는 애들도 있어요.

자, 묶음 동사의 분류에 대해서 아주 간략하게 알아봤습니다. 더 자세한 내용은 중급이나 고급 영문법 책에서 다루도록 하겠습니다. 우리가 알고 가면 좋을 내용은 1) 뒤에 부사, 전치사, 혹은 둘 다 달고 나오는 묶음 동사가 있고, 2) 어떤 애는 동사랑 뒤에 붙은 나부랭이 사이에 쏙 목적어를 넣을 수 있지만, 불가능한 애들도 있다는 거! 명심해 주세요.

두뇌풀가동: 동사류 섞어 먹기

여태까지 쭉 배운 걸 모두 섞어서 문제를 내보겠습니다. 동사 단원에서 배운 것 위주로 가고, 동사 말고 다른 애들도 톡톡 튀어나오니 방심하시면 안 됩니다. 정답은 [p.392]에 있습니다.

Exercise 1. 알맞은 정답을 표시해 보세요.

(Jeong-muk / They / The students) has many friends.

Let me (do / done / doing) it again.

The cats under the blanket (were / is / be / can) happy.

The large dog (was / were) being attacked by the small cat.

Bok-rye doesn't let his son (watch / to watch / watched) the TV show.

This (can / have / am / is / are) be a serious issue.

He (has / have / is / are) many friends.

Bok-rye made her daughter-in-law (make / made / being made) kimchi.

Exercise 2. 지시에 맞도록 동사를 바꿔서 넣어보세요. 빈칸은 길이를 보고 유추하실 수 없도록 낭낭하게 드렸습니다.

예시) sleep → (과거 + 진행)

My cat <u>was sleeping</u> under the table, when I entered my room.

finish → (미래 + 완료)

She _____ her tea.

wish → (과거 + 완료 + 진행)

She _____ for a new computer.

shock → (현재 + 완료)

She _____ her parents.

create → (미래 + 진행)

Han-gyu _____ new problems.

Exercise 3. 지시에 맞도록 문장을 변형해 주세요.

예시)) Yang-ho scolded the students.

→ (수동) The students were scolded by Yang-ho

Brad is enjoying the concert.

→ (부정 + 의문)

Your friend borrowed your jacket.

→ (과거 + 완료)

I was ganked by 리쉰.

→ (능동)

She was sitting on the wall.

→ (의문)

Mike was apologizing to her.

→ (부정)

The elephant has not eaten the peanut.

→ (수동)

Part ❹

수식류 가지고
이것저것 해보자

이놈, 저놈 다 패는 부사, 당신은 도대체…

앞서 배웠던 형용사랑 부사는 다른 애들을 꾸며주고 설명을 해주는 애들이죠.

둘의 차이는 뭐였죠? 형용사는 명사만 꾸며줍니다. 반면, 부사는 이놈 저놈 다 꾸밉니다. 형용사는 이미 명사가 꽉 잡고 있기 때문에, 부사는 굳이 명사까지 건드리지 않아요. 부사는 동사나 형용사를 꾸며주고, 심지어는 다른 부사를 꾸며주기도 하고, 혹은 문장 전체를 꾸며줍니다. 각각의 사례를 보면요,

예시)) 부사가 동사를 꾸밀 때

The cat ran fast.

Bok-rye sometimes helped her friends.

부사가 형용사를 꾸밀 때

야수오 is exceptionally irritating.

He looks very nice.

부사가 다른 부사를 꾸밀 때

The cat ran very fast.

The problem is quite easily solved.

부사가 문장 전체를 꾸밀 때

Honestly, I don't have friends.

Unfortunately, Han-gyu picked 한조우.

이런 식입니다. 한국말로 해석하면 "~(하)게"(예: 조심스럽게, 정확하게, 누구보다 빠르게) 이렇게 되는 경우가 많고, 영어에서는 "~ly"(예: fortunately, honestly) 이렇게 끝나는 경우가 많아요.

하지만 이런 건 참고용일 뿐 예외는 엄청나게 많습니다. 위 문장에서만 봐도 very, fast, quite에는 ly가 안 붙었어요.

이제부터 부사를 자세히 파헤쳐보죠. 우선, 부사류(=짝퉁 부사)를 공부해 보고, 그다음 부사의 위치 선정에 대해 알아봅시다.

부사류? 짝퉁 부사?

원래 출신은 부사가 아니었으나, 사장님을 잘못 만나서 마치 부사처럼 일을 하며 착취당하는 친구들이 있어요. 얘들은 원래는 부사가 아니었는데, 부사처럼 일하는 거죠.

이 부사류인 짝퉁 부사는 부사처럼 동사나 형용사, 혹은 다른 부사나 심지어는 문장 전체를 꾸며주는 역할을 담당하게 됩니다.

이런 부사류로 자주 쓰이는 애들은 (1) 전치사 + 명사와 (2) to부정사가 있고요, 또 간혹 분사구문이라는 애도 특수한 용법으로 사용하면 부사처럼 쓰이기도 하죠.

처음 들어보는 친구들은 〈Part 5 누구냐 넌?〉에서 만나보실 수 있습니다.

예시) 전치사 + 명사 → 형용사 꾸미는 부사처럼

This pill is good for your health.

to부정사 → 동사 꾸미는 부사처럼

Yang-ho returned to help his students.

참고로 부사처럼 쓰인다는 의미는 얘를 막 가져다가 부사 자리에 그대로 쑤셔 넣어도 된다는 의미가 아니고요, 문장에서 부사와 같은 역할을 한다는 말입니다.

부사의 위치 선정

부사랑 짝퉁 부사는 형용사보다 위치 선정이 훨씬 자유로워요. 얘들은 보통 세 가지 위치에 들어가요. 문장에서 앞(front), 중간(middle), 뒤(end)에 들어가요.

그렇다고 아무 데나 들어가면 당연히 안 되고, 낄 때 끼고 빠질 때 빠져야 합니다.

아무튼 각각의 예를 보면요,

예시) 앞

Suddenly, Min-ji felt something strange.
Yesterday, all my troubles seemed so far away.

예시) 중간

Min-ji suddenly realized that she didn't finish her homework.

Bok-rye hardly calls her daughter-in-law.

예시) 뒤

He died so suddenly.

Han-gyu ate food quickly.

위에서 suddenly를 살펴보시면, 문장 맨 앞에 오기도 했고, 중간에 오기도 했으며, 그리고 맨 뒤에도 나왔어요.

※참고: 그렇다고 해서 모든 부사 및 부사류가 앞/중간/뒤에 들어갈 수 있다고 할 수는 없어요.

그런데 여기서 말이죠, 문장의 맨 앞이나 맨 뒤는 알겠는데, 도대체 중간이란 어디를 의미할까요? 세 가지 사례가 있습니다! 우선, (1) 일반적인 경우, 부사를 그냥 <u>주어와 동사 사이</u>에 팍 꽂아주세요.

예시) Min-ji <u>suddenly</u> realized that she didn't finish her homework.

My cat <u>nearly</u> fell asleep.

다음으로 be동사가 나왔다면? (2) <u>be동사 뒤</u>에 부사를 놓아두세요.

예시) Han-gyu said that Min-ji is <u>always</u> late.

립어풀 is <u>not</u> a big club.

부정문 단원에서 배웠던 내용도 있죠? "not"도 부사랍니다.

마지막으로, 조동사 같은 애들이 엄청 많아서 막 난리가 났어요. 그렇다면, (3) 그냥 제일 첫째 조동사 뒤에 부사를 팍 꽂아주시면 됩니다.

예시) **Han-gyu's efforts will <u>clearly</u> be overlooked.**

It has <u>occasionally</u> been mentioned.

※참고: 얘는 1번, 2번에 비해선 절대적인 규칙은 아닙니다.

세 줄이 넘어가는 세 줄 요약

이렇게 해서, 부사를 자세히 알아보는 시간을 가졌습니다. 부사와 비슷한 짝퉁 부사인 부사류에는 전치사 + 명사와 to부정사가 있었죠? 간혹, 분사구문을 좀 특이하게 쓰면 걔도 부사처럼 쓰일 수도 있고요.

부사의 위치는 좀 자유로운 편입니다. 크게 문장 맨 앞, 중간, 맨 뒤에 위치 선정을 하고요, 중간이라 하면 보통 주어와 동사 사이죠. 만약 be동사가 나온다면? 부사를 be동사 뒤에 붙여주고요, 혹 조동사류가 여러 개 달라붙어 있다면? 첫 번째로 나온 애 뒤에 붙여주면 됩니다.(이건 절대적이진 않아요)

● 설명충의 부연설명 - fast vs fast

I am a fast learner.

The cat ran fast.

이 두 문장에서 fast의 차이는 뭘까요? 첫 번째 문장에서는 fast가 명사 learner를 수식해 주고, 두 번째 문장에서는 fast가 동사 ran을 수식해 줍니다.

그럼 첫 번째 문장에서의 fast는 뭐죠? 형용사죠! 두 번째 문장에서는 뭐죠? 부사입니다.

I am a fast learner.
형용사 → 명사

The cat ran fast.
동사 ← 부사

이런 식이죠. 사실 fast 말고도 well, right, wrong, straight 등 여러 가지 품사로 쓰일 수 있는 애들이 많아요. 얘들은 뭐 문장에서 위치와 사용법에 따라 형용사도 되고 부사도 되고 그러는 거죠. 영어에서는 한 단어가 다양한 품사로 쓰일 수 있다는 점 명심하세요!

● 설명충의 부연설명 – 뒤집기 빌런 Here and There?

수일치에서 살짝 다뤘던 내용인데요, 얘들은 부사이면서 동시에 뒤집기 빌런입니다.

(1) 문장 앞에 here이나 there을 쓰고, (2) 동사가 변태 be동사면? 주어랑 동사의 순서가 바뀔 수 있어요.

예시) **There are many examples.**
(주어 아님!) 동사 주어

Here is the report.
(주어 아님!) 동사 주어

Here comes your taxi.
(주어 아님!) 동사 주어

그런데 말입니다. 닝겐용 대명사인 인칭대명사가 주어로 나오면? 이 뒤집기 빌런은 인칭대명사한테 약해요. 힘을 못 쓰고 무력화됩니다.

예시) **Here she comes.**

There he goes.

참고로, 위에서 보시면 아실 수 있듯, be동사 말고도 come, go, 그리고 장소랑 관련 있는 동사들인 stand, sit도 이런 비슷한 현상이 일어나요. 이 뒤집기를 하면 일상생활에서 영어를 쓸 때 훨씬 자연스럽게 들리고요, 때로는 문학적으로 문장을 멋있게 만들어줍니다.

얘들은 따로 알아본 이유가 뭐냐면요, 저렇게 문장 순서를 이상하게 만들어버려서 문법 문제에 단골로 나옵니다. 특히 수일치 문제에서 정말 많이 나와요. 그리고 일상생활에서도 자주 쓰죠.

마지막으로 한 가지 더 덧붙여 말하자면, 위에서 here/there를 주어가 아니라고 분류하는 건 사실 많은 논란이 따릅니다. 하지만 초심자로서는 이런 식의 접근이 제일 편할 것이라 봤고, 저명한 저서에서도 이처럼 분류한 경우가 종종 있기에 위와 같이 서술하였습니다. 문법적으로 깊이 있는 접근은 기회가 된다면 중 · 고급 책에서 다뤄보겠습니다.

● 설명충의 부연설명

부사가 아무리 자유로워도 어떤 애들은 자기가 선호하는 위치가 있는데요, 이거는 부사를 종특별로 나눠서 구분해 볼 수 있어요.

뭐 이를테면, personally, honestly와 같이 개인적인 기준이나 관점을 나타내는 부사들이 있거든요? 얘들은 주로 문장 앞에 쓰고, 그 뒤에 쉼표를 찍어줘요. 격식 차려서 쓰는 문장에서는 이런 부사들을 중간에 배치해 버리는 때도 있고요. 반면, on Tuesday, today와 같이 시간에 대한 부사는 문장 뒤를 선호합니다. 얘를 강조해 주고 싶은 경우라면, 또 문장 맨 앞으로도 자주 와요.

이런 내용은 초심자가 배우기에는 살짝 어려워서 맛보기용으로만 넣어봤습니다. 나중에 기회가 되면 자세히 다뤄보겠습니다.

명사만 패는 형용사, 당신은 도대체…

이미 배운 내용이지만 형용사에 대해서 간단히 복습합시다. 형용사는 명사를 꾸며주고요, 한국 말로 해석해 보면 보통 "~ㄴ/ㄹ" 이렇게 끝나요. "더러운=dirty", "귀여운=cute" 이런 식이죠.

이제부터 형용사를 자세히 파헤쳐 보겠습니다. 우선, 원래 형용사는 아니었지만 형용사처럼 명 사를 꾸며주는 형용사류(=짝퉁 형용사)를 공부해 보고, 형용사가 어디에 위치 선정을 하는지 알 아보겠습니다.

형용사류? 짝퉁 형용사?

원래 출신은 형용사가 아니지만, 사장님을 잘못 만나서 착취당하는 친구들이 있어요. 얘들은 분 명 원래는 형용사가 아니었음에도, 형용사처럼 명사를 꾸며주는 일을 하게 됩니다.

사장님: 동사야, 너 평생 동사로만 일할 거니? 그럼 승진 못 해. 넌 노오력이 부족하거든. 내가 ed 붙여줄 테니까 가서 형용사처럼 명사 좀 꾸며주고 다녀봐.

요새 취업도 힘들고, 공무원시험도 어려워서 동사는 본업을 버린 채 자기 뒤에 ed를 달고 명사를 꾸며주러 다닙니다.

> 예시) 동사 ruin → ed분사 ruined
>
> **Bok-rye didn't eat the ruined cake.**

이런 식으로, ruin의 ed분사인 ruined는 위 문장에서 형용사처럼 명사를 꾸며줬어요.

이렇게 원래는 다른 품사였지만, 사장님의 배려로 명사 꾸밈이인 형용사처럼 일하는 친구들이 있어요. 근데 사장님도 그냥 막 가져다가 쓰면 안 된다고 생각을 해서, 생색내기 용으로 모양에 조금 변화를 주거나, 다른 보조 직원을 붙여주죠.

이런 형용사류로 자주 쓰이는 애들을 좀 보면, 전치사 + 명사, ed분사, ing분사, to부정사가 있습니다.

각각 예를 들어보면,

[전치사 + 명사] 전치사 under + 명사 table

The cat under the table was really cute.

[ed분사] 동사 ruin → ed분사 ruined

Bok-rye didn't eat the ruined cake.

[ing분사] 동사 embarrass → ing분사 embarrassing

It was the most embarrassing date in my life.

[to부정사] 동사 answer → to부정사 to answer

The students have three questions to answer.

이렇게 쓸 수 있어요. 참고로 형용사처럼 쓰인다는 의미는 얘를 막 가져다가 형용사 자리에 그대로 쑤셔 넣어도 된다는 의미가 아니고요, 문장에서 명사를 꾸며준다는 말입니다.

처음 들어보는 친구들은 "Part 5 누구냐 넌?"에서 다시 만나보실 수 있어요.

형용사의 위치 선정

형용사와 짝퉁 형용사는 다음의 세 가지 위치에 들어갈 수 있어요.

1) 지가 꾸며주고 싶은 명사 앞
제일 흔한 경우죠. 설명도 딱히 필요 없고, 예시만 몇 개 보면 됩니다.

I saw a cute cat.

A small puppy was sleeping.

2) 지가 꾸며주고 싶은 명사 뒤
1)에 비해서는 흔하진 않지만, 가끔씩 등장합니다. 예를 볼까요?

We have something special.

Members present will discuss the issue.

부정대명사(indefinite pronoun)라고 해서 특정한 놈을 가리키는 게 아니라 something, everyone처럼 불특정한 놈들을 가리키는 대명사는 보통 형용사가 뒤에서 나타나요.

위에서 배운 짝퉁 형용사 중에서 전치사 + 명사, to부정사는 뒤에서 명사를 꾸며줬었죠? 얘들도 대부분 본인이 꾸며줄 명사 뒤에 있는 걸 좋아해요. 간혹, 좋아하다 못해 죽어도 앞으로 안 가는 애들도 있어요.

그 외에도 다른 사소한 법칙이 있으나, 습관적으로 외국 아재들이랑 아지매들이 쭉 써왔다고 생각하시는 편이 더 편합니다.

3) 보어, 보어 종류

보어 자리에는 문장에 따라 명사나 형용사가 들어가요. 근데 1번, 2번과는 다르게 <u>보어 자리에 들어간 형용사는 문장에서 빼면 안 되는 필수 요소입니다.</u> 빼버리면 문법적으로 틀린 문장이 돼요. 이렇게 보어로 들어간 형용사는 배의 주요 기능이라고 배웠었죠?

보어, 혹은 보어 비스무리한 놈이 어떻게 쓰였는지 상기시켜 드리겠습니다.

> 2형식: 주어(S) + 동사(V) + <u>**보어(C)**</u> = 형용사 or 명사
>
> 5형식: 주어(S) + 동사(V) + 목적어(O) + <u>**목적격 보어(O.C)**</u> = 형용사 or 명사

이제 예문을 볼까요?

> **2형식:** Jane is <u>wise</u>.
>
> **2형식:** The book was very <u>interesting</u>.
>
> **5형식:** My cat made me <u>crazy</u>.
>
> **5형식:** Han-gyu made her <u>bored</u>.

세 줄이 넘어가는 세 줄 요약

자, 이렇게 형용사에 대해서 조금 자세히 알아보는 시간을 가졌습니다. 형용사 위치는 1) 지가 꾸며주고 싶은 명사 앞, 2) 조금 드물게 지가 꾸며주고 싶은 명사 뒤, 3) 보어나 목적격 보어 자리에 들어갈 수 있습니다.

참고로, 형용사마다 지가 선호하는 위치도 달라요. 어떤 애는 아무것도 안 가리고 위 세 가지 위치 아무 데나 다 들어가는 잡식성인 반면, 또 어떤 애들은 특정 위치에만 오죠.

형용사에서 또 중요한 게, 1번, 2번은 문장에서 형용사를 빼버려도 문법적으로 틀린 문장은 아님

니다. 그러나, 3번의 보어류 위치에 들어가는 애들을 빼버리면 문법적으로 틀려요.

1번) 나는 <u>귀여운</u> 고양이를 봤다.

I saw a <u>cute</u> cat.

2번) 고양이는 <u>귀엽다</u>.

A cat is <u>cute</u>.

1번에서는 "귀여운"을 빼도 문법적으론 괜찮지만, 2번은 형용사를 빼버리면 문장 자체가 고장 나버려요.

그리고 원래 출신은 형용사가 아니지만, 사장님 잘못 만나서 고생하는 형용사류 중에서 자주 쓰이는 애들은 ed분사, ing분사, 전치사 + 명사, to부정사가 있습니다.

각각 예를 들어보면,

[ed분사] the <u>ruined</u> cake
[ing분사] the most <u>embarrassing</u> date
[전치사 + 명사] the cat <u>under the table</u>
[to부정사] three questions <u>to answer</u>

요렇게 꼽아볼 수 있어요.

형용사 비스무리한 형용사류에는 ed분사, ing분사, 전치사 + 명사, to부정사가 있고, 형용사는 1) 명사 앞, 2) 명사 뒤, 3) 보어나 목적격 보어 자리에 넣을 수 있다고 배웠어요.

"아, 그러니까 to부정사를 무조건 목적격 보어 자리에 넣으면 되겠구나! 그리고 ed분사는 무조건 2형식 보어 자리에 넣어도 상관없겠지?" 이렇게 생각하셨다면 큰 오산입니다.

얘들을 아무렇게나 넣으면 끔찍한 혼종이 탄생합니다. 낄 때 끼고 빠질 때 빠져야죠. 마구잡이로 욱여넣으면 한국어로 쳤을 때 어떤 느낌이 날 수 있느냐면요, 1) 문법은 맞지만, 진짜 어색한 문장, 2) 문법조차도 틀린 문장이 될 수 있습니다.

"깜짝 담배를 끊으면 요요효과를 얻을 것이다."

"피부를 노랗게 된다."

원어민한테 이런 느낌으로 들릴 수 있어요. 이런 부분은 사실 문법적인 접근뿐만 아니라 문장을 많이 접하고 좋은 사전을 자꾸 찾아봐야 극복 가능해요.

● 설명충의 부연설명 - 형용사의 순서길

형용사는 한 단어에도 여러 개가 붙을 수 있어요. 그런데 형용사들 순서가 지들 마음대로 막 들어가는 게 아니에요. 추상적인 걸 먼저 써주고, 구체적인 걸 명사 앞으로 붙여주죠.

그런데 추상, 구체란 의미가 애매하죠? 이걸 좀 더 자세히 풀면,

(한정사) → 의견 → 크기 → 오래된 정도 → 모양 → 색상 → 출처/기원 → 재료 → 기능/목적

이렇게 나타낼 수 있습니다. 하지만 이것도 사실 엄청 명확하다고 하기는 힘들고, 애매한 점이 없잖아 있어요. 그런데 만약 같은 애들끼리 부딪히면 어떻게 될까요?

예시)) They have old and new jackets.

　　한조우 is a sneaky and irritating character.

이렇게 접속사를 써서 처리해 줍니다.

UNIT 03

네가 더 못생김 vs 응, 넌 제일 못생김

[키워드: 비교급, 최상급, 형용사, 부사, 전치사/접속사 than]

비교급(comparatives)

이번에는 비교급과 최상급을 알아볼 텐데요. 먼저, **비교급**(comparatives)에 대해서 다뤄보죠.

형용사랑 부사는 비교질을 해요. 자꾸 네가 더 못생겼느니, 내가 더 똑똑하니, 누가 더 잘사니, 이렇게 비교를 합니다.

우리나라 말에서 비교를 할 때

"걔가 더 못생겼어." 혹은 "한규가 정묵이보다 작아."

이렇게 해주면 됩니다. 영어에서는 비교급을 어떻게 표현할까요? 두 가지 방법이 있어요. 1) 형용사/부사 뒤에 -er을 붙여줘서 비교급으로 태세 변환하기, 2) 형용사/부사는 냅두고 애들 앞에 **more,** 혹은 less 붙이기입니다.

일단 "-er"로 가야 할지, "more/less"로 가야 할지는 음절에 따라 정하는 겁니다. 보통 짧으면 -er을 붙이고, 길면 more/less가 붙어요. 그렇다고 무조건 이렇게 하면 안 되고요, 자세한 내용은 "님 머릿속에 저장! - 비교질 태세 변환(p.418)"을 참고하세요.

그럼 -er을 붙여서 비교하는 법과, more/less를 붙여서 비교하는 법을 알아보도록 하겠습니다.

1) 형용사/부사 뒤에 -er을 붙여주기

먼저 예를 들어보면요,

예시) [tall → taller]

Jeong-muk is taller than Han-gyu.

정묵이가 한규보다 "더" 크다.

[smart→ smarter]

The cat is smarter than Jeong-muk.

고양이가 정묵이보다 "더" 똑똑하다.

이렇게 됩니다. 그냥 -er만 붙인다고 다 되는 게 아닙니다. 조금 특이하게 변하는 애들이 있어요. 자세한 건 역시 "님 머릿속에 저장! - 비교질 태세 변환(p.418)"을 참조하시면 됩니다.

2) 형용사/부사는 냅두고 얘들 앞에 more, 혹은 less 붙이기

예시) **Ji-hye is more courteous than Min-ji.**

지혜가 뮌지보다 더 예의가 바르다.

Mr. Park is more talkative than Yang-ho.

박 선생님이 양호 씨보다 더 말이 많다.

야수오 is more irritating than 한조우.

야수오가 한조우보다 더 짜증난다.

more이 "더 ~하다, 더 많다"는 의미고, less는 "덜 ~하다, 더 적다" 이런 의미입니다.

예시) **Min-ji is less courteous than Ji-hye.**

뮌지가 지혜보다 예의가 덜 바르다.

Yang-ho is <u>less</u> talkative than Mr. Park.

양호 씨가 박 선생님보다 <u>더</u> 말이 <u>적다</u>.

한조우 is <u>less</u> irritating than 야수오.

한조우가 야수오보다 <u>덜</u> 짜증난다.

Than?

자세히 보신 분들은 알아차리셨을 텐데, 반복적으로 나오는 애가 있습니다. 바로 than이죠. 얘는 "~보다" 이런 의미죠.

Mr. Park is more talkative <u>than</u> Yang-ho.

한조우 is less irritating <u>than</u> 야수오.

즉, 1번 문장에서는 박 선생님이 양호 씨<u>보다(than)</u> 더 말이 많다. 2번 문장에서는 한조우가 야수오<u>보다(than)</u> 덜 짜증난다는 의미죠. 그런데 비교급을 다음과 같이 쓸 수도 있습니다.

Jeong-muk is taller than <u>I am</u>.

Mr. Park was more talkative than <u>I expected</u>.

보통 이런 건 조금 더 격식 있는 문장에서 많이 써요. 그리고 또 한 가지! 비교할 대상이 명백하면 항상 than이 필요한 것은 아닙니다.

예시) You must be more careful in the next match.

The cat walks more silently these days.

비록, 문장에 정확히 나와 있지는 않아도, 첫째 문장에서는 이전 경기 + 이번 경기 vs 다음 경기,

둘째 문장에서는 예전 vs 요새 이렇게 비교 가능하다는 것을 강하게 암시하고 있어요.

최상급(superlatives)

이제 비교급은 여기까지 알아보고, **최상급**(superlatives)에 대해 알아보겠습니다. 비교급은, 자꾸 네가 더 못생겼느니, 네가 더 멍청하니 이런 느낌이라면 최상급은 말 그대로 그냥 최고인 겁니다. 최고로 못생기고, 최고로 멍청한 거죠.

우리나라 말에서는,

"내가 제일 잘 나가." "한규가 제일 진상이야."

이런 식으로, 제일, 최고, 이런 걸 붙여주면 됩니다.

영어에서는 최상급을 어떻게 표현할까요? 비교질하는 비교급과 마찬가지로 두 가지 방법이 있어요. 1) 형용사/부사 뒤에 -est를 붙여줘서 최상급으로 태세 변환하기, 2) 형용사/부사는 냅두고 얘들 앞에 most, 혹은 least 붙이기입니다.

"-est"로 가야 할지, "most/least"로 가야 할지도 비교급과 마찬가지로 음절에 따라 정해요. 자세한 내용은 "님 머릿속에 저장! – 형용사/부사 비교질 태세 변환(p.419)"을 참고하세요.

그럼 이제 최상급 만드는 법을 자세히 알아봅시다.

1) 형용사/부사 뒤에 -est 붙이기

　예시) [fat → fattest]
　　Elvis is the fattest cat in Germany.
　　엘비스는 독일에서 가장 뚱뚱한 고양이이다.

　　[young → youngest]
　　Bok-rye is the youngest in her nursing home.
　　복례 씨네 양로원에서 복례 씨가 가장 어리다.

이렇게 최상급을 만들어줄 수 있어요.

비교급과 마찬가지로 최상급 태세 변환 역시 '님 머릿속에 저장! - 형용사/부사 비교질 태세 변환(p.419)'을 참고하시면 됩니다.

2) 형용사/부사는 냅두고 앞에 most, 혹은 least 붙이기
2번 "most/least"를 볼까요? 비교급과 매우 비슷해요. "most/least"의 뜻을 살펴보면, most는 "가장, 최고" 이런 뜻이고요, least는 반대로 "가장 적은, 최소의" 이런 뜻입니다.

　예시) **Clementine is the most fascinating movie I've ever seen.**
　　클레멘타인은 내가 본 영화 중 가장 매력적인 영화이다.

　　Manchester United and Liverpool are the most successful clubs in England, but Liverpool has never won a Premier League.
　　맨체스터 유나이티드와 리버풀은 영국에서 가장 성공적인 클럽이지만, 리버풀은 프리미어리그 우승을 한 적이 없다.(출처: Skysports, 기사 수정 발췌 Adam Smith)

Han-gyu is the least interesting man in the class.
한규는 반에서 가장 흥미롭지 않은 사람이다.

The?

앞서도 살짝 언급했지만, the는 일반적인 놈이 아닌 특정한 놈한테 써줍니다. 그러다 보니 최상급 앞에 많이 나와요. 왜냐하면, 최상급은 일반적인 애가 아니라 "제일 ~해서" 특.별.한 놈이니까요.

This is the tallest building in the world.
Nancy is the smallest cat in the room.

※참고: 하지만 the가 무조건 붙는 건 아닙니다. my, our와 같은 다른 한정사 놈들이 튀어나오면 the를 쓰지 않을 수 있어요. 또, 문장 마지막 부분에 서술로 나오면 생략이 가능하기도 해요. the에 대한 자세한 내용은 바로 밑에 나오는 한정사 단원에서 다시 다룹니다.

세 줄이 넘어가는 세 줄 요약

이렇게 비교급과 최상급에 대해서 다뤄봤습니다. 비교급은 "네가 더 못 생겼어." 이런 식으로 비교를 하는 거고요, 최상급은 "응, 아냐. 네가 제일 못 생겼어." 이렇게 뭔가가 최고, 혹은 최악이라고 해주는 거죠.

만드는 방법은 비교급은 형용사/부사 뒤에 -er을 붙이거나, 음절에 따라 형용사/부사 앞에 more/less를 붙여줘요. 최상급은 형용사/부사 뒤에 -est를 붙이거나, 음절에 따라 형용사/부사 앞에 most/least를 붙여주죠.

● 설명층의 부연설명 – 비교급과 최상급은 중복 노노

비교급과 최상급은 중복해서 쓰면 안 됩니다. 우리나라 말에서 왜 "역전 앞"이라고 하면 틀린 거 아시죠? 역"전(前)"이 이미 앞이라는 의미라 역전 앞이란 말은 중복이죠. 자매품으로 최근 근황, 킹왕짱(?) 등이 있어요. 즉, 같은 걸 이렇게 반복해 주면 문법적으로 문제가 생기는 거죠.

이런 비슷한 맥락에서 비교급과 최상급도 중복이 일어나면 안 돼요. 예를 보면 되게 간단해요.

He is more best person in my life. (X)

She is more smarter than Han-gyu is. (X)

● 설명층의 부연설명 – 비교급과 최상급을 더 강조하려면?

비교급과 최상급은 강조해 줄 수 있어요. (반대의 경우도 가능하고요.)

"야, 내가 너보다 훨 낫지." 혹은, 반대로 "야, 내가 너보단 좀 낫지."

이런 식으로 비교의 정도 차이를 강조하거나 줄여서 말할 수 있어요. 영어에서는 어떻게 하는지 볼까요? 비교급에는 앞에 much, far, a lot 등을 쓸 수 있고요, 혹은 반대의 의미로 a bit, a little 등을 쓸 수 있어요.

He looks much better now.

She is a bit taller than Min-ji.

최상급에는 much, by far, easily 등을 잘 활용해 줍니다.

The film is by far the biggest success over the last few years.

It was easily the best play ever in this game.

UNIT 04 한정충 한정사, 당신은 도대체…

한정충 한정사를 간단하게 복습한 후, 자세하게 파헤쳐봅시다. 한정사는 <u>명사를 딱 짚어서 한정</u><u>해 주는 역할</u>을 합니다.

그런데 "한정"한다는 게 도대체 뭘까요? 여기서 한정이라고 하면, 네 가지 종류가 있어요.

1) 명사 놈이 한 놈인지, 두 놈인지, 혹은 첫 번째 있는 놈인지, 두 번째 있는 놈인지, 혹은 얼마나 많은지 여부 등 <u>숫자와 관련해서 콕 짚어주는 애</u>

2) 명사 놈이 누구 건지, 즉 명사를 <u>누가 소유하고 있는지</u> 콕 짚어주는 애

3) 명사 놈이 당최 <u>이놈인지, 저놈인지</u> 콕 짚어서 <u>지시해 주는 애</u>

4) 명사 놈이 <u>일반적인 놈인지</u>, 아니면 말하는 애도 알고 듣는 애도 아는 <u>특정한 놈인지를 콕 짚</u><u>어주는 애</u>

이렇게 네 가지를 한정이라고 하고요, 그림으로 정리하면 이렇게 나타낼 수 있어요.

이제 하나씩 자세히 좀 봅시다.

1) 숫자 한정충(quantifiers, cardinal/ordinal numbers)
숫자 관련 한정사에는 어떤 애들이 있는지 살펴볼까요?

> 수량사(quantifiers): some, many, much, more, most, any, a lot of, (a) few, (a) little 등
> → 양이 얼마나 많고 적은지에 대한 한정충
>
> 기수(cardinal numbers): one, two, three, four 등
> → "한" 놈, "두" 놈, "세" 놈 같은 숫자 한정충
>
> 서수(ordinal numbers): first, second, third 등
> → "첫 번째", "두 번째", "세 번째" 같은 서수 한정충

원래는 요렇게 세 종류인 애들을 (제 마음대로!) 숫자 관련 한정사라고 묶어봤습니다. 뭔가 많고 적음이나 숫자에 관련된 애들이기 때문이죠.

애들은 명사 놈을 숫자랑 관련하여 콕 짚어줘요. 문장에서 봐볼까요?

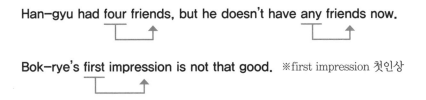

Han-gyu had four friends, but he doesn't have any friends now.

Bok-rye's first impression is not that good. ※first impression 첫인상

한규는 친구가 있었어요. 그런데 2명도 아니고, 3명도 아니고 <u>4</u>명이었다고 콕 짚어줬어요. "but" 뒤에 이어지는 문장에서는 지금은 <u>어떤</u> 친구도 없다고 또 콕 짚어준 거죠.

2) 누구 것인지 알려주는 한정충(possessives)

명사가 누구 것인지 알려주는 한정사를 소유한정사라고 합니다. 흔히 소유격이라고도 해요. 소유한정사에는 또 어떤 애들이 있는지 한 번 살펴봅시다.

> my, your, his, her, its, our, their, Han-gyu's, Min-ji's 등

Frankie is your puppy!

My life for the 호드!

Bok-rye's first impression is not that good.

위와 같이 애들은 명사가 누구 것인지 콕 집어줘요. 첫 문장을 보시면 프랭키가 내 강아지도 아니고, 단비네 강아지도 아닌, 너네 강아지라고 짚어서 한정해 주고 있습니다.

자, 근데 Min-ji's, Bok-rye's 이건 뭘까요? 이건 "누구누구의 것"을 표현해 주기 위한 표현이에요. 양말이 "한규의 것"이라고 표현하고 싶다면, 한규 뒤에 's만 붙여주면 돼요. 그러면, Han-gyu's 양말이라고 쓰면 되는 거죠.

이 소유한정사는 my, your, its와 같이 인칭 및 그 세부 내용하고 밀접한 연관이 있어요. 자세한 모양새는 "님 머릿속에 저장! – 인칭대명사 + 소유한정사(p.410)"를 참고해 주세요!

3) 이놈인지 저놈인지 "지시"해 주는 한정충(demonstratives)

애들은 이놈인지 저놈인지 "지시질"을 하는 지시한정사입니다. 애들은 몇 마리 없어요.

This necklace is really expensive.

Those cats are so cute!

This 벌춰 killed so many enemies.

뭐 너무 쉬워서 구구절절 설명할 필요도 없습니다! 얘들은 명사가 "이"놈인지 "저"놈인지 딱 찍어 줍니다.

첫째 문장을 보시면, 저 목걸이 말고 이 목걸이가 비싼 거죠.

둘째 문장에서는 이쪽 고양이들 말고 저쪽 고양이들이 귀여웠던 거죠.
(참고: these는 this의 복수형이고, those는 that의 복수형)

마지막 문장에서는, 저 벌춰 말고 이 벌춰가 적군을 많이 죽였어요.

this, that, these, those가 명사 대신맨 대명사로 쓰일 때랑 한정충으로 쓸 때랑 다릅니다! 얘들을 한 번 가볍게 비교해 볼까요?

지시한정사 – this, that, these, those	대명사 – this, that, these, those
This necklace is really expensive.	This is Sparta!
That book is good.	That was my plan.

오른쪽 두 놈은 대명사입니다. 한정충으로 쓸 때랑 다르게 뭐 한정해 주는 명사가 없이 지 혼자

떡 나왔습니다.

반면, 지시한정사로 나온 this, that 등은 뒤에 명사가 같이 따라붙었어요. 그리고 this, that 이

런 애들이 뒤에 나온 명사를 딱 한정해 주고 있죠.

4) 일반적인 놈 vs 특정한 놈 한정충 (articles)
드디어, 일반적인 놈 vs 특정한 놈을 구분해 주는 한정충인 관사가 나왔습니다. 영어에서 한국인
들이 제일 어려워하는 개념 중 하나죠. 세부적인 규칙까지 들어가면 쉽진 않습니다만, 큰 그림을
그려 보면 생각보다는 쉬워요!

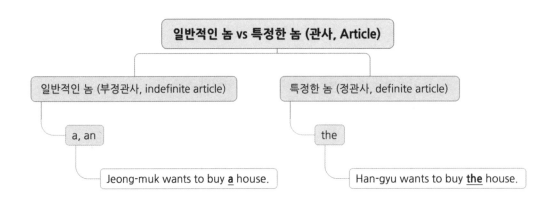

이렇게 나눠볼 수 있고요, 일반적인 놈(a/an)은 말 그대로 특정한 애가 아니고 일반적인 애입
니다. 특정한 놈(the)은 보통 말하는 놈도 알고 듣는 놈도 딱! 아는 특정한 애죠. 말장난 같고 이
해도 안 되죠? 예시를 통해 일반적인 놈하고 특정한 놈을 구분해 보죠.

Jeong—muk wants to buy a house.
Han—gyu wants to buy the house.

여기서 차이는 뭐냐면요, <u>a</u> house은 일반적인 집, <u>the</u> house는 특정한 집이에요.

즉, 정묵이는 뭐 어떤 집이건 간에 그냥 일반적인 <u>아무</u> 집이나 샀으면 하는 거고요, 반면 한규는 아무 집이나 원하는 게 아닙니다. 네가 사는 그 집인지 뭔진 몰라도 어떤 <u>특정한 집</u>을 원하는 거죠.

또 다른 예를 들어볼까요?

> **한규:** Yesterday, I had <u>a hamburger</u> in <u>a restaurant</u>. The hamburger was quite big,
> but really yummy, and <u>the restaurant</u> was clean and cozy. 그래서 말인데….
> **뭔지:** *꺼져.*

자, a/an은 일반적인 놈, the는 특정한 놈이라고 했습니다. 한규는 어제 a restaurant에 가서 a hamburger를 먹었어요. 한규가 처음으로 레스토랑과 햄버거를 언급했을 때, 뭔지는 이 레스토랑하고 햄버거에 대해서 아는 바가 전혀 없었죠. 한규도 알고 뭔지도 아는 특정한 애가 아니라, 일반적인 애들이라 a를 써줬습니다.

그런데 한규가 햄버거랑 레스토랑을 두 번째로 언급할 때에는, 이제 뭔지도 한규가 어제 레스토랑에 가서 햄버거를 먹었다는 사실을 압니다. 이제는 한규도 뭔지도 <u>the</u> 햄버거와 <u>the</u> 레스토랑을 아는 거죠. 햄버거는 한규가 어제 먹었던 <u>the</u> 햄버거이고, 레스토랑은 한규가 어제 갔던 <u>the</u> restaurant이기 때문이죠. 그래서 첫 문장과 달리 둘째 문장에서는 애들을 the라고 딱 짚어줄 수 있는 거죠.

이제 좀 감이 오시나요? 마지막으로 몇 가지만 예시를 더 들어보고 일반적인 놈(a/an) vs 특정한 놈(the)를 마무리해 보죠.

> **뭔지:** 아 *the door* 좀 닫고 다녀.
> **복례:** 아 갑자기 또 왜 지랄이여?

이 경우에는 이전에 문에 대한 언급이 없었어요. 하지만, 말하는 뮌지도, 듣는 복례 씨도 어떤 특정한 문인지 아는 상황입니다. 예를 들면, 뮌지 방문을 복례 씨가 닫지 않고 나간 상황인 거죠. 그래서 the를 써줄 수 있죠.

사실 관사는 엄청 헷갈리긴 합니다. 박박 우기기에 따라서 일반적인 놈도 특정한 놈처럼 들릴 수 있고, 반대로 특정한 놈도 일반적인 놈처럼 들릴 수가 있거든요. 기초 문법책에서 마스터하기는 솔직히 쉽지 않습니다. 개념만 잡고 넘어갑시다!

형용사 vs 한정사

사실, 앞서 배운 형용사하고 한정사는 매우 흡사해요. 둘 다 명사를 꾸며주기 때문이죠. 그리고 "한정"한다는 의미만으로 구분하자니 혼돈의 카오스입니다.

옛날에는 이 한정사가 형용사에 포함되는 애라고 봤어요. 요새는 구분하는 추세가 더 강하긴 합니다만, 형용사가 한정사에 들어간다고 보는 접근도 여전히 있어요.

잡설은 뒤로하고, 형용사와 한정충 한정사의 차이를 알아봅시다.

1) 보어자리
형용사는 보어자리에 들어갈 수 있는데, 한정사는 보어자리에 못 들어갑니다. 예문을 보면요,

예시) **The flower is beautiful. (O – 형용사 beautiful)**
The flower is my. (X – 한정사 my)

The flower is my(?)라고 하면 말이 안 됩니다. 다른 한정충들도 저 자리에 들어갈 수 없어요.

This flower is mine. (O – 소유대명사 mine)

얘는 한정사가 아니라 일종의 대명사라 전혀 문제가 없죠.

2) 비교질

형용사랑 달리 한정사는 보통 비교급이 없어요. 최상급도 없고요. 상식적으로 생각해 봐도 당연합니다.

형용사인 tall을 예로 들면요, 큰 → 더 큰 → 제일 큰 (O), famous는 유명한 → 더 유명한 → 가장 유명한 (O) 이렇게 말이 됩니다.

하지만 한정사 this는 어떤가요? 이것 → 더 이것(?) → 가장 이것(?) 이상하죠? my도 나의 → 더 나의(?) → 가장 나의(?). 네, 역시 이상합니다. 다른 한정사들도 대부분 마찬가지예요.

3) 부사 수식!

부사 놈이 형용사는 꾸며줄 수 있어도, 한정층은 못 꾸며줘요.

부사 + 형용사 (O)	부사 + 한정사 (X)
quite big (O)	quite this (X)
very beautiful (O)	very my (X)
incredibly tall (O)	incredibly the (X)

"꽤 큰", "매우 아름다운" 이런 애들은 전혀 어색하지 않아요. 그런데 꽤 이것(?), 매우 나의(?), 딱 봐도 오른쪽은 이상해요.

세 줄이 넘어가는 세 줄 요약

자, 이렇게 한정사를 배워봤습니다. 우리나라 말에는 없는 컨셉이라 쉽지는 않으셨을 텐데요, 간단하게 요약하자면, 명사 놈을 콕 짚어서 한정해 주는 한정사에는 1) 숫자 관련 한정사, 2) 누구 것인지 알려주는 소유한정사, 3) 이놈인지 저놈인지 구분해 주는 지시한정사, 4) 일반적인 놈(a/an) vs 특정한 놈(the)을 구분해 주는 관사가 있습니다.

그리고 한정사랑 형용사는 매우 비슷하지만 차이점이 있어요. 형용사는 보어자리에 올 수 있고, 부사가 형용사를 꾸며줄 수 있으며, 형용사를 가지고 비교급과 최상급을 만들 수 있어요.

반면, 한정사는 보어자리에 못 들어가고, 부사가 얘를 꾸며주지도 못해요. 그리고 보통 비교급과 최상급을 만들 수도 없어요.

● 설명충의 부연설명 - a/an

위에서 일반적인 놈에 a/an을 붙인다고 했는데 이걸 구체적으로 알아봅시다.

일단, a/an을 붙이는 경우는 1) 특정한 애가 아닌 <u>일반적인 명사</u>가 나타났는데 얘가 2) <u>셀 수 있는 놈</u>(=가산명사)이고, 3) 커플인 복수형 명사가 아닌 <u>단수형 명사</u>여야 합니다. 거기에 4) my 같은 <u>다른 한정충이 안 붙으면</u> 써줘야 해요.

이제 a는 언제 쓰고, an은 언제 쓰는지 알아볼까요? 아무래도 a의 발음이 모음이다 보니 뒤에 또 다른 모음이 바로 연이어서 탁 치고 들어오면 듣는 사람도 헷갈리고 말하는 사람도 불편해요. 그래서 a/an을 붙여야 하는 명사 앞부분 소리가 <u>모음과 같은 발음</u>이 나면, an을 붙여줍니다. 나머지는 그냥 a 붙여주심 돼요. (※모음: a, e, i, o, u // 자음: 모음 빼고 다)

예를 좀 볼까요? 다음 단어들에 a/an 중에서 뭐가 어울릴지 맞춰보세요.

apple, chair, desk, hour, house, Drogba, information, cats

정답은, 다음과 같습니다.

an apple, a chair, a desk, an hour, a house, Drogba, information, cats

자, 여기서 이상한 게 몇 가지 있죠.

우선, hour/house 둘 다 hou 이렇게 시작하는데 hour는 an hour, house는 a house입니다. 왜냐하면, hour 발음은 [아워] 이런 식으로 모음 발음으로 시작하고요, house는 [하우스] 이렇게 자음 발음으로 시작해요.

이걸 어떻게 아냐고요? 뻔한 대답이지만 사전을 보시면 됩니다. 발음기호를 보시거나, 발음기호가 익숙하지 않으시다면 예문을 잘 살펴보시면 돼요.

둘째로, Drogba, information입니다. 여기엔 a/an이 안 붙었어요. Drogba/information은 셀 수 있는 가산명사가 아닙니다. 셀 수 없는 불가산 명사죠. Drogba는 사람 이름인데요, 한 드록바, 두 드록바 이렇게 셀 수 없어요. 그리고 information도 한 정보, 두 정보, 다섯 정보 이렇게 셀 수 없습니다.

마지막으론, cats인데요, 얘도 a/an이 안 붙었습니다. Drogba/information하고 다르게 cats는 셀 수 있지만 커플인 복수명사라서 a/an이 안 붙어요.

● 설명충의 부연설명 – many, few vs much, little

숫자 관련 한정사에는 양이 얼마나 많고 적은지 대한 한정충이 있다고 했죠? 얘들의 이름은 수량사(quantifiers)입니다. 그리고 이렇게 생긴 애들이죠.

some, many, much, more, most, any, several, a lot of, (a) few, (a) little 등

헷갈릴 수 있는 개념인 many, few vs much, little에 대해 다루고 넘어갑시다.

저 위에 있는 애들은 대부분 명사가 셀 수 있는 놈이든, 없는 놈이든 상관하지 않아요. 그냥 막 써주면 됩니다. 하지만, many, few, much, little은 까탈스러워요.

의미부터 빠르게 알아보면, 한정충 many, much는 "많은", few, little은 "적은"이라는 의미에요.

"많은 학생", "많은 정보", "적은 친구", "적은 에너지" 이런 식이죠.

우리나라 말로는 별 차이가 없지만, 영어에서는 달라요. 셀 수 있는 명사(예: one dog, two cats) 앞에는 many랑 few만 쓸 수 있어요. "many students", "few friends" 이런 식이고요, 반대로 셀 수 없는 명사(information, energy)에는 much information, little energy 이렇게 써줄 수 있어요. 당연히 many energy, little friends 이렇게 쓰면 안 되는 거죠.

이걸 그림으로 정리하면,

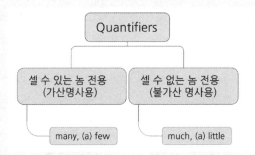

이런 식입니다. 문장에서 보면 다음과 같아요.

Jeong-muk has <u>many</u> friends, but Han-gyu has <u>few</u> friends.

There was <u>little</u> time to think about it. What is worse, we don't have <u>much</u> information.

그런데 여기서 잠깐! 위 그림에서 few하고 little 앞에는 왜 (a)를 써놨을까요? few/little은 아예 없는 수준으로 적다고 보시면 되고, a few/a little은 조금 있다고 보시면 됩니다. 예를 들면요,

Han-gyu has <u>few</u> friends. → 한규는 친구가 그냥 아예 없는 수준임.

Yang-ho has <u>a few</u> friends. → 양호 씨는 친구가 소수나마 있음.

위 설명은 한정사로 쓰였을 때입니다. 형용사 등 다른 품사로 쓰이면 또 다른 이야기입니다.

(형용사 little) My <u>little</u> brother was happy.

brother는 상황에 따라 형/오빠/남동생이라는 의미인데, 얘는 셀 수 있는 가산 명사입니다. 이 문장에서 little은 형용사로 어린, 작은, 이 정도의 의미로 쓰이죠. 이렇게 되면 My little brother 는 형이나 오빠가 아닌 남동생인 거죠.

● 설명충의 부연설명 - the 조금만 더 살펴보기

특정한 놈한테 쓰는 부정관사 the를 조금만 더 알아봅시다. 가장 기본적인 컨셉은 <u>보통 말하</u> <u>는 놈도 알고 듣는 놈도 딱! 아는 특정한 애</u>라고 배웠죠? 이거보다 살짝 더 알아보죠.

1) 최상급 앞에 많이 튀어나옵니다.

This is <u>the tallest</u> building in the world.
Han-gyu is <u>the smallest</u> person in our class.

하지만, 항상 그런 건 아니에요.

Yang-ho is <u>most generous</u> when his colleagues like his dad joke.
It was <u>my worst</u> score.

2) 보통 하나밖에 없는 유일한 애들 앞에 많이 써줘요.

the sun, the world, the sky, the only one choice, the Atlantic Ocean, the Black Sea, the Nile

반대로 the를 안 써주는 경우는요,

a) **나라 이름** (예: Korea, China, Japan, France, Germany 등)

하지만 복수형인 나라들, 연합체계를 가진 나라, 공화국과 같은 어떤 정치 체계를 같이 표기해 주는 나라 이름은 예외에요.

예: the Netherlands, the Philippines, the United States, the Russian Federation, the Republic of Korea

b) **언어** (예: French 프랑스어, English 영어, Korean 국어 등)

c) **사람 이름** (예: Drogba, John Cena, Dong Fangzhuo, Albert Einstein, Ernest Hemingway 등)

사실 the는 설명도 더 필요하고 더 깊게 알아두면 좋습니다만, 더 이상 자세한 내용은 생략합니다. 보다 상세한 내용은 중급자용 버전에서 다루겠습니다.

● 설명충의 부연설명 – 중복 금지(예외 많음 주의!)

비교급이나 최상급을 중복해서 쓰면 안 되는 것처럼, 한정사도 대부분 중복 금지입니다.

한정사 종류	맞는 애들	틀린 애들
관사 (a/an, the)	a cat (O) the cat (O)	a the cat (X) the a cat (X)
지시한정사 (this, that, these 등)	this cat (O) these cats (O)	this a cat (X) the these cats (X)
소유한정사 (my, her, our 등)	my cat (O) our cat (O)	my our cat (X) a my cat (X)

일부 한정충(특히 숫자 관련!)은 다른 한정사하고 같이 쓸 수 있어요.(물론 막 섞기는 금지)
예시) **the first match, those few students** 등

두뇌풀가동: 수식류 섞어 먹기

여태까지 쭉 배운 걸 모두 섞어서 문제를 내보겠습니다. 수식 단원에서 배운 거 위주로 가고, 얘들 말고 다른 단원에서 배운 애들도 톡톡 튀어나오니 방심하시면 안 됩니다. 정답은 [p.395]에 있습니다.

Exercise 1. 지시에 맞춰 문장을 바꿔보세요.

예시) Han-gyu sent Su-ji a long text message to confess his love.

→ (과거 + 진행) Han-gyu <u>was sending</u> Su-ji a long text message to confess his love.

Han-gyu threw a carton of fresh milk at his friends.

→ (미래 + 진행) Han-gyu _____ a carton of fresh milk at his friends.

The small cat attacked the large dog.

→ (수동) The large dog _____ the small cat.

I finished my homework at eight o'clock.

→ (미래 + 완료) I _____ my homework at eight o'clock.

Exercise 2. 지시에 맞춰 빈 곳에 알맞은 말을 넣어보세요.

예시) (최상급/bad) It was <u>the worst</u> movie in this year.

(비교급/tall) Yang-ho is _____ Han-gyu.
※양호 씨가 한규보다 더 큼.

(최상급/intelligent) Einstein was one of _____ scientists in the world.

(최상급/cheap) Han-gyu tried to find _____ gift in the shop.

(비교급/expensive) Min-ji expected a _____ gift on her birthday.
※민지는 더 비싼 선물을 기대했었음.

Exercise 3. 알맞은 정답을 표시해 보세요.

His name is (a John Cen / John Cena).

We need (an information / information).

They arrived so (fastly / quickly).

The car was really (quick / quickly).

Bok-rye wasn't (serious / seriously) injured, but she faked sickness.

Why so (serious / seriously)?

Han-gyu made (a / an) (terrible / terribly) mistake.

Han-gyu is (terrible / terribly) silly.

Jeong-muk had so (many / much) hamsters.

I think that Han-gyu and Min-ji can be a (perfect / perfectly) couple.

His answer was nearly (perfect / perfectly).

Clementine has been the single (more / much / most) (interesting / interestingly) movie in my life.

(Interesting / Interestingly), he found (a / an) old map under the desk.

We will try to find (a / the) cats.

It will be (Han-gyu's / Han-gyu / the Han-gyu) problem.

Exercise 4. 문장을 순서에 맞게 배열하세요. 올바른 문장이면 고치지 마세요.

He found (beautiful, the, cat).

We will (solve, the, problem).

It (was, completely) wrong.

Min-ji (complained, has, about) (new, friends, her).

The cats (very, ran) fast because the large dog (was, them, following).

Min-ji suddenly realized that she (finish, homework, didn't, her).

Han-gyu ate food (quickly, quite).

Part ❺

누구냐 넌?
나머지 부품들

들어가기 전: 누구냐 넌?

여기 나오는 애들은 위 부품에 포함하기 애매하거나, 혹은 이름만 봐서 도대체 누군지 알기 힘든 애들입니다. 접속사, 전치사는 그나마 친숙하지만, 부정사, 분사, 동명사, 관계사, 가정법 등은 딱 봐도 알기 싫게 생겼어요.

하지만 가만히 뜯어보죠? 그럼 용어가 좀 낯설 뿐이지 사실 완전히 새로운 애들은 별로 없어요. 까놓고 보면 여기 나오는 애들 대부분이 우리가 배웠던 명사나 동사를 가지고 쭈물쭈물해서, 애들을 다시 명사/형용사/부사 등으로 재활용하는 겁니다. 알고 보면 참 쉬운 애들인데 용어가 어려울 뿐이니 걱정하지 마시고 남은 애들까지 쭉 배워봅시다.

UNIT 02

연결고리 접속사 파헤치기
[키워드: 등위접속사, 종속접속사]

접속사를 슬쩍 복습하고 넘어가면, 얘는 너와 나의 연결고리라고 했죠? 단어와 단어, 문장과 문장 등 여러 가지를 연결해 줍니다.

조금 더 정확하게 말하면, 1) 애들끼리 연결을 해주고요, 연결만 해주면 섭섭하니까 2) 그 애들끼리 무슨 사이인지도 넌지시 알려줍니다.

또 배를 가지고 비유하면, 접속사는 배의 부품과 부품을 연결해 주거나, 아니면 배와 배를 연결해 줍니다.

명사 – 명사, 형용사 – 형용사 이런 식으로 단어끼리 연결해 주거나, 아니면 단어 뭉탱이인 구, 주어 + 동사가 들어가 있는 뭉탱이인 절, 혹은 문장 등을 연결해 줘요. 즉, 구 – 구, 절 – 절, 문장 – 문장 이런 식이죠.

그런데 접속사도 여러 가지 종류가 있어요. 우리는 이 중에서 두 가지를 알아보겠습니다. 바로, 1) 급이 맞는 애들하고만 노는 등위접속사하고, 2) 꼬봉용 종속접속사입니다.

급 맞는 애들만 연결해 주는 등위접속사(coordinating conjunctions)

먼저 급 맞는 애들하고만 서로 다리를 놓아주는 등위접속사입니다. 여러분, 만약 소개팅을 나갔는데 우리 책에 나오는 한규 같은 사람이 있으면 좋겠어요? 마찬가지로, 아위유, 쇠나, 숯이 같은 분들도 저랑 놀아주지 않을 겁니다.

아무튼 등위접속사는 급이 같은 애들만 연결해 줘요. 예를 들어, 명사 – 명사(O), 부사 – 부사 (O), 동사 – 동사(O), 절 – 절(O)과 같이 급이 맞는 애들은 연결 가능한데요, 형용사 – 명사(X), 부사 – 전치사(X), 이렇게 서로 급이 다른 애들은 연결 못 해요.

사실 한국말로 예를 들어봐도 딱 감이 옵니다.

[명사 + 접속사 + 명사] 톰과 제리(O), 로미오와 줄리엣(O), 이각과 곽사(O),
[형용사 + 접속사 + 형용사] 크고 아름다운(O), 귀엽지만 사나운(O)

반면,

[형용사 + 접속사 + 명사] 아름답고 드레스(X), 크고 스티븐 제라드(X)

네, 우리말에서도 벌써 이상해요. 뭐 얘네들을 큰 스티븐 제라드(?), 아름다운 드레스(O) 이렇게 형용사 + 명사로 바꾸면? 일단 문법적으로 괜찮습니다.

참고로 이런 급 맞는 애들만 연결해 주는 접속사를 흔히 FAN BOYS라고 외웁니다.

등위접속사: For, And, Nor, But, Or, Yet, So

예문을 좀 볼까요?

예시) [단어 + 접속사 + 단어]
The necklace is big and beautiful.
Do you want to hang out with Jeong-muk or Han-gyu?
The cat and the dog are very cute.

[구 + 접속사 + 구]

The cat was hiding under the table or in my room.

[문장 + 접속사 + 문장]

Yang-ho is Korean, but he doesn't like kimchi.

참고로, 마지막의 문장 + 접속사 + 문장을 제외하고는 보통 다음과 같은 식으로 만들어진 겁니다.

예시) The cat is very cute. + The dog is very cute.

　　　→ The cat and the dog are very cute.

　　　The necklace is big + The necklace is beautiful.

　　　→ The necklace is big and beautiful.

꼬봉용 종속접속사(subordinating conjunctions)

등위접속사는 급이 맞는 애들끼리 연결해 줬죠? 애랑은 달리 종속접속사는 혼자 멀쩡히 잘 놀고 있는 인싸 문장이 있으면, 자기가 꼬봉을 자처하고 들어갑니다. 다음과 같은 느낌으로 말이죠.

[등위접속사]

문장 + 등위접속사 + 문장

[종속접속사]

문장 + <u>종속접속사 + 문장</u>
　　　　　종속절(=꼬봉)

살짝 감이 안 오죠? 예를 들어볼까요?

[문장 + 종속접속사 + 문장]

I like my cats because they are cute.

The puppies were hungry so that they ate a lot of food.

혹은, 이 꼬봉이 먼저 나오는 경우도 있어요.

[종속접속사 + 문장, + 문장]

Even though Su-ji read Han-gyu's message, she ignored it.

Unless you have a better plan, I want to eat kimchi stew.

참고로, 밑줄을 그은 종속접속사 + 문장 = 종속절이라고 합니다. 이 종속절은 앞서도 배웠지만, 혼자로는 부족한 꼬봉, 찌질이에요. 그래서 다른 문장의 도움 없이는 아무것도 못해요. 예를 좀 볼까요?

Even though Su-ji read Han-gyu's message, she ignored it.
비록 수지가 한규의 메시지를 읽었음에도 불구하고, 그녀는 메시지를 무시했다.

이 문장에서 꼬봉 종속절만 남겨볼까요?

Even though Su-ji read Han-gyu's message(?)
비록 수지가 한규의 메시지를 읽었음에도 불구하고(?)

네, 뒤에 내용이 없으면 이상합니다. 꼭 똥 싸다가 만 것 같죠? 얘만 딱 써버리면 문법적으로는 틀린 문장입니다. 어디에 달라붙어야 해요. 그래서 얘를 종속이라고 합니다. 종속접속사와 등위 접속사의 차이는 여기서 나타나는 거죠!

얘들은 등위접속사보다 좀 종류도 많습니다.

after, although, as, as far as, as if, as long as, as soon as, as though, because, before, even if, even though, if, in order that, since, so, so that, than, though, unless, until, when, whenever, where, whereas, wherever, while 등

세 줄 요약

간단히 요약해 보면요, 접속사는 1) 애들끼리 연결을 해주고요, 2) 그 애들끼리 무슨 사이인지도 넌지시 알려줍니다. 우리는 두 종류의 접속사만 배워봤어요. 급 맞는 애들을 연결해 주는 등위접속사와 꼬봉을 자처하는 종속접속사입니다.

● 설명충의 부연설명 – 연결고리 접속사와 수일치

주어 – 동사 사이에서 나타나는 수일치 기억하시나요? 간단하게 복습해 보면,

[복수주어(커플) + 걍 동사] The cats love me.

[단수주어(솔로) + 동사 + s] The cat loves me.

이런 개념이었습니다. 그런데 접속사가 출동하면 어떨까요?

The cat is cute and (has/have) beautiful eyes.

The cats are cute and (has/have) beautiful eyes.

여기에는 과연 has가 맞을까요? 아니면 have가 맞을까요? 접속사가 들어가도 위와 같은 경우, 수일치에 변화는 없어요. 다음을 보시면 좀 더 명료해집니다.

The cat is cute + The cat has beautiful eyes.

→ The cat is cute and has beautiful eyes.

The cats are cute + The cats have beautiful eyes.

→ The cats are cute and have beautiful eyes.

네, 사실 생각해 보면 당연하죠? 그러나 다음 문장은 좀 더 눈여겨볼 필요가 있어요.

[단수 + and + 단수] The cat and the dog (love/loves) me.

단수와 단수를 써줬음에도 중간에 and가 들어가면, cat + dog을 커플인 복수주어 취급을 해 줍니다. 사실, 얘도 생각해 보면 너무 당연해요. "정묵이랑(and) 한규가 나한테 뽀뽀했다"의 의미는 뭔가요? 정묵/한규 둘 중 한 명이 아니라, 정묵이 + 한규, 즉 두 명이 저한테 뽀뽀한 거잖아요? 두 명이면 복수죠? 복수 취급이 당연합니다.

→ The cat and the dog + (love/loves) me.

이렇게 됩니다. 하지만, or이 출동한다면 어떻게 될까요? 세 가지 경우를 예로 들어보죠.

???: 누구인가? 누가 기침 소리를 내었는가?

[단수 + or + 단수] Han-gyu or <u>Jeong-muk</u> (was/~~were~~) coughing.

※cough 기침하다, 기침 소리를 내다.

[단수 + or + 복수] Han-gyu or <u>the cats</u> (~~was~~/were) coughing.

[복수 + or + 단수] The cats or <u>Han-gyu</u> (was/~~were~~) coughing.

막 왔다 갔다 하죠? 한 가지만 기억하고 넘어가면 됩니다. <u>or은 동사랑 더 가깝게 붙어 있는 애들</u>을 따라갑니다. 더 가까운 애들한테는 제가 밑줄을 쳐놓았어요.

더 설명하자면, 1번 문장에서는 한규/정묵이 중에서 한 명이 기침 소리를 낸 거고, 2번 문장에서는 한규/고양이들(?) 중 한쪽이, 마지막 문장에서는 고양이들/한규 중 어느 한쪽이 기침 소리를 낸 겁니다. 그리고 수일치는 모두 동사랑 더 가까운 놈을 따라갔죠.

그런데 위에 and랑은 다르죠? "or"는 동사랑 가까운 주어 놈한테 수일치를 맞춰주시면 됩니다.

● 설명충의 부연설명 – for? as?

보통 우리가 영어를 배울 때, for은 "~을 위해", 이렇게 배워요. 하지만 얘를 접속사로 쓰면 "왜냐하면" 이런 느낌입니다.

예시)) [for – 전치사] I will do it <u>for</u> my cats.

[for – 접속사] I took care of him well, <u>for</u> he helped my parents.

1번 문장: 나는 고양이를 <u>위해(for)</u> 그것을 할 것이다.

2번 문장: 나는 그를 잘 돌봐주었는데, <u>왜냐하면(for)</u> 그가 우리 부모님을 도와주었기 때문이다.

이렇게 다릅니다. 사실 for 말고도 as, since 등 여러 단어를 잘 살펴보면 우리가 기본적으로 알고 있는 뜻하고 다른 의미로도 자주 쓰입니다. 거기다가 형태 역시 완전 다르게 쓰이는 경우도 많아요.

여러 번 강조했지만, 영어는 한 단어가 1) 접속사, 전치사, 부사 등등 여러 가지 품사로 쓰일 수 있고요, 2) 되게 많은 의미가 있을 수 있습니다.

예를 들어, as를 어떤 영영사전에서 검색해 보면, 부사, 접속사, 대명사, 전치사로 쓰이고요, 각각의 의미도 다양해요. 우리가 흔히 알고 있는 "~처럼, ~로서"를 포함해서 부사 4개, 접속사 7개(!), 대명사 3개, 전치사 1개의 뜻이 있어요. 되게 많죠?(이 결과는 사전마다 달라요!)

사실 앞서 자주 언급한 개념이지만, 초심자 입장에서는 헷갈리기 때문에 다시 한 번 언급하고 넘어갑니다.

UNIT

03 접속부사(conjunctive adverb) 파헤치기

여러분, 황소개구리는 어떤 개구리인가요? 개구리 같은 황소가 아니라, 황소같이 큰 개구리를 황소개구리라고 합니다. 이거랑 마찬가지로, 접속사 같은 부사를 접속부사라고 해요.

좀 풀어서 설명하자면, 황소개구리가 어찌되었건 개구리듯이 접속부사는 그냥 부사예요. 그런데, 뜻만 보면 꼭 접속사 같죠. 하지만 얘의 뜻이 어쨌든 문법적으로는 부사입니다!

접속부사에는 이런 애들이 있어요.

furthermore, however, therefore, also, moreover, in addition, consequently, then, thus 등

"furthermore – 게다가", "however – 그러나", "therefore – 그러므로" 딱 뜻만 떼놓고 보면 꼭 접속사 같아요. 논리적으로 앞뒤 문장을 연결해 주죠. 그러나 얘는 접속사가 아닌 부사라는 거! 사실, 이거만 알면 접속부사는 다 배운 겁니다.

그렇기에 접속부사는 접속사가 아닌 부사라 연결고리 접속사처럼 쓰일 수 없어요.

[접속사 but]
The guys are Koreans, but they don't like kimchi. (O)

[부사 however]
The guys are Koreans. However, they don't like kimchi. (O)
The guys are Koreans, however they don't like kimchi. (X)

차이를 아시겠죠? 접속사인 but은 문장과 문장의 연결고리라 문장을 끝내지 않고 연결해 줬어요. 즉, 마침표 없이 가는 거죠. 그러나 however는 마침표를 딱 찍고 문장을 한 번 끝낸 후에 다른 문장이 옵니다. 연결해 준 게 아니에요. 그냥 부사처럼 딱 얹은 거죠.

부사라서 위치도 비교적 자유롭죠.(그렇다고 아무 데나 넣으면 당연히 안 되는 거 아시죠?)

Yang-ho's class was very boring; therefore, his students became sleepy.
Yang-ho's class was very boring. Therefore, his students became sleepy.
Yang-ho's class was very boring. His students, therefore, became sleepy.

※참고: 접속부사의 위치 및 구두점 사용법은 지역과 본인 스타일에 따라 선호도가 다를 수 있습니다.

세 줄 요약

간단히 요약해 보면요, 접속부사는 부사에요. 근데 의미만 보면 꼭 접속사 같습니다. 그래서 "접속부사"라는 이름이 붙었어요. 부사라서 위치도 비교적 자유롭죠. 하지만 부사다 보니 접속사처럼 문장을 연결해 주지는 못해요.

● 설명충의 부연설명

사실 접속사 & 접속부사도 은근 다뤄야 할 게 많습니다. 일단 얘들의 분류도 조금 더 상세하게 들어가면 까다로워요. 그리고 상관접속사라는 놈도 배워야 하고, 여기에 더 욕심을 내면 complementizer라는 애도 공부하면 좋아요. 여기에 쉼표(,)를 찍는 위치도 알아둬야 하죠. 위 내용은 기회가 된다면 중·고급용 책에서 다루겠습니다.

두뇌풀가동: 접속사 & 접속부사

접속사와 접속부사 문제를 풀어봅시다. 정답은 [p.397]에 있습니다.

Exercise 1. 알맞은 정답을 표시해 보세요.

The cat and the dog near the tree (was / were) so happy.

Many people in the class became a couple, (but / however) Han-gyu and Min-ji (is / are) still single.

Han-gyu (pick / picks) 야수오 many times and consequently (don't / doesn't) have any friends.

As far as I know, Han-gyu or Jeong-muk (is / are) responsible for the issue.

I am sure that Han-gyu or the dogs (was / were) making a mess in the kitchen.

There might, (but / however), be some reasons for the delays.

A man (was / were) killed after arguing with a friend over whether Lionel Messi or Cristiano Ronaldo (was / were) the best footballer in the world.(출처 BBC)

These days, online comments "(is / are) extraordinarily aggressive, without resolving anything," said Art Markman, a professor of psychology at the University of Texas at Austin.(출처 Scientific American)

혹시 어렵다고 느끼셨으면 위에 내용을 차근차근 복습해 주세요!

간신배 전치사 다시 한 번 복습해 볼까요?

전치사는 이렇게 생겼고요,

> **The magazine about the cat:** 고양이에 대한 잡지
>
> **The magazine under the cat:** 고양이 아래에 있는 잡지
>
> **The magazine behind the cat:** 고양이 뒤에 있는 잡지
>
> **The magazine by the cat:** 고양이에 의한 잡지(?)

자주 쓰는 애들을 좀 살펴볼까요?

> about, above, across, after, against, along, among, as, at, before, behind, below, between, by, down, for, from, in, like, near, next, of, off, on, out, over, to, up, with, within, without 등

전치사는요, 세 가지 특징이 있어요.

1) 혼자서는 제대로 역할도 못해서 보통 **뒤에 명사를 데리고 나타납니다.**

2) 전치사는 주변에 있는 다른 애와 자기 친구 놈이 매끄러운 관계를 맺도록 도와줍니다.

3) 명사 놈이랑 붙어서 뭐라도 된 듯 행세를 하고 다녀요. 전치사 + 명사 세트메뉴는 마치 지들

이 형용사, 부사, 혹은 명사 비스무리한 애들인 것처럼 행세하고 다닙니다.

자, 3번에 대해 조금 더 설명해 드리면요,

이렇게 쓰일 수 있는데, 각각 예를 들어보겠습니다.

[전치사 + 명사 → 형용사처럼]

The magazine about the cat was very helpful.

[전치사 + 명사 → 부사처럼]

Before class, Han-gyu stole his friend's textbook.

[전치사 + 명사 → 명사처럼]

Inside the cabin was just a bit warmer than out.(출처: Barry Hannah의 단편 중)

전치사 + 명사 사이에는 문법이 망가지지 않는 한 여러 가지가 들어갈 수 있어요. "under the desk" 사이에 이것저것 넣어볼까요?

형용사를 투입하면,

→ The cat was under the big desk.

여기에 또 부사를 넣으면,

→ The cat was under the surprisingly big desk.

이래도 전치사(under) + 명사(desk)는 살아 있습니다. 문법적으로 문제가 없어요. 이런 애들은 주어 – 동사 수일치 문제 내기가 딱 좋아요.

The cats under the surprisingly big desk (was/were) very cute.

여기서 밑줄 친 전치사 + 명사 조합은 cats를 꾸며주는 수식이에요. 배라고 치면 선체나 엔진처럼 꼭 있어야 하는 애들이 아닙니다. 술통이나 깃발처럼 옵션이에요. 그래서 애들을 빼고 생각하면,

→ The cats (under the surprisingly big desk) were very cute

가 정답이 됩니다.

전치사는 주로 시간이나 장소를 집어줍니다. 한국말로 보면, 7시에, 6월에, 버스정류장에서, 병원에서 이런 개념인데요, 영어는 이런 애들이 진짜 구체적이에요. 사실 마음먹고 다루자면, 책한 권도 부족해요. 일단 우리 수준에서 제일 핵심적인 애들만 추가로 다뤄보겠습니다.

At, On, In(시간)

전치사 at은 9시, 자정처럼 하루 중에서도 콕 집는 느낌, on은 목요일, 크리스마스처럼 요일이나 이거보다 아주 조금 더 긴 기간을 가리키는 느낌이에요. 마지막으로, in은 12월, 봄, 2007년처럼 한 달 이상의 기간에 많이 써요.

예를 들어보면요,

Yang-ho arrived at 1:00.
Yang-ho arrived on Monday.
Yang-ho arrived in December.

하지만 저 논리가 절대적이진 않아요.

Min-ji usually goes out at night to meet her friends.
Han-gyu woke up in the morning and did nothing.
Han-gyu woke up on Sunday morning and did nothing.

더 자세한 내용은 생략하고, 중급이나 고급 영문법 책에서 다루도록 하겠습니다.

단소 살인마와 함께하는 위치/장소에 대한 전치사

여러분이 7호선을 타고 놀러 가는 중에 단소를 손에 쥔 살인마가 나타났어요.

단소 살인마가 어디에서 우리를 공격할지 모르기 때문에 단소의 위치를 잘 알아야겠죠? 전치사
는 위치와 장소를 표시하는데도 많이 쓰는데, 이걸 그림으로 정리해 봤습니다.

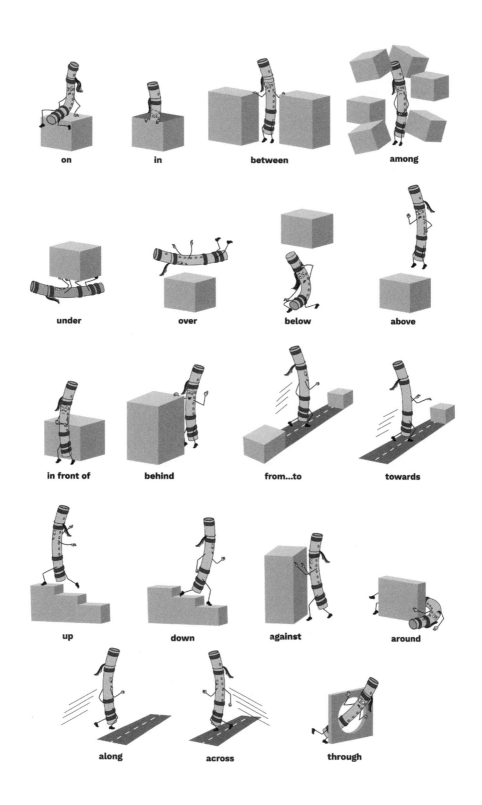

on　　in　　between　　among

under　　over　　below　　above

in front of　　behind　　from...to　　towards

up　　down　　against　　around

along　　across　　through

세 줄이 넘어가는 세 줄 요약

이렇게 전치사를 더 자세히 알아보는 시간을 가졌습니다. 전치사는 보통 뒤에 명사를 달고 나타나고요, 그 명사가 다른 애랑 자연스러운 관계를 맺도록 도와줘요. 그리고 전치사 + 명사 조합은 문장에서 보통 형용사/부사처럼 행세하고 다닙니다. 드물게 명사처럼 나타날 때도 있어요.

또, 전치사 + 명사 사이에는 문법이 망가지지 않는 한 여러 가지가 들어갈 수 있어요. "under the desk" 사이에 부사랑 형용사를 집어넣어서 "under the surprisingly big desk" 이렇게 표현할 수도 있어요.

🔵 설명충의 부연설명 – 전치사 뒤에 닝겐용 대명사인 인칭대명사가 오면?

닝겐용 대명사인 인칭대명사 기억나시나요? 전치사 뒤에 얘가 나오면 어떻게 될까요?

What you know about (I / my / me)?

네, 이 전치사 뒤에 닝겐용 대명사가 나오면, 목적어 자리에 있는 애 취급을 해줍니다. 그래서, 전치사 about 뒤에는 I, my가 아닌 목적격대명사 me를 써줬어요. 다른 전치사, 다른 인칭대명사도 마찬가지입니다.

Give it to me.

The chair behind them was very good.

It is something between us.

왜냐하면, 전치사 뒤에 오는 애도 일종의 목적어라고 여기기 때문이죠! 얘를 전치사의 목적어라고 합니다. 그냥 어렵게 생각하지 마시고, 전치사 + 인칭대명사 조합이면? 인칭대명사는 목적어 형태! 이렇게 이해하신 후, 위 예문 중 하나 골라잡아서 외우시면 됩니다!

두뇌풀가동: 간신배 전치사, 누구냐 넌?

알맞은 정답을 골라보세요. 정답은 [p.398]에 있습니다.

Exercise 1.

Have you ever heard of (he / his / him)?

Min-ji will arrive (at / on / in) December 20 (at / on / in) 2:00.

Do you want to build a snowman (at / on / in) Christmas day?

Yang-ho worked for the company (at / on / in) 2007.

The dogs around my home (was / were) not aggressive.

The toy (was / were) behind (he / his / him), but (he / his / him) didn't know about that.

The computers in my school (was / were) not that good.

The cat on the table (was / were) sleeping.

Ye Wanyong was born (at / on / in) 1858, and this was a tragedy for our nation.

John died (at / on / in) December 12 (at / on / in) 7:30.

일해라 동사야 Ⅰ – 부정사(infinitive)
[키워드: to부정사, 원형 부정사, 명사/형용사/부사류]

부정사(infinitive)라고 하면 거부감이 팍 들어요. 그런데 알고 보면 얘 진짜 별거 없습니다.

사장님: 동사야, 내가 네 앞에 to 붙여줄 테니까 명사, 형용사, 혹은 부사처럼 일 좀 해.

동사 앞에 to를 붙여줬기 때문에, to부정사는 **to + 동사원형** 이렇게 생겼어요. 예를 들면요,

[동사 learn → to부정사로]	[동사 make → to부정사로]	[동사 hit → to부정사로]
learn → to learn	**make → to make**	**hit → to hit**

이런 식이고요, 이렇게 동사 앞에 to를 달고 나면요, 동사로 쓰이던 애들이 이제 동사가 아니게 돼버립니다. 얘들을 짝퉁 명사, 짝퉁 형용사, 짝퉁 부사처럼 쓰이는 거죠.

동사원형이란? love라는 동사를 예로 들면, love를 변신 안 시킨 <u>원래 그대로의 형태</u>입니다.

love(동사원형 – O)
loved, loves, loving(동사원형 – X)

다시 to부정사로 돌아가서 예를 들어보죠.

[to부정사 → 명사처럼]

To learn is not important for Han-gyu.

To be a couple is the most important goal in Han-gyu's life.

The only possible way for him is to make **a virtual girlfriend.**

[to부정사 → 형용사나 부사처럼]

We have some questions to answer.

He searched the box to find **his cat.**

Yang-ho did the task to set **an example.**

얘들은 보통 "~하는 것", 혹은 "~하기 위해서" 이런 식으로 해석합니다. 예를 들면, "To learn"은 "배우는 것", "To find his cat"은 "그의 고양이를 찾기 위해서" 이렇게 해석해요.

> 💬 **설명충의 부연설명**
>
> to부정사가 나올 때마다 명사/형용사/부사 중 무엇으로 쓰였는지 구분하실 필요는 없고, to부정사를 얘들처럼 쓸 수 있다는 점만 알고 해석만 잘 할 수 있으면 됩니다.
>
> to부정사를 명사/형용사/부사 자리에 무턱대고 막 넣으면 안 됩니다. 이건 문장마다 달라서 초심자용 책에선 다 다룰 수는 없어요.

to부정사 vs 전치사 to

그런데 전치사에서도 to가 있었죠? 그래서 이게 얼핏 보면 to부정사랑 헷갈립니다만, 사실 다른 개념입니다. 간신배 전치사는 보통 뒤에 명사를 달고 나오죠? 하지만 to부정사는 동사원형을 달고 나옵니다. 다음과 같이 말이죠!

문장에서 비교를 해보죠. 문법적으로도 다르고, 해석도 다르다는 점을 눈여겨봐 주세요.

[부정사]

To learn is not important for Han-gyu.

I went to the station to find Han-gyu.

learn이랑 find는 동사죠? 해석은 각각 "배우는 것", "한규를 찾기 위해서" 이런 식이고요,

[전치사]

Min-ji didn't give it to her mom.

I went to the station to find Han-gyu.

반면, mom이랑 station은 명사입니다. 해석은 각각 "그녀의 엄마에게", "역으로" 이런 느낌입니다.

참고로 to부정사에서 나오는 to는 전치사가 아니에요. 얘는 그냥 부정사를 위해 존재하는 to(in-finitival marker)라고 생각하시면 됩니다. 쉽게 말씀드리면, to부정사의 "to"는 그냥 부정사가 나온다고 알려주는 애입니다. 보통 명사를 뒤에 데리고 나오는 전치사 to랑은 다르게, to부정사의 to는 "나 뒤에 동사 원형이랑 합쳐서 to부정사야." 이런 느낌이죠.

세 줄 요약

정리하면, to부정사를 만드는 법은 to + 동사 원형(예: to learn)입니다. 이렇게 to를 붙여서 동사를 다른 형태로 부려 먹는 거죠. 여기서 to는 전치사가 아닙니다. 전치사 to는 to + 명사 나부랭이가 오지만, 부정사는 to + 동사원형이고 해석도 전치사 to랑은 다르다는 점 잊지 마세요.

● 설명충의 부연설명 – 응, 제 버릇 개 못 줘

부정사는 근본이 동사인지라, 동사일 때 버릇을 완전히 버리지는 못했어요. 다음을 비교해 볼까요?

예시 1) **We have some questions to answer.**

To learn is not important for Han-gyu.

예시 2) **Yang-ho did the task to set** an example**.**

To be a couple **is the most important goal in Han-gyu's life.**

차이를 아시겠죠? 부정사는 상황에 따라서 예시 2)처럼 동사가 뒤에 데리고 다니는 떨거지, 즉 목적어나 보어를 데리고 나오는 경우가 있답니다.

● 설명충의 부연설명 – 부정사도 수동/완료/진행이?

부정사에도 수동/완료/진행을 끼얹을 수 있어요.

(수동)	(완료)	(진행)
To be done	To have done the research	To be killing the vultures

이런 식이고요, 완료 + 진행, 수동 + 진행처럼 쟤들을 섞어서 쓸 수도 있답니다.

● 설명충의 부연설명 – 원형 부정사(bare infinitive)

부정사 중에 원형 부정사라는 애가 있어요. 원형 탈모랑은 관계가 없지만 한 가지 공통점이 있어요. 둘 다 뭔가 없어요.

원형 탈모에서는 뭐가 없는지 다 아실 것 같고, 원형 부정사에서는 to가 없습니다. 정확히 말하면 "to"가 은신을 해요. 지가 다쿠템플러인 줄 압니다. 꼭 투명망토를 쓴 것처럼 스윽 사라지는 거죠.

간단히 정리해 보죠. 몇몇 특수한 상황에서는 to부정사에서 to를 빼버리고 써줘요. 그럼 동사 원형만 덩그러니 남겠죠? 이걸 원형 부정사라고 해요. 그렇다면 도대체 얘를 언제 써줄까요?

느낌이 지각동사, 시킴이 사역동사를 다시 소환해 볼까요?

　[지각동사 feel] I felt the mosquito (to) bite me. → I felt the mosquito bite me.

　[사역동사 let] Let me (to) do it again. → Let me do it again.

기억나시나요? 지각이/사역이가 아닌 다른 동사라면 to가 저렇게 은신을 할 수 없어요. 그런데, 지각이/사역이를 5형식으로 쓰면 저렇게 to부정사의 to가 은신을 해버려요.

이 원형 부정사는 지각이/사역이 말고도 원래 조동사, 의문문, 부정문에서도 나오는 애이긴 합니다만, 그냥 전에 배운 대로만 알고 넘어가셔도 큰 지장은 없어요. 참고만 하시면 됩니다.

두뇌풀가동: 부정사(infinitive)

다음 문장에서 to부정사구를 찾아서 밑줄을 그어보세요. 없으면 그냥 넘어가시면 됩니다. 정답은 [p.399]에 있습니다.

※전치사 to랑 구분하는 게 포인트입니다.

The dog gave birth to its puppies.

I went to the department store to buy the ring.

Han-gyu's goal is to be a couple.

It's time to finish this game

The cat ran to the guy to attack him.

John flew to Korea to try kimchi.

Han-gyu went to the theater to watch the movie with Min-ji, but she didn't come to the place.

I wanted to cuddle the cat.

일해라 동사야 Ⅱ – ed분사/ing분사
[키워드: 과거/현재분사, 분사구문, 형용사류]

ed분사/ing분사는 to부정사처럼 동사를 다른 목적으로 부려 먹기 위해서 만든 거입니다.

애들은 위 그림에서 분류한 것처럼 형용사처럼 써먹을 수도 있고, 수동/완료/진행과 같은 문법에 사용할 수 있어요.

문법적인 부분을 먼저 말씀드리면, ed분사는 수동/완료, ing분사는 진행에 쓸 수 있는 거죠.

ed분사	
[수동: be + ed분사]	[완료: have + ed분사]
Min-ji is loved by Han-gyu.	Han-gyu has loved Min-ji for seven years.

ing분사
[진행: be + ing분사]
Bok-rye is always complaining about her daughter-in-law.

하지만 얘들을 문법적인 도구로만 부려 먹고 끝낼 우리 사장님이 아닙니다. 형용사로도 부려먹어요. 다음 대화를 보시죠.

> 사장님: 동사야, 다른 직원하고 같이 수동/완료/진행 표현하느냐고 수고했다.
> 동사: 감사합니다. 더욱 열심히 하겠습니다.
> 사장님: 그래, 더 열심히 노오력 해야지. 이번에도 뒤에 ed/ing 붙여줄 테니까 형용사처럼 일해라.

동사는 위와 같이 쉴 틈 없이 착취를 당합니다. 이제 ed분사/ing분사를 본격적으로 알아봅시다.

ed/ing분사를 만들어보자

간단히 배운 걸 복습하고 넘어가면요, ed분사는 보통 우리나라에서는 과거분사, 혹은 p.p라고 표현해요. ing분사는 보통 현재분사라고 부르죠.

최근 영미권에서는 하는 역할은 다르더라도 이런 모양인 얘들을 다 퉁쳐서 -ed form, -ing form이라고도 많이 씁니다. 우리 책에서는 얘들을 ed분사, ing분사라고 부르고 있어요.

만드는 법은 간단해요. ed분사는 동사 뒤에 ed를 달아주면 되고, ing분사는 동사 뒤에 ing를 달아주면 됩니다.

[ed분사 예시]	[ing분사 예시]
ruin → ruined, jump → jumped	ruin → ruining , jump → jumping

위에서 든 예시는 착한 어린이 같은 얘들이라 문제 일으키지 않고 바뀌는데요, 말 안 듣는 단비 같은 얘들이 있어요. 삐딱한 얘들은 좀 지 멋대로 바뀌죠.

삐딱한 애들의 태세 변환은 ed분사는 "님 머릿속에 저장! – 규칙 따윈 안 따르는 불규칙 동사 태세 변환표(p.415)"를, ing분사는 "님 머릿속에 저장! – ing분사 만들기(p.414)"를 참고해 주세요.

ed/ing분사를 짝퉁 형용사처럼 사용해 보자

이제 ed/ing분사를 형용사류로 쓸 때 어떻게 쓸 수 있는지 살펴보겠습니다. 일단 위에 그림에서도 언급했듯, ed/ing분사를 형용사처럼 쓰면 1) 진짜 레알 형용사처럼 <u>한 단어로 띡</u> 들어가는 경우가 있고, 2) 뭉탱이로 <u>길게</u> 들어가는 경우가 있어요.

이런 식이죠. 이제 본격적으로 하나씩 알아봅시다.

ed/ing분사를 짝퉁 형용사처럼 사용해 보자 - 한 단어로 띡

조금 더 상세하게 볼까요? 우선 <u>1) 한 단어로 띡</u> 들어가는 경우를 봅시다.

[ed분사]

The broken glass would hurt the cat.

The drunken guy tried to hit Han-gyu.

The annoyed cat attacked the dog.

[ing분사]

The book was about a story of one amazing cat.

The sleeping cat was so cute.

Han-gyu looks like the Annoying Orange.

이런 식입니다. 형용사랑 완전 비슷하죠? 심지어 어떤 분사 놈들은 딱 보면, 아예 태생이 형용사처럼 보이기도 해요. 특히, ing분사 출신인 애들이 그런 경향이 강하죠.

ed/ing분사를 짝퉁 형용사처럼 사용해 보자 - 뭉탱이로(분사구문)

그럼 이제 2) 뭉탱이로 길게 들어가는 애들을 살펴봅시다. 우리나라에서는 보통 얘를 분사구문이라고 부르고요, 예시는 다음과 같아요.

[ed분사]

The letter, written by Han-gyu, was very cheesy.

Bok-rye ate the cake partially eaten by cockroaches.

[ing분사]

Who was the guy singing 룅딩동?

The man wearing a thong was Han-gyu. ※thong 끈 팬티

이렇게 문장 중간이나 끝에 들어가는 애들도 있지만, 문장 앞으로 확 치고 나오는 친구들도 있어요. 예를 볼까요?

[ed분사]

<u>Bitten</u> by mosquitos, the cat was very angry.

<u>Covered</u> with some flowers, the restaurant looks very beautiful.

[ing분사]

<u>Buying</u> a lot of expensive clothes, Min-ji doesn't have money.

<u>Playing</u> the computer game, Han-gyu forgot his homework.

그런데 이렇게 문장 앞으로 확 튀어나오니까 이 분사 나부랭이들이 도대체 뭘 설명하는지 알 수가 없습니다. 이러한 경우는 대부분 <u>주어를 설명해 주는</u> 애들입니다. 예를 들어,

<u>Bitten</u> by mosquitos, *the cat* was pissed off.

<u>Chasing</u> the dog, *the cat* broke the glass into pieces.

위와 같은 경우에는, 밑줄친 <u>ed/ing분사 + 쩌리</u>들이 바로 다음에 나오는 <u>주어를 지들 주어로 공유</u>한다고 봐도 좋습니다.

즉, 첫째 문장의 "Bitten by mosquitos"는 주어인 고양이에 대한 내용입니다. 밑줄 친 부분은 "모기에게 물린 고양이"라고 보시면 되고요, 모기한테 물린 고양이가 화가 났다는 내용이죠.

둘째 문장의 "Chasing the dog"도 마찬가지입니다. 주어인 고양이 대한 내용인 거죠. 밑줄 친 부분은 "개를 쫓던 고양이"라는 의미로 보시면 되고요, 이 고양이가 개를 쫓아다니다가 유리컵을 깨먹은 거죠.

반면,

Chasing the dog, the glass **was broken into pieces by the cat. (X)**

이 문장은 틀렸어요. 왜냐? 이렇게 되면요, the glass가 dog을 쫓아다닌 게 되어버립니다. 이 오류를 현수분사(dangling participle)라고 하는데요, 이런 용어 외우실 필요 없고, 분사구문을 주어 생각 안 하고 엄하게 남발하면 안 된다는 이야기입니다.

응, 제 버릇 개 못 줘

그런데 한 가지 짚고 넘어갈 부분이 있어요. 앞서도 살짝 언급한 내용이지만, ed/ing분사도 제 버릇 개 못 줬습니다. 동사였을 때의 버릇이 남아 있는 거죠.

일단, <u>1) 동사 뒤에 따라붙는 떨거지(보어, 목적어)를 데려올 때가 있어요.</u> 분사구문에서 상당히 자주 나타납니다.

Buying a lot of expensive clothes, **Min-ji doesn't have money.**
Playing the computer game, **Han-gyu forgot his homework.**

ed/ing분사는 <u>2) 수동/능동 느낌도 가지고 있어요.</u> 수동/능동 개념 기억나시나요? 수동은 당하는 애고, 능동은 그 반대 개념으로 지가 나서서 하는 느낌입니다. 다음 예시를 통해 비교해 보죠.

[동사 bore → bored/boring]
Han-gyu is a really <u>boring</u> guy.
Min-ji looked <u>bored</u> because of Han-gyu.

1번 문장에서 boring은 능동의 느낌이고, 2번에서는 수동의 느낌이에요. 1번 문장에서 <u>boring</u>은 한규가 진짜 "지겨운 놈"이라는 이야기이고요, 2번 문장에서의 <u>bored</u>를 설명해 드리면, 뭔지가 한규 때문에 "지겨워 보였다"는 내용입니다.

다른 예시를 좀 보여드리면,

[동사 annoy → annoying/annoyed]
Han-gyu is <u>annoying</u>.
The <u>annoyed</u> cat attacked the dog.

1번 문장에서는 한규가 짜증 나는 인간인 거고, 2번 문장에서는 짜증 난 고양이가 개를 공격한 겁니다. 잘 아시겠죠?

세 줄이 넘어가는 세 줄 요약

ed분사/ing분사는 동사를 다른 목적으로 부려먹기 위해서 만든 거고요, 정리하면 다음과 같아요.

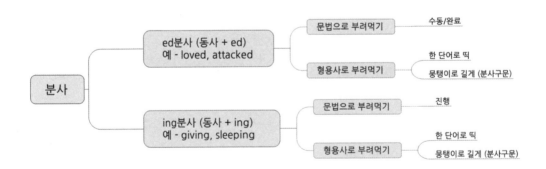

형용사처럼 쓸 때는 <u>1) 단어만 띡 오는 경우, 2) 뭉탱이로 오는 경우</u>가 있죠. 뭉탱이로 오는 애를

<u>분사구문</u>이라고 하고요. 얘들은 각각 이렇게 생겼어요.

[단어만 띡]

The sleeping cat was so cute.

[뭉탱이로]

Bitten **by mosquitos,** *the cat* **was pissed off.**

ed/ing분사는 동사 시절 버릇을 아직도 가지고 있어요.

<u>1) 보어/목적어 같은 떨거지들을 데려올 때도 있고요, 2) 수동/능동 버릇</u>도 아직 못 고쳤어요. 2) 에 대해서 예를 좀 보여드리면, 다음과 같습니다.

Han-gyu is a really <u>boring</u> guy.

Min-ji looked <u>bored</u> because of Han-gyu.

1번에서는 능동의 소울이 남아있고, 2번에서는 수동의 소울이 느껴지죠.

● 설명충의 부연설명 – 미처 다루지 않은 내용들

ed/ing분사 중에서는 좀 다루지 않고 지나간 내용들이 있습니다. 우리가 안 다룬 부분은 실제 영어에서 상대적으로 드물게 나타나는 애들입니다. 얘들은 미국이나 영국에서 판매하는 초 · 중급용 문법책을 비롯해서, 심지어 나름 고급 문법책에서도 안 다루는 경우도 있더라고요.

이러한 내용은 개념만 간단히 소개하고, 고급 문법 책에서 다루도록 하겠습니다. 우선, absolute construction이라는 애를 소개해 드리겠습니다.

> Bitten by mosquitos, *the cat* was pissed off.
> The dog and the cat **having made peace,** *the owner* was so happy.

두 번째 문장이 바로 absolute construction인데요, 얘는 주어가 다른 분사구문입니다. 일반적인 영어 문장에서는 자주 찾아볼 수 있는 친구는 아니고요, 그나마 말보다는 글에서 더 자주 보여요.

쉬운 예를 넣기 위해서 위 문장은 조금 억지스럽고 격식이 없지만, 보통은 격식을 아주 많이 차리는 표현입니다. 예외로 "all things considered"와 같은 몇몇 고정표현은 여기저기서 자주 나오는 편입니다. 그냥 관용적으로 많이 쓰는 거죠.

보통 분사구문은 형용사 역할로 취급합니다. 뭐 분사구문의 정확한 분류에 대해서는 부먹/찍먹급으로 갑론을박이 오갈 수 있으나, 형용사와 비슷한 역할을 한다고 분류하는 쪽이 더 많습니다. 그런데 이 주어가 다른 분사구문, 즉 absolute construction은 꼭 부사처럼 쓰이죠.

또 분사구문 앞에는 완료/부정 등과 같은 애들도 들어갈 수 있어요.

> Having **washed his dog,** Yang–ho made a phone call to his wife.
> Not **having any money,** Min–ji decided to have dinner with Han–gyu.

사실 분사구문하고 뒤에 오는 문장은 어떤 관계인지 명확히 드러나지가 않아요. 보통은 동시에 일어나는 일이나 이유를 나타낼 때 자주 쓰는데, 얘들은 의미를 보고 적절하게 파악해야 해요. 의미를 명확하게 해주기 위해서 접속사를 추가해 주기도 합니다.

> Before **taking care of the cat,** Yang–ho ate dinner.

여기서 언급한 내용은 초심자 레벨에서는 몰라도 됩니다. 그냥 소개만 해드리는 거니까 슥 읽고만 넘어가세요!

두뇌풀가동: ed분사/ing분사

ed/ing분사를 배워봤는데요, 이제 문제를 풀어봅시다. 정답은 [p.399]에 있습니다.

Exercise 1. 다음 문장에서 ed/ing분사를 찾아 표시해 보세요. 만약 얘가 완료/진행으로 쓰였으면, 이 중 어떤 거로 쓰였는지 써주세요.

> 예시) He **was** finding the key. → 과거 + 진행
>
> Han-gyu **has** loved Min-ji for seven years. → 현재 + 완료
>
> The sleeping cat **was so cute.**
>
> Chasing the dog, the cat broke the glass into pieces.

Walking really fast, the cat entered the room.

Bok-rye received some letters when she wrote the article.

Han-gyu had been waiting for three hours before Min-ji came to the park.

The frozen pizza was not delicious, but Bok-rye cooked it for her daughter-in-law.

Surrounded by zombies, the soldier looked desperate.

The solider was attacked by many zombies, and he looked desperate.

Many zombies attacked the solider, and he looked desperate.

Han-gyu, eating burnt toast, felt sick.

Smiling, Jeong-muk received some gifts from his parents.

The gift chosen by Bok-rye was a small purse.

He will be waiting for you with some brilliant ideas.

Exercise 2. 분사/분사구문을 찾아보세요. 만약 찾으셨다면, 얘들이 어떤 애를 설명해 주는지 표시해 보세요.

예시) Playing the computer game, Han-gyu forgot his homework.

The annoyed cat attacked the dog.

The guy sitting on the chair was very tall.

Entering the room, the cat found a lot of foods.

We know the cat walking around the park often.

The police chasing after the thief looked tired.

Many students failed to pass the test because the professor didn't give a lot of hints.

The guy riding the bicycle discovered something interesting.

Min-ji gave me the bag filled with trash.

It seems that he didn't forgive his brother.

The professor failed to find the hidden treasure

Smiling nicely, Min-ji brutally refused Han-gyu's proposal.

In the forest, Yang-ho watched the small bear charging toward him.

The newly released movie was not popular.

UNIT 07

일해라 동사야 Ⅲ – 동명사(gerund)
[키워드: 명사류]

우리 사장님 참 징해요. 동사를 쉴 틈 없이 굴려요. 이번에는 동사를 명사처럼 부려 먹습니다.

> 사장님: 동사야, 본업도 하면서 to부정사로도 일하고, 분사로도 일하고 고생이 많다.
>
> 동사: (아, XXX 또 저러네.) 아닙니다. 감사합니다.
>
> 사장님: 이게 다 너를 위해서란다. 이번에도 ing 붙여줄게. 근데 이번에는 명사처럼 일해 보렴.

동사 + ing를 부려 먹는 방법은 다음과 같고요,

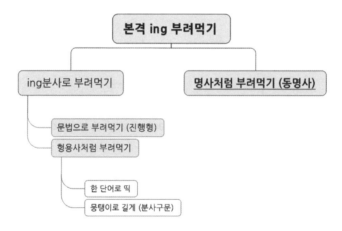

이번 시간에는 <u>동사를 명사처럼 부려 먹는</u> **동명사(gerund)**에 대해 배울 예정입니다. 생긴 거랑 만드는 법은 ing분사하고 똑같아요.

다만, ing분사는 동사를 개조해서 형용사/진행형으로 부려먹는 거고, 이 동명사라는 애는 동사를 개조해서 명사처럼 부려먹는 겁니다.

[동명사 예시] sing → singing, watch → watching, play → playing

만드는 법 상세는 "님 머릿속에 저장! - ing분사 만들기(p.414)"를 참고하시면 됩니다. 동명사나 ing분사나 만드는 법은 똑같거든요.

이번에는 문장에서 어떻게 쓰이는지 예를 좀 들어보겠습니다.

Reading is a good way to relieve your stress.
Min-ji enjoys **shopping**.

완전 명사같이 쓰였죠? 하지만 얘도 제 버릇 개 못 줬습니다. 동명사도 왕년에 동사였기 때문에, 동사의 소울이 남아 있어요. 뒤에 목적어/보어 같은 떨거지들을 달고 나올 수 있어요.

Playing dodgeball is Tong-kwi's hobby.
Giving the box to my cat was not a good decision.

이런 애들 역시도 뒤에 떨거지들하고 함께 하나의 명사처럼 쓰였다고 보시면 됩니다. 예를 들어, 1번 문장에서 "Playing dodgeball"은 "피구를 하는 것" 이 정도로 해석하시면 돼요. 문장 전체의 의미는 피구를 하는 것이 통퀴의 취미라는 거죠.

동명사 vs ing분사

동명사랑 ing분사를 빠르게 비교해 봅시다.

[동명사]

Having the cat was a good decision for him.

[ing분사 → 형용사처럼]

The sleeping cat was so cute.

[ing분사 → 진행]

The cats are sleeping.

즉, ing분사는 형용사처럼 쓰거나 문법용(진행)으로 쓸 수 있어요. 반면, 동명사는 명사처럼만 써먹을 수 있죠.

세 줄이 살짝 넘어가는 세 줄 요약

동명사는 동사 뒤에 ing를 붙여서 만들어요. 예를 들면, learn → learning 이런 식이고요, ing분사랑 모양은 똑같지만, 동명사는 명사처럼만 씁니다.

얘도 왕년에 동사였던지라 제 버릇 못 버려서 뒤에 목적어/보어 같은 떨거지들을 데리고 나올 수 있어요.

> 💬 *설명충의 부연설명*
>
> 동명사도 문법을 연구하시는 학자분들 사이에서 1) 명사다, 2) 동사다, 혹은 3) 동사이기도 명사이기도 하다 이렇게 의견이 갈립니다.
>
> 우리 레벨에서 꼭 알아야 할 내용은 얘를 통사론적으로 분석하는 게 아닙니다. 얘는 명사처럼 쓰이는데, 왕년에 제 버릇 못 버려서 아직 동사 기질이 남아 있다고만 아시면 됩니다.

08 관계사, 누구냐 넌?

[키워드: who/which/that, where/when/why]

사장님도 이제 동사를 부려 먹는 건 미안했는지, 다른 직원을 굴리기 시작합니다. 이번에는 과연 누구일까요?

> 사장님: [문장 1]이랑 [문장 2], 너네 서로 친한 게 아주 보기 좋아.
>
> 문장 1, 문장 2: 감사합니다, 사장님.
>
> 사장님: 그런 의미에서 내가 너네 한 팀으로 엮어줄게. 니들 사이에 관계사라는 놈을 넣어줄 테니까 [문장 2]가 얼른 [문장 1] 보조해 줘.

이런 느낌입니다. 문장을 부려 먹는 건데요, 좀 더 설명해 드리면 일단 문장 두 놈이 있어요. 얘들을 [문장 1], [문장 2]라고 해봅시다. 걔들은 보통 직접적으로, 혹은 간접적으로 연관이 있고요.

그 중 한 놈을 잡아다가, 다른 한 문장에 꾸겨 넣습니다. 일단 [문장 2]를 꾸겨서 [문장 1]에 붙여버린다고 쳐보죠.

그런데 그냥 막 꾸겨 넣으면 안 되니까 얘들의 관계를 알려주는 애를 넣어야 해요. 얘를 **관계사**라고 하는데요, 이 관계사 중에 적절한 놈을 골라서 [문장 1]과 [문장 2] 사이에 넣어줘요.

읽는 사람들이 관계사 놈을 보면, "아, 이거 그냥 일반 문장이 아니라 문장 두 개를 관계사로 연결해서 한 문장으로 합쳐준 거구나!" 이렇게 알 수 있도록 하는 거죠.

그리고, 이렇게 들어간 [문장 2]는 보통 [문장 1]에 있는 놈을 잡아다가 꾸며줍니다. 즉, [문장 2]를 부려 먹기 위한 속셈인 거죠. 이 꾸며줄 수 있는 대상은 그때그때 달라요.

잘 안 와닿으시죠? 정의만 보면 뭔가 접속사랑 비슷한 것 같기도 하고요. 하지만 예시를 보면 그렇게 어렵지 않습니다.

한국말에서도 비슷한 느낌을 찾아볼 수 있어요. 예를 들어봅시다.

[문장 1] 한규가 나타났다. + [문장 2] 한규가 석양을 바라보며 허세를 부린다.

→ 석양을 바라보며 허세를 부리는 한규가 나타났다.

이 문장에서도 [문장 1], [문장 2]가 연관이 있어요. "한규"라는 연관성이 있는 거죠. 그리고, [문장 2]가 [문장 1]의 한규를 꾸며주는 것처럼 들어갔습니다. 사실, 관계사가 어려워 보여도 위의 개념에서 크게 벗어나지 않아요. 이제 본격적으로 관계사에 대해 알아보겠습니다.

관계사 who/which/that
(부제: 잃어버린 주어/목적어류/소유한정사를 찾아서)

우선 관계사 who/which/that을 가지고 문장을 하나로 합쳐볼까요?

[문장 1] The cat was fast. + [문장 2] The cat stole the fish.

→ The cat (~~The cat stole the fish~~) was fast.

→ The cat which stole the fish was fast.

즉,

[문장 1] 고양이는 빨랐다 + [문장 2] 고양이가 물고기를 훔쳤다.

→ 물고기를 훔친 고양이는 빨랐다.

요렇게 되는 거죠. 이렇게 [문장 2]를 조금 변형해서 [문장 1]의 cat을 설명해 주는 용도로 부려 먹고 있어요. 고양이긴 고양이인데 "물고기를 훔친 고양이"라는 거죠.

그런데 영어에서는 중복을 싫어하기 때문에 중간 과정처럼 The cat the cat이라고 쓰면 안 됩니다. 사실 우리말에서도 마찬가지로, 똑같은 애가 두 번 들어가면 이상합니다. 예를 들어서요,

한규가 석양을 바라보며 허세를 부린다. + 한규가 나타났다.
→ 석양을 바라보며 허세를 부리는 한규 한규가 나타났다. (O)
→ 석양을 바라보며 허세를 부리는 한규 한규가 나타났다. (X)

두 번째 문장처럼 한규가 두 번 들어가면, 무슨 용녀용녀도 아니고 이상해집니다.

그래서 중복된 놈을 삭제해 줍니다. 그런데 그냥 마구잡이로 중복되는 놈 없애고 문장을 이어 붙이면 영어에서는 굉장히 헷갈릴 수 있어요. 아까 위에 문장에서 보면요,

→ The cat stole the fish was fast. (X – 관계사 안 써버린 문장)
→ The cat which stole the fish was fast. (O – 관계사 써준 문장)

[문장 1]은 딱 보면 고양이랑 물고기 중에 누가 빠른 건지 파악이 안 됩니다. 그래서 [문장 1]과 [문장 2] 사이에 "야, 이거 관계사야!"라고 알려줘야죠. 그렇기에 관계사 which가 등장하는 겁니다.

다른 예를 하나 더 봅시다. 위에서는 which를 사용했으니까, 이번에는 who를 사용해 볼게요.

[문장 1] I know the guy. + [문장 2] He doesn't wash his face.

→ I know the guy (He doesn't wash his face).
→ I know the guy who doesn't wash his face.

이런 식입니다. 그런데 the cat이 들어간 문장에서 쓴 관계사는 which였고, the guy가 있는 문장에서는 관계사 who를 썼죠?

who/which/that을 각각 언제 쓰는지 말씀드리죠.

우선, who는 사람한테 써요. 사람이라고 하면, he나 she 같은 대명사부터, 한규, 민지 같은 이름들, 그리고 거지, 의사, 과학자 다 사람입니다. 엄마도 사람이고요.

which는 사람이 아닌 동물/사물에 씁니다.

마지막으로 that은 그냥 사람/동물/사물 모두에 다 만능으로 써줄 수 있어요.

관계사 that을 조금 더 설명드리면,

> The cat that stole the fish was fast.
> I know the guy that doesn't wash his face.

이렇게 들어갈 수 있는 거죠. 참고로 who/which가 that보다 조금 더 격식을 차린 문장입니다. 단, 다음과 같이 쓰면 틀려요.

> The cat who stole the fish was fast. (X)
> I know the guy which doesn't wash his face. (X)

> The cat which/that stole the fish was fast. (O)
> I know the guy who/that doesn't wash his face. (O)

애를 다음과 같이 정리해 볼 수 있어요.

who = 사람용	which = 동물/사물용	that = 사람/동물/사물 전부

자, 그런데 한 가지 더! 아까 위에서 문장을 합치면서 없어진 애는 뭐죠? 첫째 고양이 예시에서는 [문장 2]에 나온 The cat이었고요, 둘째 예시에서는 [문장 2]에서 나온 He입니다.

~~The cat~~ stole the fish.

He doesn't wash his face.

그런데 얘들은 주어/동사/목적어/보어 이런 문장 성분 중에서 뭐에 해당하죠? 주어입니다.

관계사 who/which/that을 쓰면서 이렇게 사라지는 애들이 있어요. 그럼 어떤 애들이 사라질까요? 보통, 주어/목적어류/소유격한정사 중에서 한 놈이 사라집니다.

그리고 [문장 1], [문장 2]를 연결하면서 그 사이에 관계사를 넣어주는데요, 사라진 놈이 주어냐, 목적어류냐, 소유격 한정사냐에 따라서 관계사 who/which의 모양이 변할 수 있어요.

안 와 닿으시죠? 하나씩 예를 보겠습니다.

◆ 주어 빼고 관계사 넣기

[문장 1] 나는 정묵이를 만났다. + [문장 2] 정묵이는 반에서 가장 크다.

→ 나는 (정묵이는 반에서 가장 크다.) 정묵이를 만났다.

→ 나는 반에서 가장 큰 정묵이를 만났다.

[문장 1] I know the guy. + [문장 2] He doesn't wash his face.

→ I know the guy (He doesn't wash his face).

→ I know the guy who doesn't wash his face.

이렇게 만들 수 있고요, 두 번째 예시를 통해서 좀 상세하게 설명해 드리겠습니다.

우선 위에서는 [문장 2]를 가지고 [문장 1]을 꾸몄어요. 이렇게 하려면,

(1) 중복인 놈을 찾아서 삭제합니다. 여기선 the guy=He가 중복이에요. [문장 2]를 가지고 꾸밀 거라서 [문장 1]은 냅두고, [문장 2]에서 중복인 놈을 지워줬습니다.

(2) [문장 1] [문장 2] 사이에 적절한 관계사인 who를 넣어요. 여기서 who를 선택한 이유는, 두 가지입니다. 첫째, the guy=He가 사람이고, 둘째, 사라진 He가 주어이기 때문이죠. 이건 잠시 후에 더 자세히 설명드리겠습니다.

간략히 말씀드리면, (1) 중복인 놈을(=여기선 주어) 싹둑 없애버리고, (2) [문장 1]과 [문장 2] 사이에 알맞은 관계사를 넣으면 돼요. 의외로 어렵지 않죠?

◆ 목적어류 빼고 관계사 넣기

  [문장 1] **The boy met 안젤리나 졸리.** + [문장 2] **He really admired her a lot.**

  → **The boy met 안젤리나 졸리, (He really admired her a lot).**

  → **The boy met 안젤리나 졸리, whom he really admired a lot.**

  [문장 1] **The chef was not kind.** + [문장 2] **I met the chef yesterday.**

  → **The chef (I met the chef yesterday) was not kind.**

  → **The chef whom I met yesterday was not kind.**

둘째 예시를 상세히 살펴볼까요? 마찬가지로, [문장 2]를 가지고 [문장 1]을 꾸며볼 거예요.

[문장 1]과 [문장 2]의 chef가 중복이죠? [문장 2]를 변형해서 [문장 1]을 꾸며줄 거라, [문장 1]은 냅둡니다. [문장 2]에 있는 chef는 중복이에요.

그다음, [문장 1]과 [문장 2] 사이에 적절한 관계사를 넣어줘요. "the chef"를 없애버린 자리에 넣는 게 아닙니다! [문장 1]과 [문장 2] 사이에요.

관계사는 뭘 넣느냐면요, 첫째! the chef는 사람이고, 둘째! 목적어 자리에 있는 애가 빠졌기 때문에, 관계사 자리에 whom을 넣어줄 수 있어요.

얘도 기본 논리는 같아요. (1) 중복인 놈을(=여기선 목적어인 the chef) 없애버리고, (2) [문장 1]과 [문장 2] 사이에 알맞은 관계사를 넣으면 돼요.

참고로 whom은 who가 변신한 모양인데, 아래에서 정리해 드리겠습니다.

◆ 소유한정사 빼고 관계사 넣기
소유한정사 기억나시나요? 명사 앞에 붙어서 네 것인지, 내 것인지, 단비 것인지 알려주는 애입니다.(예시: <u>my</u> car, <u>your</u> dog, <u>his</u> phone 등) 얘를 빼버리고 관계사를 집어 넣어줄 수 있어요.

> [문장 1] Min-ji even looks down on her parents. + [문장 2] Her personality is really bad.
> → Min-ji, (Her personality is really bad), even looks down on her parents.
> → Min-ji, whose personality is really bad, even looks down on her parents.
> ※look down on: 깔보다, 경시하다

> [문장 1] I met Jeong-muk. + [문장 2] His bag was dirty.
> → I met Jeong-muk, (His bag was dirty.)
> → I met Jeong-muk, whose bag was dirty.

얘도 변환 과정을 말씀드리겠습니다. 두 번째 예시로 설명해 드리죠. [문장 1]과 [문장 2]의 접점이 없는 것처럼 보이지만,

> [문장 1] 나는 정묵이를 만났다. + [문장 2] 정묵이의 가방은 더러웠다.

요런 느낌으로 봐주시면 돼요.
[문장 2]를 가지고 [문장 1]을 꾸미면, 일단 [문장 2]에서 중복인 His를 없애주고, [문장 1]과 [문

장 2] 사이에 적절한 관계사인 whose를 넣어줍니다.

여기서 whose를 넣어준 이유는 첫째! 정묵이도 사람이고, 둘째! 없어진 애, 즉 his가 소유한정사라서 그래요. 이 whose도 바로 아래서 정리하도록 하겠습니다.

자, 이렇게 관계사 who/which/that에 대해 알아봤어요. 애들은 주어/목적어류/소유한정사 중 어떤 놈을 빼버리고 쓰느냐에 따라 모양이 변할 수 있죠. 이걸 정리해 보면 다음과 같습니다.

관계사 태세 변환 who/which/that	주어 빼고 쓰는 관계사	목적어류 빼고 쓰는 관계사	소유한정사 빼고 쓰는 관계사
사람용(who)	who	whom/(who)	whose
동물/사물용(which)	which	which	whose
사람/동물/사물 다(that)	that	that	

※관계사가 사람용이고, 목적어 빼고 쓰는 애면 who/whom 둘 다 괜찮아요. 단, whom은 보통 격식을 더 차린 표현에서 나오고요, 말하기보단 쓰기에서 더 자주 씁니다. 반대로, that은 격식이 좀 덜한 표현이죠.

위에서 제시한 관계사로 문장을 합치는 방법들은 여러 가지 방법 중 한 가지일 뿐입니다. 뭘 말하고 싶은가에 따라 다른 방식으로도 문장을 합쳐 볼 수 있어요. 예를 들면요,

[문장 1] The cat was fast. + [문장 2] The cat stole the fish.

→ The cat (~~The cat~~ stole the fish) was fast.

→ The cat which stole the fish was fast.

이렇게 되는데요, 다른 방법으로도 합칠 수 있어요. 만약 [문장 1]을 꾸며주는 애로 쓰고 싶다면,

→ The cat (~~The cat~~ was fast) stole the fish.

→ The cat which was fast stole the fish.

이렇게도 해볼 수 있답니다.

관계사 어디서? 언제? 왜?(where/when/why)

"한규가 맞았다"라는 문장을 가지고 조금씩 변경해 보면서, 관계사 where/when/why를 설명해 드리겠습니다.

[어디서?=where]

한규가 굴다리에서 맞고 있다. + 굴다리에는 싱하가 살고 있다.

→ 한규는 (어디서 = where) 싱하가 살고 있는 굴다리에서 맞고 있다.

[언제?=when]

한규가 맞았다. + 한규는 집으로 돌아오던 중이었다.

→ 한규는 (언제 = when) 집으로 돌아오던 중에 맞았다.

[왜?=why]

한규가 맞았다. + 그 이유는 깝죽거렸기 때문이다.

→ 한규는 (왜=why) 깝죽거렸기 때문에 맞았다.

이런 느낌이에요. "where"는 한규가 어디서 맞았는지 구체적으로 알려주고, "when"은 한규가 언제 맞았는지, "why"는 한규가 왜 맞았는지를 더 자세히 알려주는 거죠.

어렵지 않죠? 그런데 왜 굳이 who/which/that하고 따로 다룰까요? 다음 예문을 비교해 봅시다.

◆ 관계사 which

[문장 1] The cat was fast. + [문장 2] The cat stole the fish.

→ The cat (The cat stole the fish) was fast.

→ The cat which stole the fish was fast.

◆ 관계사 where

[문장 1] This is the house. + [문장 2] Han-gyu was born in the house.

→ This is the house (Han-gyu was born in the house).

→ This is the house where Han-gyu was born.

관계사 which의 경우, [문장 2]에서 뭐가 빠졌죠? 주어인 The cat이 빠졌어요. 반면, 관계사 where은 어떤가요? [문장 2]에서 전치사 + 명사 조합인 in the house가 빠졌죠?

관계사 who/which/that을 가지고 문장을 합치죠? 그럼 보통 주어, 목적어, 소유한정사 중 하나가 빠져요. 문장에서 정말 중요한 필수 요소가 빠지는 거죠.

반면, 관계사 where/when/why에서는 빠지는 애들이 **전치사 + 명사** 같은 나부랭이들이거나, 아니면 빠지는 애들이 없이 문장을 합쳐주기도 해요.

그렇다 보니 관계사 who/which/that 뒤에 오는 떨거지들은 보통은 주어/목적어/소유한정사 중하나가 없어요. 배에서 엔진이나 선체 같은 중요한 부분이 하나 없는 셈이죠. 혹은, 전치사 + 명사 조합에서 명사만 슥 빠지고 전치사만 덩그러니 남아 있습니다. 그렇기 때문에, who/which/that 뒤에 오는 떨거지들은 문법적으로 완전한 문장이 아니에요.

반대로, who/when/why 뒤에 오는 떨거지들은 나부랭이만 빠졌기에 문장 자체는 문법적으로 완.벽.합니다. 배에서 술통이나 대포 좀 없애버린다고 해서 배가 안 가진 않죠? 즉,

관계사 비교	빠지는 애들	관계사 뒤에 오는 애들
관계사 which/who/that	주어, 목적어류, 혹은 소유한정사	문법적으로 완전하지 않은 문장 The cat which stole the fish was fast. stole the fish만 떼놓으면 문법적으로 (X)
관계사 where/when/why	전치사 + 명사 같은 나부랭이	나부랭이가 빠졌기에 문장 자체는 완전한 문장 This is the house where Han-gyu was born. Han-gyu was born만 떼놓고 보면 문법적으론 (O)

이렇게 정리할 수 있어요. 자, 그럼 관계사 where/when/why를 간단히 살펴봅시다.

[관계사 where]

[문장 1] This is the house. + [문장 2] Han-gyu was born in the house.

→ This is the house (Han-gyu was born in the house).

→ This is the house where Han-gyu was born.

[관계사 when]

[문장 1] I remember the day. + [문장 2] Han-gyu was fired on that day.

→ I remember the day (Han-gyu was fired on that day).

→ I remember the day when Han-gyu was fired. ※be fired: 해고되다

[문장 1] I don't know the reason. + [문장 2] Ocean sunfish die for that reason.

→ I don't know the reason (Ocean sunfish die ~~for that reason~~).

→ I don't know the reason why ocean sunfish die.

이런 느낌입니다. 위 문장들은 여러분이 보기 쉽도록 좀 작위적으로 만든 느낌이 없잖아 있어요. 보통 이 where/when/why는 더 자유롭고 편안하게 쓸 수 있답니다.

세 줄이 넘어가는 세 줄 요약

관계사를 성격에 따라 who/which/that하고 where/when/why로 구분해 봤습니다. 얘들을 가지고 [문장 1]과 [문장 2]를 합쳐주고요, 이렇게 합치면 관계사를 부착한 문장은 뭔가를 꾸며주는 역할을 하게 됩니다.

만드는 법은 간단해요. (1) 중복인 놈을 싹둑 없애버리고, (2) [문장 1]과 [문장 2] 사이에 알맞은 관계사를 넣으면 돼요.

who/which/that하고 where/when/why를 비교해 보죠.

who/which/that은 주어/목적어류/소유한정사를 빼버리고 들어가는 관계사입니다. 얘들은 문장에서 중요한 역할을 해요. 그렇기 때문에, 이런 관계사 뒤에 오는 나머지는 문법적으로 완전하지 않아요.

얘들은 모양이 변할 수 있는데, 다음과 같아요.

관계사 태세 변환 who/which/that	주어 빼고 쓰는 관계사	목적어류 빼고 쓰는 관계사	소유한정사 빼고 쓰는 관계사
사람용	who	whom/(who)	whose
동물/사물용	which	which	whose
사람/동물/사물 다	that	that	

반면, where/when/why는 보통 전치사 + 명사와 같은 떨거지를 빼버리고 들어가요. 그래서 이 관계사들 뒤에 오는 나머지 찌꺼기들은 보통 문법적으로 문제가 없는 완벽한 문장입니다.

● 설명충의 부연설명 - who/which + 전치사?

[관계사 where]

[문장 1] This is the house. + [문장 2] Han-gyu was born in the house.

→ This is the house (Han-gyu was born in the house).

→ This is the house where Han-gyu was born.

얘를 관계사 where이 아닌 which를 활용해서 합쳐주면 다음과 같아요.

[관계사 which]

[문장 1] This is the house. + [문장 2] Han-gyu was born in the house.

→ This is the house (Han-gyu was born in the house).

→ This is the house which Han-gyu was born in.

이렇게 who/which/that을 활용해서 [문장 1] [문장 2]를 합치는데 전치사 + 명사가 중복이 된다? 그럼 눈여겨보셔야 합니다. who/which/that은 저 전치사 + 명사 조합에서 명사만 딱 없애주거든요. 반면, where/when/why는 전치사 + 명사 자체를 없애고 들어가요.

저렇게 전치사만 덩그러니 뒤에 남으면 한 가지 신경 써야 할 부분이 있어요. 왜냐하면, 이렇게 전치사로 문장을 끝내주는 걸 싫어하는 원어민들도 있기 때문입니다. 한 영화에서는 꼬마가 "우리 엄마가 전치사로 문장 끝내는 사람이랑 놀지 말랬어!"라고 말하기도 했습니다. 하지만 엄밀하게 말하면 이런 요소는 취향에 따라 갈립니다. 전혀 신경 쓰지 않는 사람도 있어요.

아무튼, who/which를 써서 문장을 합쳤을 때, 뒤가 전치사로 끝나면 다음과 같이 고쳐줄 수 있어요.

This is the house which Han-gyu was born in.
→ This is the house in which Han-gyu was born.

첫 번째 나온 애는 격식이 덜한 문장, 두 번째 나온 애는 엄격 근엄 진지한 격식 있는 문장입니다. 아예 이런 게 싫다면 문장 자체를 완전히 뜯어고쳐서 애초에 전치사가 뒤로 오는 일을 막아버릴 수도 있고요.

또 저런 전치사 + which는 적절하게 where/when/why로 바꿔서 써버릴 수가 있어요. 예를 들면요.

This is the house in which Han-gyu was born.
→ This is the house where Han-gyu was born.

이렇게 바꿀 수 있어요. 참고로 in which 같은 전치사 + which 조합이 where/when/why보다 더 격식을 차린 표현인데요, 항상 말씀드리지만 상황에 맞게 써야 합니다. 격식이라고 무조건 좋다 나쁘다가 아니에요. 대학교 MT에 풀정장도 어색하고, 시상식에 후드티와 패딩 입고 가는 것도 특이하죠.

또 한 가지 더 말씀드리면, in which/at which=where, for which=why 이렇게 딱딱 떨어지는 공식이라기보다는, 저 전치사 + which 조합이 뭐랑 관련 있는지 보신 다음, 장소=where, 시간=when, 이유=why 이렇게 봐주시는 편이 좋아요.

중 · 고급용 책에 적합한 내용이지만 참고용으로 살짝 넣어봤습니다. 너무 부담은 갖지 마세요.

● 설명충의 부연설명 –
  제한적(restrictive) 용법 vs 비제한적(non-restrictive) 용법

딱 봐도 알기 싫은 용어가 나왔습니다. 그런데 알고 보면 어렵지 않아요. 참고로, 위에서 쭉 관계사를 공부하면서 어떤 애들은 "쉼표(,)"가 있고 어떤 애들은 없었답니다. 자, 이제 우리 반에 다음과 같은 학생들이 있다고 하겠습니다.

김민기(A)	김민기(B)	임한규
키가 큼	키는 작음	키도 작음
가방이 더러움	가방이 깨끗함	가방도 더러움
특기: 호날두 따라 하기	특기: 노래	특기: 엄마랑 싸우기
내가 일주일 전에 만남	내가 어제 만남	만나고 싶지 않음

김민기란 애가 두 명 있어요. 이름만 같은 동명이인입니다. 우리 한규는 한 명이죠.

  [쉼표 X] I met Min-ki who is tall.
  [쉼표 X] I met Min-ki who is small.
  [쉼표 O] I met Han-gyu, who is small.

무슨 차이일까요? 여러분도 이런 사례가 있는지 모르겠는데, 저희 반에 김민기라는 친구가 두 명 있었어요. 한 김민기는 좀 컸고, 다른 김민기는 좀 작았어요. 그래서 저희는 얘들을 부를 때, "큰 김민기" "작은 김민기" 이렇게 구분해서 불렀어요.

여기서 "크다" "작다"라는 수식이 쟤들을 구분할 수 있게 만들어줘요. "크다" "작다"라는 말이 들어가야 비로소 어떤 김민기인지 알아먹는 거죠. 여기서 "크다" "작다"는 얘들의 키를 단순히 나타내는 게 아니라 어떤 김민기인지 딱 알 수 있도록 지칭해 주고 제한을 해주는 셈이죠. 이 정보가 없으면 어떤 김민기인지 구분을 못 하는 거죠. 생략하면 안 되는 정보입니다. 이런 애들을 제한적(restrictive)이라고 합니다. 이때는 쉼표가 안 들어가요.

반면 한규는 작다고 해도 그냥 뭐 얘의 키에 대해서 설명해 주는 거지, 어떤 한규인지 구분해 주고 한정해 주지는 않죠? 그냥 정보만 더 줄 뿐이죠. 이럴 때를 비제한적(non-restrictive)이라고 해요. 이때는 쉼표가 들어가죠. 쉬엄쉬엄 정보나 얻어 가라고 그렇게 써주나 봐요.

참고로, that 앞에는 쉼표가 붙으면 틀립니다.

I met Min-ki that is tall. (O)

I met Han-gyu, that is small. (X)

정리해 보죠. 제한적 용법, 비제한적 용법 이런 용어 다 버리고, 쉼표가 있으면 쉬엄쉬엄 정보 전달을 해준다고 생각하시면 되고요, 쉼표가 없으면, "아 얘들 없으면 문장 의미가 달라질 수도 있고, 얘들이 의미를 딱 짚어서 제한해 주는구나!"라고 생각하시면 됩니다. 이 둘을 항상 완벽하게 구분하긴 좀 힘들 수 있어요. 모호할 때가 많거든요. 하지만 개념 자체는 진짜 별거 없답니다.

● 설명충의 부연설명

두 가지만 더 짚고 넘어가겠습니다. 첫째는 관계사의 생략입니다. 얘들은 겁나 잘 숨어요. 특히, 글로 쓸 때보다 말로 할 때 진짜 잘 숨습니다.

생략은 다음 두 가지 경우에서 제일 잘 나타나요.

(1) who/which/that을 쓰면서, 목적어 빼고 관계사가 들어갔을 때
(2) who/which/that 바로 뒤에 be동사(is/are/was/were)가 나올 때입니다. 그러면 이 관계사 + be동사가 같이 은신할 수 있어요. 다른 사소한 예시들도 있지만, 자주 쓰는 건 아니라 짚고 넘어가진 않겠습니다. 예를 들면,

1번 예시) **Where are the four dollars** (which) I gave you yesterday?
2번 예시) **I didn't see the cat** (which was) stealing fish from the market.

괄호 안의 (which)와 (which was)를 써줘도 그만, 생략해 줘도 그만인 거죠. 참고로, 2번 문장은 which was를 빼고 보면 ing분사로 분사구문 문장 만든 거랑 똑같이 생겼죠?

얘들은 파고들면 분류가 상당히 복잡하고, 용어도 오해의 소지가 다분해요.

어떤 책에서 관계"대명사"라고 분류한 얘들 중에는 사실 한정사인 친구들도 있고요, 그리고 관계사를 제한적/비제한적 용법으로 나누는 방법 말고도, integrated/supplementary/cleft/fused 이렇게 네 종류로 나누는 법도 있죠. 이렇게 나누면 더 정확하게 구분할 수 있긴 해요.

자세히 못 다룬 부분은 기회가 된다면 중·고급용 문법책에서 다룰 수 있도록 하겠습니다.

두뇌풀가동: 관계사

이제 관계사 문제를 풀어봅시다! 정답은 [p.402]에 있습니다.

Exercise 1. 알맞은 정답을 고르고, 관계사 절을 따로 칠해 보세요.

예시) **Where are the four dollars (who/which/whose) I gave you yesterday?**

I don't know (who/which/whom) you are.

I met the guy (who/whom/whose) name is John Cena.

I have a friend (who/whom/whose) is very talkative.

Han-gyu knows the man (who/whose/whom) brother is a chicken sexer.
※chicken sexer 병아리 감별사

The pasta (who/where/which) Min-ji made was really bad.

Bok-rye remembers the day (when/where/why) her son was born.

The book (who/whom/which) Han-gyu read last night was about a grasshopper.

Do you know the reason (when/where/why) the cat is so cute?

This is the place (when/where/why) Han-gyu secretly watched the movie.

그때 그걸 샀어야 했는데(가정법)

가정법은 무턱대고 "가정법"이라는 용어로 접근하면 헷갈릴 수 있어요. 기본적인 개념을 설명해 드린 후, 예시로 접근하겠습니다.

우리 책에서는 가정법(subjunctive mood)을 크게 두 가지로 분류해요. 일어날 가능성에 따라,

(1) 일어날 가능성 O
(2) 일어날 가능성 X

이렇게 분류하죠. 이제 예시를 볼까요? 다음 두 대화를 봅시다.

(1) 정묵: 이번에 학교 앞에 생긴 떡볶이집 진짜 맛있다더라. 같이 갈래?
   뮌지: If I have time, we will go there.

(2) 한규: 이번에 학교 앞에 생긴 떡볶이 집 진짜 맛있다더라. 같이 갈래?
   뮌지: If I had time, we would go there.

뮌지가 갑자기 왜 영어를 하는지는 몰라도, 아무튼 이렇게 두 가지 답변을 봤는데요, 애들은 어떤 차이가 있을까요?

1번은 일어날 가능성이 있어요. 어떤 의미냐면요,

If I have time, we will go there.
(=오늘 시간 있을지도? 그래! 봐서 시간 되면 가자)

이런 느낌이고요, 반면에 2번은 일어날 가능성 없어요.

If I had time, we would go there.
(=오늘 시간 없어. 그래서 못 감.)

이런 식입니다. 1번은 뭔지가 시간 되면 떡볶이집에 갈 수도 있는 거죠. 뭐 시간 없으면 못 가는 거고요.(일어날 가능성 O)

반면, 2번은 일어나지 않을 일이죠. 우리 책을 계속 보신 분들이면 아시겠지만, 뭔지가 한규랑 절대로 어디 같이 갈 일은 없어요.(일어날 가능성 X)

그런데 여기서 일어날 가능성 X도 두 가지로 나눠볼 수도 있어요.

(2-1) 일어날 가능성 X – 대략 현재시점의 이야기
(2-2) 일어날 가능성 X – 이미 옛날에 일어났던 일

예를 봐볼까요?

(2-1)번 상황 – 일어날 가능성 X + 현재
중현: 양호 씨, OO제약 주식이 많이 오를 것 같아.
양호: 아, 돈 있으면 그거 살 텐데요.

(2-2)번 상황 – 일어날 가능성 X + 과거
6개월 전, 양호 씨는 돈이 없어서 XX코인을 못 샀는데, 오늘 보니 XX코인이 엄청 올랐어요.
양호: 아, 돈만 있었으면, 그거 샀었을 텐데.

(2-1)번 상황은 대략적인 현재를 이야기하는 거죠? 지금 돈이 없어서 OO제약 주식을 못 사요.

즉,

> 아, 돈 있으면 그거 살텐데요.(=돈이 없음. 그래서 이거 지금 못 삼.)
> **If I had money, I would buy it.**

이런 느낌이죠. 다른 예시를 좀 들어보면 한규가 PC방에 갔어요. 그런데 700원밖에 없어서 치즈달걀라면을 주문 못하는 상황이죠. 이때,

> 한규: 아 내가 지금 2천 원만 더 있으면, 치즈달걀라면 시키는데.

한규가 당장 돈이 없어서, 치즈달걀라면을 못 시키는 거죠.

반면에 (2-2)번 상황은 이미 예~전에 일어난 옛날이야기에요. 6개월 전에 돈이 없어서 XX코인을 못 샀죠.

> 아, 돈만 있었으면, 그거 샀었을 텐데.(=옛날에 돈이 없었음. 그래서 그거 못 샀었음.)
> **If I had had money, I would have bought it.**

이런 느낌입니다. 또 추가로 예시를 들어보면, 한규가 6개월 전에 단체 채팅방에서 고백을 했다가 개망신을 당했어요. 그때 상황을 회상하면서,

> 한규: (이불 속에서 6개월 전을 회상하며) 아, 그때 단체 채팅방에서 고백하지 말았었어야 했는데.

이런 식이죠. 예~전에 일어난 가정법은 이불킥할 때 쓰면 좋은 표현입니다.

개념 자체는 쉽죠? 배운 내용을 좀 정리하면요,

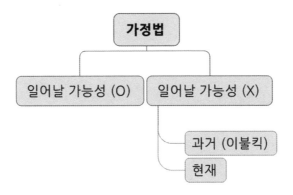

이렇습니다.

일반적으로는 다음과 같이 가정법을 나눠요.

일어날 가능성 O인 애 = "가정법 현재"
일어날 가능성 X + 현재 = "가정법 과거"
일어날 가능성 X + 과거 = "가정법 과거완료"

그런데, 이 용어가 사람을 상당히 헷갈리게 만들어요. 용어는 중요치 않고요, 영어로 어떻게 써야 하는지 파악하고, 개념만 챙겨가면 됩니다. 이제 얘들을 영어로 어떻게 표현하는지 알아보죠.

일어날 가능성 X + 이미 옛날에 일어났던 일

If 주어 had + ed분사 나머지,	주어 +	could have + ed분사 would have + ed분사 might have + ed분사 ...	+ 나머지
If I had had money, If I had been hungry,		I would have bought it. I would have eaten the hamburger.	

일어날 가능성 X + 대략 현재시점의 이야기

If 주어 동사(과거형) (나머지),	주어 +	could would might ...	+ 나머지
If I had money, If I were hungry,		I would buy it. I would eat the hamburger.	

※could/would/might 등은 조동사라 그 뒤에는 동사원형이 오는 거 아시죠?

일어날 가능성 O

If 주어 동사(현재형) (나머지),	주어 +	can will may ...	+ 나머지
If I have time, If I am hungry,		we will go there. I will eat the hamburger.	

※마찬가지로, can/will/may 등은 조동사라 그 뒤에는 동사원형이 오는 거 아시죠?

이렇게 만들 수 있어요. 그런데 아직도 좀 헷갈리죠? 가정법은 개념 이해를 한 이후, 공식처럼 외우기보다는 자기한테 제일 잘 맞는 예를 외워버리는 편이 제일 편해요. 책에서 나온 예시 중 가장 잘 외워지고 이해가 쏙쏙 되는 애로 외워두세요! 아래에도 예시를 나열해 보겠습니다.

아래 나온 예시에서 특정한 애가 잘 이해가 안 되면 과감하게 넘어가 주세요.

예시 1)

일어날 가능성 X + 이미 옛날에 일어났던 일

If I had found toilet paper, I would have pooped. ※상황: 2주 전에, 똥 마려운데 휴지를 못 찾았음.

→ 만약 휴지를 찾았었다면, 똥을 쌌었을 텐데.(=예전에 휴지를 못 찾았음. 그래서 똥 못 쌌었음.)

일어날 가능성 X + 대략 현재시점의 이야기

If I found toilet paper, I would poop.

→ 만약 휴지가 있었다면, 똥을 쌀 텐데.(=지금 휴지가 없음. 그래서 똥 못 쌈.)

일어날 가능성 O

If I find toilet paper, I will poop.

→ 만약 휴지를 찾는다면, 똥을 쌀 거야.

　(=휴지를 찾으면, 똥 쌀 거임. 휴지는 찾을 수도 있고 뭐 못 찾을 수도 있음.)

예시 2)

일어날 가능성 X + 이미 옛날에 일어났던 일

If you had cleared snow well, 중대장 would have not been disappointed.

※상황: 9개월 전에 눈이 왔는데, 눈을 제대로 못 치웠었음.

→ 네가 눈을 잘 치웠었더라면, 중대장이 실망하지 않았었을 텐데.

　(=예전에 눈을 제대로 못 치웠음. 그래서 중대장이 실망했었음.)

일어날 가능성 X + 대략 현재시점의 이야기

If you cleaned the room, 중대장 would not be disappointed.

→ 네가 만약 방을 청소했다면, 중대장이 실망하지 않을 텐데.

　(=지금 방을 청소 못 해놓음. 그래서 중대장이 실망할 거임.)

> **일어날 가능성 O**
>
> **If you get rid of fallen leaves well, 중대장 will not be disappointed.**
>
> → 네가 만약 낙엽 잘 치운다면, 중대장이 실망하지 않을 거야.(=네가 낙엽 잘 치우면, 그럼 중대장 실망 안 할 수도 있음.)

예시 3)

> **일어날 가능성 X + 이미 옛날에 일어났던 일**
>
> **If the jungler had helped me, I would have carried my team.**
>
> ※상황: 3개월 전에 정글이 안 도와줘서 게임 망침.
>
> → 만약 정글이 나를 도와줬었으면, 내가 팀을 캐리했었을 텐데.(=예전에 정글이 나 안 도와줌. 그래서 내가 팀 캐리 못 했었음.)

> **일어날 가능성 X + 대략 현재시점의 이야기**
>
> **If the jungler helped me, I would carry my team.**
>
> → 만약 정글이 나를 도와줬다면, 내가 팀을 캐리할 텐데.(=지금 정글이 안 도와줬음. 그래서 내가 팀 캐리 못 할 거임.)

> **일어날 가능성 O**
>
> **If the jungler helps me, I will carry my team.**
>
> → 만약 정글이 나를 도와준다면, 내가 팀을 캐리할 수 있을 텐데.(=정글이 나 도와주면, 팀 캐리 가능. 정글이 날 도와줄 수도 있고, 안 도와줄 수도 있음.)

※예시1), 2), 3)의 해석은 실제 상황과 문맥에 따라 조금 달라질 수 있습니다.

세 줄이 넘어가는 세 줄 요약

가정법은 다음과 같이 나눌 수 있습니다.

(1) 일어날 가능성 O

(2-1) 일어날 가능성 X – 대략 현재시점의 이야기

(2-2) 일어날 가능성 X – 이미 옛날에 일어났던 일

모양 및 예문은 각각,

(1) 일어날 가능성 O

> **If 주어 동사(현재형) 나머지, 주어 + can/will/may + 나머지**
>
> If I am hungry, I will eat the hamburger.

(2-1) 일어날 가능성 X – 대략 현재시점의 이야기

> **If 주어 동사(과거형) 나머지, 주어 + could/would/might + 나머지**
>
> If I were hungry, I would eat the hamburger.

(2-2) 일어날 가능성 X – 이미 옛날에 일어났던 일

> **If 주어 had + ed분사 나머지, 주어 + could/would/might + have + ed분사 + 나머지**
>
> If I had been hungry, I would have eaten the hamburger.

이런 식입니다. 이걸 공식처럼 외우기보다는 개념을 파악하고, 제일 이해하기 쉬운 예문을 외우는 편을 강력 추천합니다.

가정법에서 일어날 가능성 X + 현재로 쓸 때 be동사가 나오면 한 가지 특이한 점이 있어요.
바로 was 대신 were이 나온다는 겁니다.

If I were you, I wouldn't do that.
If the chair were bigger, it would be better.

이게 원칙이긴 하지만 또 나름 권위 있는 외국 문법책에서도 was를 써도 괜찮다는 주장도 있
어요. 특히, 일상회화에서는 단수주어가 왔을 때 was를 굉장히 많이 씁니다! 하지만 확실한
건 were을 쓰면 일단 논란의 여지조차 없다는 겁니다. 그렇기에 초심자의 입장에서는 were
을 쓰는 편을 강력 추천해 드립니다.

● 설명충의 부연설명

사실 가정법은 상당히 오래전부터 없어질 거라고 본 학자들이 많았어요. 무려 1800년대 문헌
에도 이런 내용이 등장해요. 하지만 안타깝게도 살아남았어요. 그럼 우리는 뭐 배워야겠죠?

위에서 배운 가정법 외에도 다르게 생긴 가정법들이 있어요. 가정법은 저거 말고도 생각보다
다양하고, 더 편하게 쓰는 경우도 많습니다. 이를테면, if 절 없이 그냥 쓰는 경우도 많죠. 또,
뒤집기 빌런이 나타나서 문장 순서를 뒤집어 버리는 가정법도 있고요. 이런 내용은 중·고급
용 책에서 다루도록 하겠습니다.

두뇌풀가동: 가정법

이렇게 가정법을 배워봤습니다. 이제 문제를 풀어보도록 하죠. 정답은 [p.403]에 있습니다.

Exercise 1.

If I were you, I (would have / would / will) do that.

If I had a car, we (could have / could / can) go to the park.

If I (had had / had / have) a car, we could have gone to the park.

If I have a cat, I (would / will) love it a lot.

If I (had had / had) time, I would see him.

If I were 중대장, I (would / will) be disappointed.

If Min-ji loved Han-gyu, the situation (could have / could / can) be interesting.

여태까지 쭉 배운 걸 모두 섞어서 문제를 내보겠습니다. 빈 곳에 알맞은 말을 넣어보세요. 정답은 [p.404]에 있습니다.

The cat and the dog living in the park (was / were) so happy.

If I am hungry, I (would have / would / will) eat the pizza.

I don't know the reason (when / where / why) the cats in the box (was / were) so aggressive.

If I (is / am / were) you, I wouldn't buy the car.

Ye Wanyong (was / were) born (at / on / in) 1858.

Jeong-muk and Bok-rye (was / were) watching the TV show.

This is not the place (when / where) Han-gyu was born.

The movie (who / whom / which) I loved (was / were) not that popular.

The cats under the desk (was / were) sleeping.

If he had (had / have / having) the book, he could have studied hard.

I have a friend (who / whom / whose) dog is very cute.

The chairman and the lawmaker (was / were) very arrogant.

Jeong—muk and Han—gyu (was / were) in the hopistal (at / on / in) October 15.

The cat and the dog (was / were) behind (she / her), but (she / her) didn't know about that.

Han—gyu or Min—ji (is / are) going to clean the room.

The dog (was / were) (attack / attacked) by the cat.

마지막
정리

배 만들기 단원에서는 영어의 가장 기본적인 구조를 배워봤습니다. 즉, 5형식, 문장성분, 그리고 품사죠.

그리고 환상의 부품쇼 단원에서는 그 배의 부품을 하나하나 살펴봤습니다. 그 외에 잡다한 요소도 다시 다뤘어요.

우리가 배웠던 부분 중 가장 중요한 내용만 간단히 보고 넘어가겠습니다.

본격적으로 배 만들기

일단, 영어 문장의 큰 구조는 다음과 같이 나타낼 수 있어요.

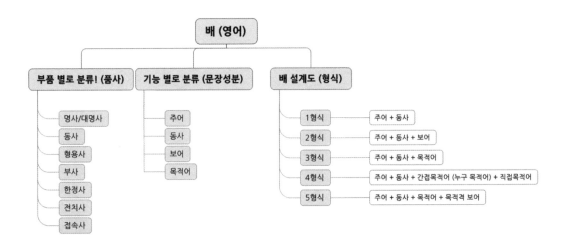

배(=영어 문장)를 만든다고 치면, 여러 가지 방법이 있겠습니다만, 설계도를 사서 보면 좋겠죠? 그게 바로 배 설계도인 형식입니다.

◆ 설계도(=형식)

설계도에 대해서 조금 언급을 하겠습니다. 여러분도 잘 아시듯, 배는 한 종류만 있는 게 아니에요. 카누도 있고, 돛단배도 있고, 크루저도 있고 여러 종류가 있어요. 배를 분류하는 방법은 꿍

장히 다양하겠지만, 일단 다섯 가지로 분류했다고 쳐봅시다. 이렇게 배(=영어 문장)를 다섯 가지로 분류한 설계도가 바로 <u>5형식</u>이죠.

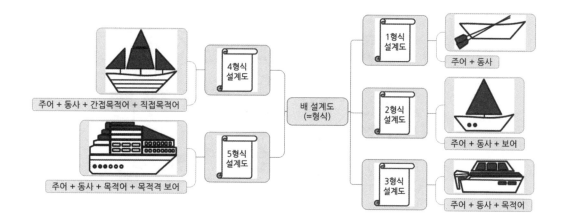

설계도를 잘 이해하려면 어떻게 해야 하죠? 여러 가지 방법이 있겠으나,

1) 배에 꼭 필요한 주요 기능을 알고,

2) 배에 어떤 부품들이 들어가는지, 그 부품들은 무슨 역할을 하는지 알면 됩니다.

◆ 주요 기능(=문장성분)

우선 배의 주요 기능에 관해 이야기해 봅시다. 배에서 꼭 필요한 주요 기능에는 뭐가 있을까요?

(배알못 주의! 제멋대로 나눴습니다!)

A. 배를 앞으로 가게 해주는 기능 / B. 배의 몸뚱아리 기능 / C. 방향 전환 기능 / D. 엔진 기능

A. 배를 앞으로 가게 해주는 기능

B. 배의 몸뚱아리 기능

D. 엔진 기능

C. 방향 전환 기능

카누 같은 배는 위에서 A, B 기능만 있으면 되지만, 크루저 같은 배는 A, B, C, D 다 필요해요.

자, 마찬가지로 영어 문장도 다양한 문장을 잡아다가 분석해 보면, 크게 네 가지 **주요 기능**(주어, 동사, 보어류, 목적어류)이 나타나요. 이런 분류를 **문장성분**이라고 합니다. 어떤 형식은 주어랑 동사만 있으면 되지만, 또 어떤 형식은 위에 나온 네 가지 종류가 다 필요해요!

◆ 배의 부품(=품사)

이번에는 이 배들을 싹 분해해서 하나하나 부품별로 정리해 봅시다. 그럼 부품들이 엄청나게 많이 나오겠죠? 돛도 나오고, 노도 나오고, 엔진도 나오고, 선체도 나오고 뭐 많이 나왔습니다. 그리고 또 대포, 깃발, 술통 등 이것저것 다 나오네요.

이제 얘들을 쭉 잡아다가 같은 얘들끼리 분류합시다. 돛은 돛대로, 엔진은 엔진대로, 쭉 분류해요. 나온 부품 전부를 특성이 같은 얘들끼리 분류하는 겁니다.

영어에서도 비슷하게 영어 문장들을 쫙 잡아다가 싹 다 분해합니다. 그다음 특성이 같은 놈들끼리 묶어요. 이렇게 나눈 분류를 품사라고 합니다.

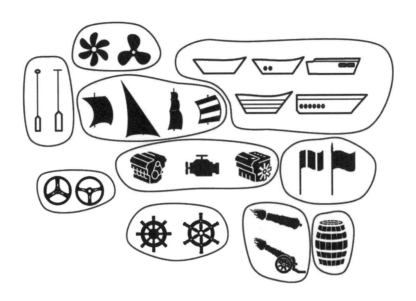

품사에는 다음과 같은 애들이 있답니다.

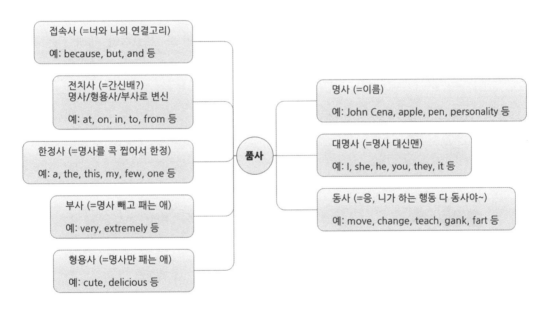

◆ 배의 부품(=품사) vs 주요 기능(=문장성분)

품사와 문장성분의 관계를 그림으로 정리해 보죠. 배를 예로 들어서 보면요, 다음과 같습니다.

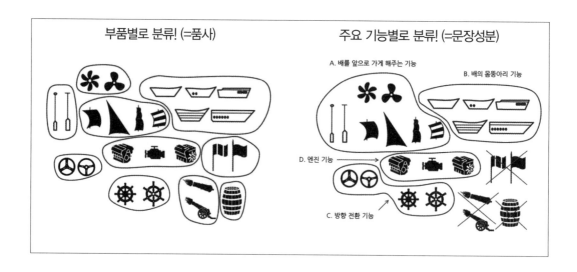

A. 배를 앞으로 나가게 하는 기능(=문장성분)에는 부품(=품사)인 노, 프로펠러, 돛과 같은 부품이 속해있어요! 다른 주요 기능과 부품들의 관계도 다음 그림에서 쉽게 확인할 수 있어요.

품사와 문장성분의 관계는 다음과 같이 나타낼 수 있어요.

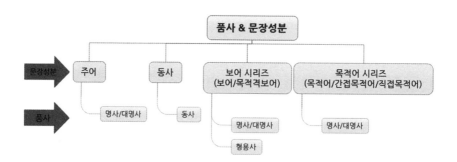

그런데 품사에서 여러 가지가 있었는데 위에는 명사/대명사/형용사만 나와 있죠? 이제는 품사와 문장성분의 관계를 품사 중심으로 봐볼까요? 그러면 다음 그림과 같아요.

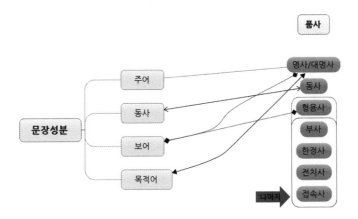

이렇게 나타낼 수 있어요. 형용사는 투잡을 뜁니다! 보어 종류로 쓰이면 문장성분이고, 그냥 명사 꾸밈이로 쓰이면 문장성분이 아니에요. 양다리죠.

환상의 부품쇼: 동사

위에서는 영어 문장의 기본 구조를 복습해 봤습니다. 이제 중요 부품들을 간단히 복습하고 넘어가겠습니다. 다른 내용도 다 중요하지만, 영어에서는 동사가 정말 중요해요. 동사는 다음처럼 분류해 볼 수 있어요.

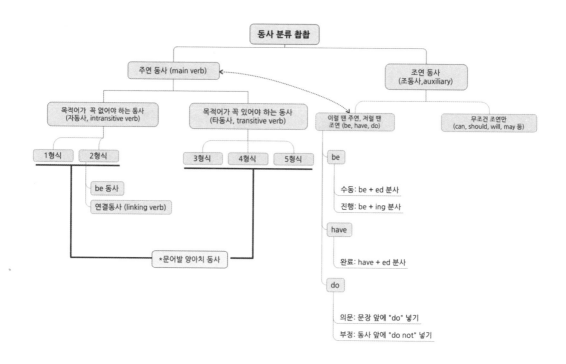

동사를 우선 주연하고 조연으로 구분해 볼까요?

그냥 우리가 흔히 알고 있는 "응, 네가 하는 행동 전부"에 해당하는 동사가 있어요. 사랑하다, 때리다, 노래하다처럼 일반적인 동작을 나타내는 애들이죠. 얘를 주연 동사(main verb)라고 합니다.

이 주연 동사가 빛날 수 있도록 도와주는 애들을 조동사(auxiliary verb)라고 합니다. 얘들은 문법적인 장치로 쓰이거나, 아니면 동사에 의미를 살짝 더해 줘요.

문법적인 장치 = 수동/진행/완료/의문/부정 등

동사에 의미 더하기 = 똥을 <u>싸다</u> → "똥을 쌀 <u>수 있다</u>"/"똥을 쌀 <u>것이다</u>" 등

(*주연/조연 동사는 이해를 돕기 위해 제 마음대로 만든 용어입니다.)

조연 동사 중에서도 be/have/do는 주연도 하고 조연도 할 수 있어요. 다만 조연으로 쓰일 때는
be + ed분사(=수동)와 같이 위 그림에서 나타난 형태로 나와야 해요.

◆ 자동사 vs 타동사
주연 동사는 크게 목적어가 들어가면 안 되는 동사인 1) 자동사와, 목적어 못 잃는 2) 타동사로
구분해요.

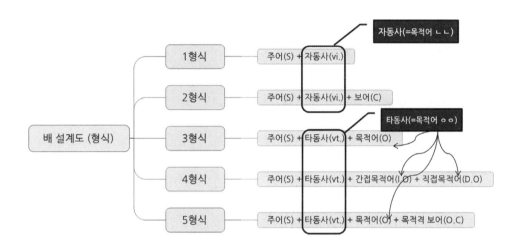

하지만, 상당수의 동사가 문어발 양아치입니다. 같은 동사임에도(예: change) 자동사로도 쓰일
수 있고, 타동사로 쓰일 수도 있어요.

그리고, 형식이나 자동사/타동사를 넘나들 때마다, 대개 동사의 의미랑 문법적인 쓰임새도 달라
지죠. 얘를 판별하려면 문장구조를 알아야 하고, 사전을 봐야 합니다.

이 주연 동사에는 또 여러 가지 문법이 적용 가능해요. 일단, 목적어가 있는 타동사는 수동태로
변신이 가능해요. 그럼, "~당했다"라는 식의 의미가 되죠.

◆ 시제(과거/현재/미래) + 완료/진행
주연 동사는 전부 시제를 가지고 있어요. 시제를 세 가지로 나누면 과거/현재/미래입니다. 과거

는 옛날에 있었던 일이고, 미래는 앞으로 있을 일이죠. 현재가 의외로 좀 복잡합니다. 왜냐하면, 저 "현재"라는 단어가 굉장히 사람을 헷갈리게 하기 때문이에요. 이름을 잘못 붙인 거죠. 현재는 현재 일어나고 있는 일이 아니라, 일반적으로 1) 습관이나 반복적으로 계속하는 거, 2) 사실이나 진리를 나타낼 때 많이 써요!

모양은 동사 play를 예로 들면,

> (과거) Tong-kwi played dodgeball.
> (현재) Tong-kwi plays dodgeball every night.
> (미래) Tong-kwi will play dodgeball.

이런 식입니다.

그리고 이 과거/현재/미래에 완료나 진행을 끼얹을 수 있어요.

마치, 떡볶이(해물/일반/짜장=과거/현재/미래) 중 하나 메인으로 골라서 시켜놓고 위에 치즈사리/라면사리(=완료/진행)를 추가하듯 넣을 수 있는 거죠.

치즈/라면 사리를 고를 때, 1) 아예 추가 안 할 수도 있고, 2) 하나만 추가할 수도 있고, 3) 두 가지 다 추가할 수도 있어요.

마찬가지로, 과거/현재/미래에다가 1) 완료/진행을 추가 안 할 수도 있고, 2) 완료/진행 중 하나만 추가할 수도 있고, 3) 완료/진행 둘 다 추가할 수도 있다는 거죠.

동사 work를 가지고 과거/현재/미래 + 완료/진행을 정리해 볼까요? 그럼 다음 그림과 같이 쓸 수 있어요.

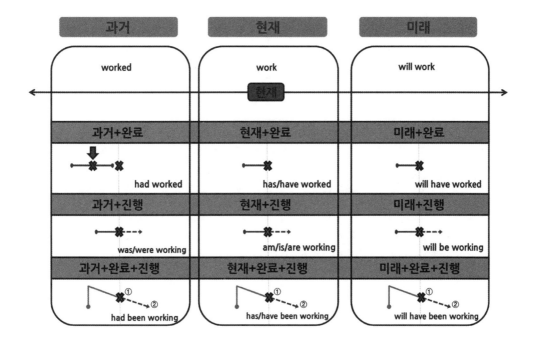

이 중 몇몇 형태는 비교적 사용하는 경우가 드물고 어색하게 느껴질 수 있습니다. 문법을 위한 문법처럼 말이죠.

환상의 부품쇼: 형용사/부사/한정사

형용사와 부사는 둘 다 꾸밈이 역할을 하죠? 그런데 차이점은 뭐였죠? 다음 표로 구분해 봅시다.

형용사: 명사만 팹니다.	부사: 명사 빼고 이놈, 저놈 다 팹니다.
명사를 꾸며줌	동사, 형용사, 부사나 문장 전체를 꾸며줌
예시)	예시)
Don't think of yourself as an ugly person.	He is very busy.

여기에 두 가지 더!

1) 형용사는 문장성분으로 쓰일 수 있어요! "="과 같은 관계가 성립할 수 있는 또이또이한 보어류에 사용 가능합니다. 명사 꾸밈이로 들어간 형용사는 빼버려도 문장이 문법적으로 틀리지는 않아요. 그런데, 문장성분인 보어 종류로 들어간 형용사를 빼버리면? 문장이 성립이 안 돼요!

말씀드렸듯, 형용사가 문장성분으로 들어가려면, 보어 종류의 자리에만 가능해요. 즉, 명사 꾸밈이가 아닌 문장성분으로의 형용사는 2형식과 5형식에만 들어갈 수 있어요.

  2형식: 주어(S) + 동사(V) + <u>보어(C)</u>
  5형식: 주어(S) + 동사(V) + 목적어(O) + <u>목적격보어(O.C)</u>

2) 형용사는 뭘 앞에 붙이거나 변경을 해서 비교급/최상급을 만들 수 있어요.
(비교급=네가 더 못생김 vs 최상급=응, 넌 제일 못생김)

이제 한정사를 짚고 넘어갑시다. 형용사랑 비슷한 한정충(?) 한정사(determiner)는 명사 앞에 붙어서 명사를 어떤 범위로 좁혀줘요. 다시 말해서, 명사를 딱 짚어줘서 한정해 주는 역할을 해요.

이를 테면, 명사가 단비 것도 아니고, 네 것도 아니고, 내 것이라고 한정을 해주기도 하고요, 아니면 일반적인 놈인지 특정한 놈인지 구분을 해주기도 해요.

예를 들어보면, 다음에서 밑줄을 친 애들이 한정사입니다.

<u>few</u> hours, <u>much</u> water, <u>two</u> boys, <u>his</u> dog, <u>my</u> book, <u>this</u> pen, <u>that</u> apple, <u>a</u> jerk, <u>the</u> hospital

한정사는 다음과 같이 분류할 수 있어요.

형용사/부사/한정사가 어떤 위치를 좋아했는지 위치 선정도 다시 참고하고 넘어가셔야 합니다.

환상의 부품쇼: 누구냐 넌?

그 외 나머지 부품들을 복습해 볼까요?

◆ 연결고리 접속사

얘는 너와 나의 연결고리입니다. 단어–단어, 문장–문장 등 여러 가지를 연결해 줍니다. 조금 더 정확하게 말하면, 1) 애들끼리 연결을 해주고요, 연결만 해주면 섭섭하니까 2) 그 애들끼리 무슨 사이인지도 넌지시 알려주죠.

그리고 얘도 두 가지 종류가 있는데요, 명사–명사, 형용사–형용사, 문장–문장 이런 식으로 급 맞는 애들을 연결해 주는 등위접속사와 꼬봉을 자처하는 종속접속사가 있습니다.

◆ 간신배 전치사

전치사는 보통 뒤에 명사를 달고 나타나고요, 그 명사랑 앞에 있는 다른 애가 자연스러운 관계를 맺도록 도와줘요. 한국말에는 후치사라는 비슷한 개념이 있어요. 예를 들면, "나 바지에 똥 쌌어." 이런 식이죠. 전치사 + 명사 조합은 문장에 따라 형용사/부사/명사처럼 행세하고 다닙니다.

◆ 일해라 동사야 – 부정사/분사/동명사

이 외에 부정사/분사/동명사는 동사를 다양한 방법으로 부려 먹기 위해 만든 애들이라고 이해하
시면 편해요. 위에 내용까지 정리해서 이걸 표현해 보면 다음과 같이 나타낼 수 있어요.

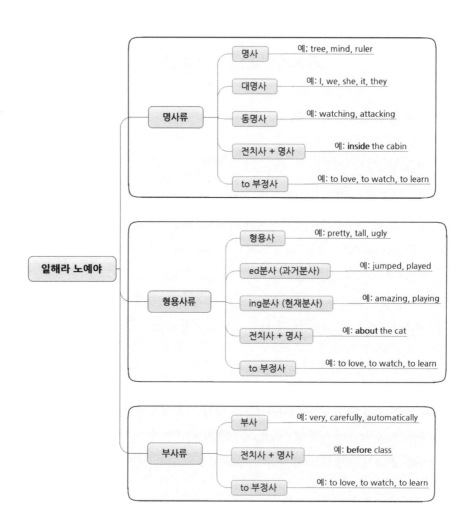

그렇다고 막 아무렇게나 욱여넣으면 문법적으로 틀릴 수 있고, 혹은 문법적으로 맞더라도 되게 어색할 수 있어요.

◆ 관계사

관계사는 who/which/that하고 where/when/why 이 두 가지 종류로 구분 가능해요. [문장 1]과 [문장 2]를 합친 후, 중복되는 애가 있음 지우고, [문장 1]과 [문장 2] 사이에 저 관계사를 넣어줍니다. 그리고 앞에 관계사를 부착한 문장은 다른 문장에 있는 무언가를 꾸며주게 됩니다.

예를 들면, 다음과 같습니다.

The cat which stole the fish was fast.

This is the house where Han-gyu was born.

◆ 가정법

가정법은 다음과 같이 나눌 수 있습니다.

(1) 일어날 가능성 O

(2-1) 일어날 가능성 X - 대략 현재 시점의 이야기

(2-2) 일어날 가능성 X - 이미 옛날에 일어났던 일

모양 및 예문은 각각,

(1) 일어날 가능성 O

If 주어 동사(현재형) 나머지, 주어 + can/will/may + 나머지

If I am hungry, I will eat the hamburger.

(2-1) 일어날 가능성 X - 대략 현재시점의 이야기

If 주어 동사(과거형) 나머지, 주어 + could/would/might + 나머지

If I were hungry, I would eat the hamburger.

(2-2) 일어날 가능성 X – 이미 옛날에 일어났던 일

If 주어 had + ed분사 나머지, 주어 + could/would/might + have + ed분사 + 나머지

If I had been hungry, I would have eaten the hamburger.

이런 식입니다. 이걸 공식처럼 외우기보다는 개념을 파악하고, 제일 이해하기 쉬운 예문을 외우는 편을 강력 추천합니다.

해답 및
해설

두뇌풀가동: 부품별로 분류해서 조져보자(품사)

다음 문장에서 각각 품사를 표시해 보세요.

예시) They liked   the   concert because it was good.
　　　　대명사　　동사　한정사(정관사)　명사　　　접속사　대명사 동사　형용사

I arrived on Saturday.
대명사 동사　전치사　　명사

I   have   a   brother, and he   is   a   troll.
대명사　　동사　한정사(부정관사)　　명사　　　접속사 대명사　동사(be동사)　한정사(부정관사)　명사

The   cat is arrogant and stubborn.
한정사(정관사)　명사 동사　　형용사　　접속사　　　형용사

I   read books, and John surfed   the   Internet on   a   smartphone.
대명사 동사　　명사　　접속사　명사　　동사　한정사(정관사)　　명사　　전치사　한정사(부정관사)　　　명사

두뇌풀가동: 주요 기능별로 분류해서 조져보자(문장성분)

다음 문장에서 각각 문장성분과 품사를 표시해 보세요!

이번 문제들은 매우 짧고 쉬워요.

예시) Han-gyu hates math. John is handsome.
　　　　主어　　　　동사　　목적어　　주어　동사　　　보어　　　[문장성분]

　　　　명사　　　　동사　　명사　　　명사　동사　　　형용사　　　[품사]

Tom disappeared.

주어   동사   [문장성분]

명사   동사   [품사]

John died.

주어   동사   [문장성분]

명사   동사   [품사]

Jane is wise.   ※Jane=wise라고 해도 괜찮죠? wise는 보어입니다.

주어   동사   보어   [문장성분]

명사   동사   형용사   [품사]

Jane hates cabbage.

주어   동사   목적어   [문장성분]

명사   동사   명사   [품사]

※Jane이 증오(hate)하는 대상은 양배추(cabbage)이죠. 그래서 cabbage는 목적어입니다.

Harut Grigorian is tall.

주어   동사   보어   [문장성분]

명사   동사   형용사   [품사]

※Harut Grigorian=tall이라고 해도 괜찮죠? tall 역시 보어입니다.

두뇌풀가동: 설계도 가지고 배 조립해 보기(5형식)

배운 걸 섞어 보자.

Exercise 1.

I really love enjoy Monday and math.

틀린 문장: 수식이자 부사인 really를 빼놓고 보면, 주어인 I 다음에 동사인 love와 enjoy가 같이 나옵니다. S + V + V + O + (접속사) + O 이런 모양인데, 우리가 배운 5형식에는 없죠? 접속사가 없이 저렇게 동사가 연달아 나오면 틀립니다.

I saw (a) (handsome) man (in the restaurant).
주어   동사   목적어

수식을 빼고 보면, S + V + O이므로, 3형식 문장입니다.

My dog is very quietly.

틀린 문장: 내 멍멍이는 매우 조용했다는 문장인데, quietly는 부사입니다. 그런데 저기서 quietly가 보어 자리에 있네요. 보어에는 형용사나 명사가 와야 하죠? 그러므로 틀렸습니다. 그리고 앞에 부사인 very가 있으므로, 저 자리에는 명사도 올 수 없어요. 부사가 명사를 꾸며주진 못하니까요.

Min-ho is a gently guy.

틀린 문장: 위에서 설명한 내용하고 비슷합니다. guy는 명사이므로, 명사만 패는 형용사가 얘를 꾸며줄 수 있어요. 부사인 gently는 이 문장과 함께할 수 없습니다.

Anna bought a knife a dish in the large market.

틀린 문장: 문장을 보면, S + V + O 여기까진 좋은데, 접속사가 없이 또 dish가 나왔습니다.
일단, 4형식은 아니에요. 4형식은 "~에게"의 의미를 지닌 "누구" 목적어가 들어간다고 했죠? Anna가 칼에게 접시를 사줬다. 이상하죠?

5형식도 아닙니다. 5형식이라고 치면, knife=dish가 되야 하는데, 이것도 전혀 아니죠?
만약, a dish 앞에 and가 붙어 있어서 a knife and a dish였다면, S + V + O + (접속사) + O여
서 이건 괜찮아요. 이걸 풀어보면, Anna bought a knife + (Anna bought) a dish. 이렇게 되
는 거거든요.

I killed (a) mosquito (on the window), and this made me happy.
주어 동사　　　목적어　　　　　　　　　(접속사)　주어　　동사　　목적어　목적격보어

수식을 빼고 보면, S + V + O + (접속사) + S + V + O + O.C이므로, 3형식 + (접속사) + 5형
식입니다.

(My) sister was unhappy because she saw (a) cockroach (in her bedroom).
　　　주어　　　동사　　　보어　　　(접속사)　주어　동사　　　목적어

수식을 빼고 보면, S + V + C + (접속사) + S + V + O이므로 2형식 + (접속사) + 3형식입니다.

Han-gyu threw (a) carton (of fresh milk) (at his friends).
　　　주어　　　　동사　　　　목적어

이건 좀 간단하죠? S + V + O니까 3형식입니다.

Han-gyu is Bronze V, but (his) friends (still) like him (so) (much).
　　주어　동사　　보어　　(접속사)　　주어　　　　동사　목적어

수식을 빼고 보면, S + V + C + (접속사) + S + V + O니까, 2형식 + 3형식 문장입니다.

Jeong-muk is (very) fast, and (his) friends (often) called him "Yangsuri Ronaldo."
　　주어　　　동사　　　보어　(접속사)　　주어　　　　　　동사　　목적어　　　목적격보어

수식을 빼고 보면, S + V + C + (접속사) + S + V + O + O.C이므로 2형식 + 5형식 문장입
니다.

문장 완전 분석!

Exercise 2.

Kyeong-young is (a) (South Korean) politician and singer.(출처: Wikipedia)

| 명사 | 동사 | 한정사 | 형용사 | 명사 | (접속사) | 명사 | [품사] |
| 주어 | 동사 | | 보어 | | (접속사) | 보어 | [문장성분] |

S + V + C + (접속사) + (S + V 생략) + C → 2형식 + (접속사) + 2형식

Jeong-muk howled after he scored (one) goal (in the match).

| 명사 | 동사 | (접속사) | 대명사 | 동사 | (한정사) | 명사 | (전치사 한정사 명사) | [품사] |
| 주어 | 동사 | (접속사) | 주어 | 동사 | | 목적어 | | [문장성분] |

S + V + (접속사) + S + V + O → 1형식 + 3형식

(The) (tall) guy was (super) handsome, and I gave him (four) dollars.

| (한정사) | (형용사) | 명사 | 동사 | (부사) | 형용사 | (접속사) | 대명사 | 동사 | 대명사 | (한정사) | 명사 |
| | | 주어 | 동사 | | 보어 | (접속사) | 주어 | 동사 | I.O | | D.O |

S + V + C + (접속사) + S + V + "누구" 목적어(I.O) + 직접목적어(D.O) → 2형식 + 4형식

(My) brother cooked dinner (for us), and we liked it (very) (much).

| 한정사 | 명사 | 동사 | 명사 | (전치사 대명사) | (접속사) | 대명사 | 동사 | 대명사 | (부사) | (부사) |
| | 주어 | 동사 | 목적어 | | (접속사) | 주어 | 동사 | 목적어 | | |

S + V + O + (접속사) + S + V + O → 3형식 + 3형식

배를 직접 조립해 보자

Exercise 3.

me, gave, his, Han-gyu, pen

Han-gyu gave me his pen. → 4형식

are, musty, you

You are musty. → 2형식

the, very, was, cat, happy

The cat was very happy. → 2형식

makes, she, me, happy

She makes me happy. → 5형식

두뇌풀가동: 구 vs 절

밑줄 친 부분이 구인지 절인지 맞춰보세요.

예시) Han-gyu sent Su-ji a long text message <u>to confess his love.</u>

(구 / 절)

Exercise 1.

We saw the blue truck <u>with the trailer.</u>

(구 / 절)

→ 주어 동사가 없는 전치사 + 명사로 전치사구

Han-gyu threw a carton of fresh milk <u>at his friends.</u>

(구 / 절)

→ 주어 동사가 없는 전치사 + 명사로 전치사구

When a kingpin kidnaps Sa Rang, Kim must agree to fight in a boxing match.

(구 / 절)   (구 / 절)   (구 / 절)

※출처: 위키피디아 – 영화 클레멘타인 소개 중 일부   ※kingpin: 우두머리, 두목, kidnap: 납치하다

→ kingpin이 주어, kidnap이 동사로 절입니다. to fight는 to부정사구, in a boxing match는 전치사 + 명사로 전치사구죠. (부정사는 나중에 따로 배웁니다.)

두뇌풀가동: 주어가 솔로면 동사가 위로해 줌(주어 - 동사 수일치)

알맞은 정답을 표시해 보세요.

예시 1) I (love/loves) him.

예시 2) The (student/students) hate the exam.

Exercise 1.

My cat (love/loves) me.

The (event/events) start at 4:00.

It (start/starts) at 4:00.

They (know/knows) the truth.

He (know/knows) the truth.

They (push/pushes) him too far.

두뇌풀가동: be동사 수일치

일반 동사의 수일치랑 be동사의 수일치를 섞어 보겠습니다. 알맞은 선택지를 골라주세요.

예시 1) The dogs (is/are) very cute.

예시 2) (He/**They**) hates the teacher.

Exercise 1.

There (**is**/are) over 7 billion people on earth, and Han-gyu (**is**/are) still single.

I (am/**is**/are) free of all prejudice. I (**hate**/hates) everyone equally.(W.C. Fields)

I (**hope**/hopes) that at least your mom (think/**thinks**) you're pretty.

(Jane/**They**) are wise.

Kyeong-young (**is**/are) a South Korean politician and singer.(출처: Wikipedia)

Clementine (**is**/are) a 2004 action-drama film. In this film, Steven Seagal (play/**plays**) a 10-minute role as "cage fight champion" Jack Miller.(출처: Wikipedia)

Exercise 2. 알맞은 선택지를 골라주시고, 이번에는 주어랑 동사도 표시해 보세요.

예시) The dogs (is/**are**) very cute.
　　　<u>　주어　</u>　　　동사

The colors of the dress (is/**are**) good.
<u>　　주어　　</u>　　　　　동사

There (is/**are**) some problems.
　　　동사　　　　주어

※여기서 there는 주어가 아닙니다! 뒤집기 빌런이라서 뒤에 주어랑 동사를 뒤집어 버렸어요. "problems"가 주어니까 are이 올바른 동사입니다.

The (**cat**/cats) under the table is so cute.
<u>　주어　</u>　<u>　　　　　</u>　동사
　　　　　　　　　　수식

For him, one of the most important goals **(is/are)** to have a cat.
　　주어　　　　　　수식(전치사 + 명사구)　　　　동사

※"of the most important goals"은 주어를 꾸며주는 수식입니다. 수일치는 주어랑 동사 사이에서 나타나는 거죠? goals가 주어가 아니니까 알맞은 동사는 is입니다.

There (is/are) a cat in the room.
　　　동사　　　주어

The (girl/girls) with five **(dog/dogs) lives** in the house.
　　주어　　　　　　수식(전치사 + 명사구)　　　동사

※동사가 3인칭 단수용 동사인 lives이므로, 주어는 3인칭 단수인 girl입니다. dog은 주어 동사 수일치는 아니지 만, 다섯 마리이므로 복수형인 dogs가 와야 하죠.

두뇌풀가동: 동사서포터 조동사

문장에서 동사 서포터인 조동사가 있으면 찾아서 밑줄을 그어보세요. 조동사가 없으면 그냥 패 스하시면 됩니다.

※primary auxiliary와 modal auxiliary 구분 없이 찾으시면 됩니다.

예시) **A prince must therefore be a fox to recognize traps, and a lion to frighten wolves.**

Faker is considered by many to be the best League of Legends player of all time.
– 출처: Wikipedia

The cat is very cute.

Exercise 1.

There are over 7 billion people on earth, and he is still single.
여기서 나온 be동사인 are과 is는 be + ing분사, 혹은 be + ed분사가 아니기 때문에 조연인 동사서포터가 아니라, 주연인 그냥 동사입니다.

Diapers and politicians should be changed often; both for the same reason.
여기서 should와 be 모두 동사 서포터인 조동사입니다. 구체적으로 표현하면, should는 modal auxiliary, 그리고 be는 primary auxiliary입니다.

be를 추가 설명해 드리자면 be 뒤에 changed(change의 ed분사)가 세트메뉴로 나왔기 때문에 be는 조동사, be changed는 수동태입니다.

The cat was sleeping under the blanket.
was(be동사의 과거) + sleeping(sleep의 ing분사)가 세트메뉴로 나왔기 때문에 be는 조동사고 be + ing분사는 진행인 거죠.

I am always sleepy.
여기도 be동사인 am은 be + ing분사, 혹은 be + ed분사가 없기 때문에 주연인 그냥 동사입니다.

I don't even believe myself when I say I will be ready in 5 minutes.
"don't"는 do not의 줄임말이에요. 부정 서포터죠. will도 시제를 나타내주는 조동사입니다.

Yang-ho has been criticized because of his dad jokes.
※dad joke 아재개그

여기서는 has와 been 모두 조동사입니다. 왜냐하면 has(have의 단수형) + been(be의 ed분사) + criticized(criticize의 ed분사) 이렇게 나타나 있기 때문이죠.

우선 1) has + been → 완료 서포터고요, 2) been + criticized → 수동 서포터입니다.

Yang-ho has been criticized because of his dad jokes.
<u>완료 서포터</u>
<u>수동 서포터</u>

요렇게 말이죠.

We have done this work for a long time.
have + done(do의 ed분사) 세트메뉴가 나왔죠? 완료 서포터고, 그렇기 때문에 have는 조동사입니다.

Now, we have a really good plan.
have 뒤에 ed분사가 없고, 그냥 3형식 문장이죠? 여기서 have는 그냥 동사입니다.

I don't believe that low-calorie foods can be delicious.
부정 서포터인 do not이 나와서 do는 조동사고, 조동사 can 역시도 조동사죠.

안 배운 내용이 많이 나와서 문제 풀이가 쉽지 않았을 수 있습니다. 새로운 내용은 다음 단원에서 계속 다룹니다.

두뇌풀가동: 능동 vs 수동

문장이 능동태인지 수동태인지 구분하시고 능동태면 수동태로, 수동태면 능동태로 바꿔보세요.

예시 1) **Min-ji is loved by Han-gyu.**(능동/수동) → **Han-gyu loves Min-ji.**
예시 2) **리쉰 ganked me.**(능동/수동) → **I was ganked by 리쉰.**

Exercise 1.

Many students find job offers from the website.(능동/수동)

→ Job offers were found by many students from the website.

한조우 is picked by Han-gyu nearly every time.(능동/수동)

→ Han-gyu picks 한조우 nearly every time.

Patients are examined by the doctor on the third floor.(능동/수동)

→ The doctor examines patients on the third floor.

The employees use an electric vehicle as a means of transportation.(능동/수동)

→ An electric vehicle is used by the employees as a means of transportation.

두뇌풀가동: 부정문 파헤치기

다음 문장에서 문장이 부정문이면 일반 문장으로, 일반 문장이면 부정문으로 만들어보세요. 부정문을 만들었으면 줄임말도 써보세요.

예시)) Min-ji gave a gift to her boyfriend. → Min-ji did not (didn't) give a gift to her boyfriend.

I don't know who you are. → I know who you are.

Han-gyu will not be sending messages. → Han-gyu will be sending messages.

Exercise 1.

Yang-ho runs a website. → Yang-ho does not (doesn't) run a website.

We cannot be happy. → We can be happy.

It was really great for both of us. → It was not (wasn't) really great for both of us.

Bok-rye loves her son. → Bok-rye does not (doesn't) love her son.

He can speak English very well. → He cannot (can't) speak English very well.

Han-gyu wants to talk to Min-ji. → Han-gyu does not (doesn't) want to talk to Min-ji.

I am not terrified of roaches. → I am terrified of roaches.

We have done this work for a long time. → We have not (haven't) done this work for a long time.

I am going to make you dance. → I am not going to make you dance.

You will have a girlfriend for sure! → You will not (won't) have a girlfriend for sure!

Min-ji spent a lot of money for a new bag.
→ Min-ji did not (didn't) spend a lot of money for a new bag.

The cat was sleeping under the blanket. → The cat was not (wasn't) sleeping under the blanket.

The tourists should try kimchi. → The tourists should not (shouldn't) try kimchi.

Min-ji is my friend. → Min-ji is not (isn't) my friend.

I was studying for the exam. → I was not (wasn't) studying for the exam.

They will see the result. → They will not (won't) see the result.

I was invited to the party yesterday. → I was not (wasn't) invited to the party yesterday.

두뇌풀가동: Do you know…? 의문문

문장을 의문문과 부정문 + 의문문으로 만들어보세요.

예시) **You like this food.**

    (의문문) Do you like this food?

    (부정문 + 의문문) Don't you like this food?

Exercise 1.

He likes kimchi.

(의문문) Does he like kimchi?

(부정문 + 의문문) Doesn't he like kimchi?

His explanation was persuasive.

(의문문) Was his explanation persuasive?

(부정문 + 의문문) Wasn't his explanation persuasive?

Many fans were disappointed.

(의문문) Were many fans disappointed?

(부정문 + 의문문) Weren't many fans disappointed?

We can be happy.

(의문문) Can we be happy?

(부정문 + 의문문) Can't we be happy?

He has taken bribes.

(의문문) Has he taken bribes?

(부정문 + 의문문) Hasn't he taken bribes?

Min-ji wants a lot of attention.

(의문문) Does Min-ji want a lot of attention?

(부정문 + 의문문) Doesn't Min-ji want a lot of attention?

The cat is cute.

(의문문) Is the cat cute?

(부정문 + 의문문) Isn't the cat cute?

The cat was sleeping under the blanket.

(의문문) Was the cat sleeping under the blanket?

(부정문 + 의문문) Wasn't the cat sleeping under the blanket?

The dog was attacked by the cat.

(의문문) Was the dog attacked by the cat?

(부정문 + 의문문) Wasn't the dog attacked by the cat?

두뇌풀가동: 시제, 완료, 진행

Exercise 1. 다음 표를 예시와 같이 채워보세요. 배웠던 내용을 활용하시고, 사전을 찾아서 확인하는 법도 알아두시면 좋습니다.

기본형	과거	현재	미래
call	called	call/calls	will call
cry	cried	cry/cries	will cry
love	loved	love/loves	will love
begin	began	begin/begins	will begin
drive	drove	drive/drives	will drive
be	was/were	am/is/are	will be
have	had	have/has	will have

기본형	과거 + 완료	현재 + 완료	미래 + 완료
call	had called	has/have called	will have called
cry	had cried	has/have cried	will have cried
love	had loved	has/have loved	will have loved
begin	had begun	has/have begun	will have begun
drive	had driven	has/have driven	will have driven
be	had been	has/have been	will have been
have	had had	has/have had	will have had

기본형	과거 + 진행	현재 + 진행	미래 + 진행
call	was/were calling	am/is/are calling	will be calling
cry	was/were crying	am/is/are crying	will be crying
love	was/were loving	am/is/are loving	will be loving
begin	was/were beginning	am/is/are beginning	will be beginning
drive	was/were driving	am/is/are driving	will be driving
be	was/were being	am/is/are being	will be being
have	was/were having	am/is/are having	will be having

기본형	과거 + 완료 + 진행	현재 + 완료 + 진행	미래 + 완료 + 진행
call	had been calling	has/have been calling	will have been calling
cry	had been crying	has/have been crying	will have been crying
love	had been loving	has/have been loving	will have been loving
begin	had been beginning	has/have been begin-ning	will have been beginning
drive	had been driving	has/have been driving	will have been driving
be	had been being	has/have been being	will have been being
have	had been having	has/have been being	will have been having
		has/have been having	

Exercise 2. 지시에 맞도록 동사를 바꿔서 넣어보세요.

예시) sleep → (과거 + 진행)

My cat was sleeping under the table, when I entered my room.

finish → (현재 + 완료)

Min-ji has finished her homework.

talk → (현재 + 진행)

Am I talking too much?

find → (미래)

I will find you.

finish → (미래 + 완료)

By February 2030, Han-gyu will have finished his university degree.

meet → (과거 + 완료)

Yang-ho <u>had met</u> his friend before the event.

live → (현재 + 완료 + 진행)

The cat <u>has been living</u> in the box for 2 years.

smoke → (과거 + 완료 + 진행)

I <u>had been smoking</u> for 10 years before I quit.

Exercise 3. 빈칸에 맞는 답을 찾아서 표시하세요.

1. Tong-kwi _____ dodgeball when I saw him.

   a) was playing

   b) plays

   c) will have been playing

   d) were playing

2. Ye Wan-yong _____ in 1926.

   a) died

   b) has died

   c) die

   d) dies

3. Han-gyu _____ in Seoul for the past 3 years.(한규는 아직도 서울 살고 있음.)

   a) has lived

   b) will be living

   c) was living

   d) had been lived

4. Every time Bok–rye watches that TV show, it _____ her cry.

a) makes

b) made

c) has been made

d) will make

Exercise 4. 다음 문장의 시제를 적어보세요.

예시) He has been following us. → 현재 + 완료 + 진행

The tourists had been warned by the police. → 과거 + 완료

Min–ji has complained about her new friend. → 현재 + 완료

Han–gyu had been waiting for three hours before Min–ji came to the park.
→ 과거 + 완료 + 진행

He will be satisfied with your gift. → 미래

두뇌풀가동: 동사류 섞어 먹기

여태까지 쭉 배운 걸 모두 섞어서 문제를 내보겠습니다. 동사 단원에서 배운 거 위주로 가고, 동사 말고 다른 애들도 툭툭 튀어나오니 방심하시면 안 됩니다.

Exercise 1. 알맞은 정답을 표시해 보세요.

(Jeong–muk/They/The students) has many friends. → 단수/복수, 주어–동사 수일치 참고

Let me (do/done/doing) it again. → 사역동사 참고

The cats under the blanket (were/is/be/can) happy. → 단수/복수, 주어—동사 수일치 참고

The large dog (was/were) being attacked by the small cat.
→ 단수/복수, 주어—동사 수일치 참고

Bok-rye doesn't let his son (watch/to watch/watched) the TV show. → 사역동사 참고

This (can/have/am/is/are) be a serious issue. → 조동사 참고

He (has/have/is/are) many friends.
→ 단수/복수, 주어—동사 수일치 참고, 의미에 맞도록 동사 넣기

Bok-rye made her daughter-in-law (make/made/being made) kimchi. → 사역동사 참조

Exercise 2. 지시에 맞도록 동사를 바꿔서 넣어보세요. 빈칸은 길이를 보고 유추하실 수 없도록 낭낭하게 드렸습니다.

예시) sleep → (과거 + 진행)

My cat was sleeping under the table, when I entered my room.

Finish → (미래 + 완료)
She will have finished her tea.

Wish → (과거 + 완료 + 진행)
She had been wishing for a new computer.

Shock → (현재 + 완료)

She has shocked her parents.

Create → (미래 + 진행)

Han-gyu will be creating new problems.

Exercise 3. 지시에 맞도록 문장을 변형해 주세요.

예시) Yang-ho scolded the students.

→ (수동) The students were scolded by Yang-ho.

Brad is enjoying the concert.

→ (부정 + 의문) Isn't Brad enjoying the concert?

Your friend borrowed your jacket.

→ (과거 + 완료) Your friend had borrowed your jacket.

I was ganked by 리쉰.

→ (능동) 리쉰 ganked me.

She was sitting on the wall.

→ (의문) Was she sitting on the wall?

Mike was apologizing to her.

→ (부정) Mike was not apologizing to her.

The elephant has not eaten the peanut.

→ (수동) The peanut has not been eaten by the elephant.

두뇌풀가동: 수식류 섞어 먹기

여태까지 쭉 배운 걸 모두 섞어서 문제를 내보겠습니다. 수식 단원에서 배운 거 위주로 가고, 애들 말고 다른 애들도 톡톡 튀어나오니 방심하시면 안 됩니다.

Exercise 1. 지시에 맞춰 빈 곳에 알맞은 말을 넣어보세요.

예시) Han-gyu sent Su-ji a long text message to confess his love.
→ (과거 + 진행) Han-gyu was <u>sending</u> Su-ji a long text message to confess his love.

Han-gyu threw a carton of fresh milk at his friends.
→ (미래 + 진행) Han-gyu <u>will be throwing</u> a carton of fresh milk at his friends.

The small cat attacked the large dog.
→ (수동) The large dog <u>was attacked by</u> the small cat.

I finished my homework at eight o'clock.
→ (미래 + 완료) I <u>will have finished</u> my homework at eight o'clock.

Exercise 2. 지시에 맞춰 빈 곳에 알맞은 말을 넣어보세요.

예시) (최상급/bad) It was <u>the worst</u> movie in this year.

(비교급/tall) Yang-ho is <u>taller than</u> Han-gyu.
※양호 씨가 한규보다 더 큼.

(최상급/intelligent) Einstein was one of <u>the most intelligent</u> scientists in the world.

(최상급/cheap) Han-gyu tried to find the cheapest gift in the shop.

(비교급/expensive) Min-ji expected a more expensive gift on her birthday.

※뮌지는 더 비싼 선물을 기대했었음.

Exercise 3. 알맞은 정답을 표시해 보세요.

His name is (a John Cena/John Cena).

We need (an information/information).

They arrived so (fastly/quickly).

The car was really (quick/quickly).

Bok-rye wasn't (serious/seriously) injured, but she faked sickness.

Why so (serious/seriously)?

Han-gyu made (a/an) (terrible/terribly) mistake.

Han-gyu is (terrible/terribly) silly.

Jeong-muk had so (many/much) hamsters.

I think that Han-gyu and Min-ji can be a (perfect/perfectly) couple.

His answer was nearly (perfect/perfectly).

Clementine has been the single (more/much/most) (interesting/interestingly) movie in my life.

(Interesting/Interestingly), he found (a/an) old map under the desk.

We will try to find (a/the) cats.

It will be (Han-gyu's/Han-gyu/the Han-gyu) problem.

Exercise 4. 문장을 순서에 맞게 배열하세요. 올바른 문장이면 고치지 마세요.

He found (the beautiful cat).

We will (solve the problem).

It (was completely) wrong.

Min-ji (has complained about) (her new friends).

The cats (ran very) fast because the large dog (was following them).

Min-ji suddenly realized that she (didn't finish her homework).

Han-gyu ate food (quite quickly).

두뇌풀가동: 접속사 & 접속부사

접속사와 접속부사 문제를 풀어봅시다.

Exercise 1. 알맞은 정답을 표시해 보세요.

The cat and the dog near the tree (was/were) so happy.

※주어는 the cat + the dog이고 이렇게 되면 복수 취급합니다.

※간신배 + 전치사인 "near the tree"는 문장성분에 안 들어가는 애들이죠? 주어 - 동사 수일치에 영향을 주지 않아요.

Many people in the class became a couple, (but/however) Han-gyu and Min-ji (is/are) still single.

Han-gyu (pick/picks) 야수오 many times and consequently (don't/doesn't) have any friends.

As far as I know, Han-gyu or Jeong-muk (is/are) responsible for the issue.

I am sure that Han-gyu or the dogs (was/were) making a mess in the kitchen.

There might, (but/however), be some reasons for the delays.

A man (was/were) killed after arguing with a friend over whether Lionel Messi or Cristiano Ronaldo (was/were) the best footballer in the world.(출처 BBC)

These days, online comments "(is/are) extraordinarily aggressive, without resolving anything," said Art Markman, a professor of psychology at the University of Texas at Austin.(출처 Scientific American)

두뇌풀가동: 간신배 전치사, 누구냐 넌?

알맞은 정답을 골라보세요.

Exercise 1.

Have you ever heard of (he/his/him)?

Min-ji will arrive (at/on/in) December 20 (at/on/in) 2:00.

Do you want to build a snowman (at/on/in) Christmas day?

Yang-ho worked for the company (at/on/in) 2007.

The dogs around my home (was/were) not aggressive.

The toy (was/were) behind (he/his/him), but (he/his/him) didn't know about that.

The computers in my school (was/were) not that good.

The cat on the table (was/were) sleeping.

Ye Wanyong was born (at/on/in) 1858, and this was a tragedy for our nation.

John died (at/on/in) December 12 (at/on/in) 7:30.

두뇌풀가동: 부정사(infinitive)

다음 문장에서 to부정사를 찾아서 밑줄을 그어보세요. 없으면 그냥 넘어가시면 됩니다.

The dog gave birth to its puppies.

I went to the department store <u>to buy</u> the ring.

Han-gyu's goal is <u>to be</u> a couple.

It's time <u>to finish</u> this game.

The cat ran to the guy <u>to attack</u> him.

John flew to Korea <u>to try</u> kimchi.

Han-gyu went to the theater <u>to watch</u> the movie with Min-ji, but she didn't come to the place.

I wanted <u>to cuddle</u> the cat.

두뇌풀가동: ed분사/ing분사

ed/ing분사를 배워봤는데요, 이제 문제를 풀어봅시다.

Exercise 1. 다음 문장에서 ed/ing분사를 찾아 표시해 보세요. 만약 얘가 완료/진행으로 쓰였으면, 어떤 거로 쓰였는지 써주세요.

예시)) He was <u>finding</u> the key. → 과거 + 진행

Han-gyu has <u>loved</u> Min-ji for seven years. → 현재 + 완료

The <u>sleeping</u> cat was so cute.

<u>Chasing</u> the dog, the cat broke the glass into pieces.

Walking really fast, the cat entered the room.

Bok-rye received some letters when she wrote the article. → 분사 없음

Han-gyu had been waiting for three hours before Min-ji came to the park.
→ 과거 + 완료 + 진행

The frozen pizza was not delicious, but Bok-rye cooked it for her daughter-in-law.

Surrounded by zombies, the soldier looked desperate.

The solider was attacked by many zombies, and he looked desperate.

Many zombies attacked the solider, and he looked desperate.
→ 분사 없음

Han-gyu, eating burnt toast, felt sick.
※여기서는 1) ing분사구문 eating burnt toast이랑, 2) ed분사 eating burnt toast가 있습니다. 분사가 두 개 지요?

Smiling, Jeong-muk received some gifts from his parents.

The gift chosen by Bok-rye was a small purse.

He will be waiting for you with some brilliant ideas. → 미래 + 진행

Exercise 2. 분사/분사구문을 찾아보세요. 만약 찾으셨다면, 얘들이 어떤 애를 설명해 주는지 표시해 보세요.

예시)) Playing the computer game, Han-gyu forgot his homework.

The annoyed cat attacked the dog.

The guy sitting on the chair was very tall.

Entering the room, the cat found a lot of food.

We know the cat walking around the park often.

The police chasing after the thief looked tired.

Many students failed to pass the test because the professor didn't give a lot of hints.
→ 분사 없음

The guy riding the bicycle discovered something interesting.

Min-ji gave me the bag filled with trash.

It seems that he didn't forgive his brother.
→ 분사 없음

The professor failed to find the hidden treasure.

Smiling nicely, Min-ji brutally refused Han-guy's proposal.

In the forest, Yang-ho watched the small bear charging toward him.

The newly released movie was not popular.

두뇌풀가동: 관계사

이제 관계사 문제를 풀어봅시다!

Exercise 1. 알맞은 정답을 고르고, 관계사 절을 따로 칠해 보세요.

예시)) Where are the four dollars (who/which/whose) I gave you yesterday?

I don't know (who/which/whom) you are.

I met the guy (who/whom/whose) name is John Cena.

I have a friend (who/whom/whose) is very talkative.

Han-gyu knows the man (who/whose/whom) brother is a chicken sexer.

※chicken sexer 병아리 감별사

The pasta (who/where/which) Min-ji made was really bad.

Bok-rye remembers the day (when/where/why) her son was born.

The book (who/whom/which) Han-gyu read last night was about a grasshopper.

Do you know the reason (when/where/why) the cat is so cute?

This is the place (when/where/why) Han-gyu secretly watched the movie.

두뇌풀가동: 가정법

이렇게 가정법을 배워봤습니다. 이제 문제를 풀어보도록 하죠.

Exercise 1.

If I were you, I (would have/would/will) do that.

If I had a car, we (could have/could/can) go to the park.

If I (had had/had/have) a car, we could have gone to the park.

If I have a cat, I (would/will) love it a lot.

If I (had had/had) time, I would see him.

If I were 중대장, I (would/will) be disappointed.

If Min-ji loved Han-gyu, the situation (could have/could/can) be interesting.

두뇌풀가동: 나머지 부품들 섞어 먹기

여태까지 쭉 배운 걸 모두 섞어서 문제를 내보겠습니다. 빈 곳에 알맞은 말을 넣어보세요.

The cat and the dog living in the park (was/were) so happy.

If I am hungry, I (would have/would/will) eat the pizza.

I don't know the reason (when/where/why) the cats in the box (was/were) so aggressive.

If I (is/am/were) you, I wouldn't buy the car.

Ye Wanyong (was/were) born (at/on/in) 1858.

Jeong-muk and Bok-rye (was/were) watching the TV show.

This is not the place (when/where) Han-gyu was born.

The movie (who/whom/which) I loved (was/were) not that popular.

The cats under the desk (was/were) sleeping.

If he had (had/have/having) the book, he could have studied hard.

I have a friend (who/whom/whose) dog is very cute.

The chairman and the lawmaker (was/were) very arrogant.

Jeong–muk and Han–gyu (was/were) in the hospital (at/on/in) October 15.

The cat and the dog (was/were) behind (she/her), but (she/her) didn't know about that.

Han–gyu or Min–ji (is/are) going to clean the room.

The dog (was/were) (attack/attacked) by the cat.

님 머릿속에
저장!

들어가기 전

우리가 한국어로 말을 하거나 쓸 때, 혹시 이렇게 하시는 분 있나요? "한규가 어려움<u>에</u> 겪는다"라는 문장이 있으면 목적격 조사의 사용이 부적절하여서 "에 → 을"로 고쳐야 하고, "읽다"의 발음은 자음탈락을 적용해야 해서 [익따]로 발음한다.

네, 보통 시험 볼 때 말고는 저렇게 생각하면서 말하고 쓰는 분들은 없을 것 같습니다. 그냥 저런 과정 없이 자연스럽게 "어려움을"이 옳다고 판단하고, [익따]라고 발음을 합니다.

물론 시작점은 많이 다르지만, 영어도 마찬가지예요. 처음에야 우리가 아무것도 모르니까 다 외워야 하지만, 나중에는 익숙해져서 이런 게 자동으로 됩니다.

우리가 저런 프로세스 없이 자연스럽게 한국어를 하기까진 사실 많은 과정이 있었어요. 기억이 잘 안 날지라도 학교에서 계속 수업도 들어왔고, 초등학교 때부터 받아쓰기하고, 인터넷에서 악플 남기다가(?) 맞춤법 지적당해 가면서 배운 겁니다.

유학하시는 분을 포함해 특수한 환경에 계신 분들 제외하고는, 영어를 한국말만큼 많이 접하기는 힘들어요. 그래서 강조하고 싶은 점은 암기에 목숨을 걸 필요는 없지만, 영어에 대한 노출이 적기 때문에 암기는 어느 정도 필수라는 거죠. 아무튼, 시간이 있을 때마다 다음에서 다루는 내용을 따로 가지고 다니시면서 쭉 외우시길 바랍니다.

얘들만 외우면 5형식 끝?

각 형식에서 1~2개씩 제일 외우기 쉬운 걸로 외우세요!

• 1형식 예문

My cat disappeared.
주어 동사

The baby cried all night long.
주어   동사   수식

The dog barked.
주어   동사

※진짜가 나타났다.
주어   동사

• 2형식 예문

My cat looks angry.
주어   동사   보어

His pet is a pig.
주어   동사   보어

You look silly.
주어   동사   보어

I am your man.
주어   동사   보어

※내 이름은 여포이다.
주어   보어   동사

• 3형식 예문

My cat hates me.
주어   동사   목적어

You just activated my trap card.
주어   수식   동사   목적어

I have a pen.
주어   동사   목적어

※난 윤지가 좋다.
주어   목적어   좋다

• 4형식 예문

My cat gave me a punch on my face.
　주어　　동사　 I.O　 D.O　　　 수식

He showed me the money.
　주어　　동사　 I.O　　 D.O

He handed me four dollars.
　주어　　동사　 I.O　　 D.O

※윤지가 나에게 모욕감을 주었다.
　주어　　 I.O　　 D.O　　 동사

• 5형식 예문

I consider my cat a monster.
주어　　동사　　목적어　　　 O.C

My cat made me crazy.
　주어　　동사　목적어　 O.C

The judge found the keyboard warrior guilty.
　주어　　 동사　　　 목적어　　　　 O.C

We called him "Yangsuri Ronaldo".
　주어　 동사　목적어　　　　 O.C

※윤지는 나를 슬프게 만들었다.
　주어　　목적어　 O.C　　 동사

인칭대명사 + 소유한정사

	주격대명사 (주어자리)	소유한정사 (소유격)	목적격대명사 (목적어자리)	소유대명사	재귀대명사 (내가 또 나 언급)
1인칭	I	my	me	mine	myself
2인칭	you	your	you	yours	yourself
3인칭	it	its	it	(없음)	itself

3인칭(남성)	he	his	him	his	himself
3인칭(여성)	she	her	her	hers	herself
1인칭(복수)	we	our	us	ours	ourselves
2인칭(복수)	you	your	you	yours	yourselves
3인칭(복수)	they	their	them	theirs	themselves

단수명사를 복수명사로 변신시키자! (1) - 그나마 규칙 있는 애들

	복수형 만드는 법?	단수형 예시	복수형 예시
대부분의 명사	걍 명사 + s	cat, shield, nerd	cats, shields, nerds
s, x, z, ch, sh로 끝나는 명사	명사 + es	bus, beach	buses, beaches
"자음 + y"로 끝나는 명사	y → i + es	story, family	stories, families
"모음 + y"로 끝나는 명사	걍 명사 + s	donkey tray	donkeys trays

※모음: a, e, i, o, u // 자음: 모음 빼고 다

단수명사를 복수명사로 변신시키자! (2) - 지 멋대로 사는 애들

man - men woman - women foot - feet tooth - teeth	crisis - crises phenomenon - phenomena datum - data child - children

※이외에도 여럿 존재함

● 설명층의 부연설명

여기서 몇몇 애들(man, woman 등)은 고대부터 써오던 애들이라 그렇고, 또 다른 몇몇 애들 (crisis, phenomenon 등)은 라틴어에서 가져온 단어라 그렇습니다. 이 중 어떤 애들은 세부적 인 변경 규칙이 있으나, 우리 책에서 다룰 수준은 아니라 제외합니다.

단수명사를 복수명사로 변신시키자!(3) - 단수형이랑 복수형이랑 같다고?(Zero plural)

sheep, cod, deer등 소수의 단어들은 단수형이나 복수형이 같습니다. 양 한 마리는 a sheep, 양 두 마리는 two sheep인 거죠.

동사를 주어에 맞게 변신시키자!

수일치 변신표	동사 변신법	복수주어용 동사 → 단수주어용 동사
동사 대부분	동사 + s	예: hit → hits, fart → farts, love → loves, hate → hates
s, x, z, ch, sh로 끝나는 동사	동사 + es	예: push → pushes, catch → catches, pass → passes
"자음 + y"로 끝나는 동사	y → i + es	예: fly → flies, cry → cries

※모음: a, e, i, o, u // 자음: 모음 빼고 다

애들을 문장에서 보면,

복수주어(혹은 I, You) + 동사	단수주어 + 동사
Cats love me. The babies cry at night. I hate Han-gyu.	A cat loves me. The baby cries at night. She hates Han-gyu.

얘는 대체 뭘 가리키는 거여? 명확하지 않은 대명사(indefinite pronoun)

Indefinite pronoun 단수 취급	Indefinite pronoun 복수 취급	이럴 땐 단수, 저럴 땐 복수
Any시리즈	Both	All
Anybody	Few	Any
Anyone	Fewer	More
Anything	Many	Most
	Others	None
Every시리즈	Several	Some
Everybody		Such
Everyone		
Everything		
No시리즈		
Nobody		
No—one		
Nothing		
Some시리즈		
Somebody		
Someone		
Something		
그 외		
Another		
Each		
Enough		
Either		
Neither		
Less		
Little		
Much		
One		
Other		

※위에서 단수 취급하는 애들이 주어로 오면 단수 취급입니다. 복수 취급하는 애들이 주어로 오면 복수 취급이죠. 이럴 땐 단수, 저럴 땐 복수인 애들은 뒤에 붙어 있는 애들 보고 판단합니다.

예시 1) **Each of the cats has three kittens.**

예시 2) **Both of the cats are soft.**

예시 3-1) **All of the change is good for me.**

예시 3-2) **All of the books were sold.**

※~one, ~body로 끝나는 애들은 보통 다 단수 취급해요.(예: anybody, somebody, anyone, one 등)

※이럴 땐 단수, 저럴 땐 복수 애들은 종종 원어민 사이에서도 의견이 갈립니다. 보통은 애초에 문장 내에서 단수/복수가 헷갈리지 않게끔 해줘요.

ing분사 만들기

ing분사 만드는 법	동사 → ing분사
대부분의 동사? + ing	예: play → playing, help → helping, shout → shouting
동사가 <u>e</u>로 끝나? e 빼고 + ing	예: rid<u>e</u> → riding, prepar<u>e</u> → preparing, smok<u>e</u> →smoking
동사가 <u>ie</u>로 끝나? ie → y + ing	예: d<u>ie</u> → dying, l<u>ie</u> → lying, unt<u>ie</u> → untying
동사가 **자음 + 모음 + 자음** 여기에 **강세**가 있으면? 끝 글자 반복 + ing	예: be<u>gin</u> → beginning, <u>run</u> → running, for<u>get</u> → forgetting

※모음: a, e, i, o, u // 자음: 모음 **빼고** 다

※애도 역시 더 세분화가 가능하고 예외도 종종 있습니다. 사실 현실적으로 강세를 다 외우는 건 쉽지 않으므로, 마지막 분류는 "아 저런 식으로 변하기도 하는구나"라고 알고 계시고, 사전을 찾고 문장을 자주 접해 익숙해지는 편을 추천합니다.(개취입니다.)

규칙을 겁나 잘 따르는 동사 태세 변환표(현재/과거/ed분사)

태세 변환표 (규칙)	현재/과거/ed분사
대부분의 동사? + ed	예: jump/jump<u>ed</u>/jump<u>ed</u>, look/look<u>ed</u>/look<u>ed</u>, laugh/laugh<u>ed</u>/laugh<u>ed</u>
동사가 e로 끝나? + d	예: thrive/thrive<u>d</u>/thrive<u>d</u>, love/love<u>d</u>/love<u>d</u>, hope/hope<u>d</u>/hope<u>d</u>
동사가 자음 + y? y → i + ed	예: cry/cr<u>ied</u>/cr<u>ied</u>, fry/fr<u>ied</u>/fr<u>ied</u>, study/stud<u>ied</u>/stud<u>ied</u>
동사가 자음 + 모음 + 자음? 끝 글자 반복 + ed	예: stop/stop<u>ped</u>/stop<u>ped</u>, tap/tap<u>ped</u>/tap<u>ped</u>, chat/chat<u>ted</u>/chat<u>ted</u>

※모음: a, e, i, o, u // 자음: 모음 빼고 다

※예외 주의

규칙 따윈 안 따르는 불규칙동사 태세 변환표(현재/과거/ed분사)

1) 정몽주형 태세 변환(A/A/A 태세 변환) - cut/cut/cut

현재	과거	ed분사
bet	bet	bet
cost	cost	cost
cut	cut	cut
hit	hit	hit
hurt	hurt	hurt
let	let	let
put	put	put
quit	quit	quit
read	read	read
set	set	set
shut	shut	shut
spread	spread	spread

2) 두 놈만 같은 태세 변환(A/A/B or A/B/B 태세 변환) - beat/beat/beaten or have/had/had

현재	과거	ed분사	현재	과거	ed분사
beat	beat	beaten	mean	meant	meant
bind	bound	bound	meet	met	met
bring	brought	brought	pay	paid	paid
build	built	built	say	said	said
buy	bought	bought	sell	sold	sold
catch	caught	caught	send	sent	sent
deal	dealt	dealt	shoot	shot	shot
feed	fed	fed	sit	sat	sat
feel	felt	felt	sleep	slept	slept
fight	fought	fought	spend	spent	spent
find	found	found	stand	stood	stood
have	had	had	stick	stuck	stuck
hear	heard	heard	strike	struck	struck
hold	held	held	teach	taught	taught
keep	kept	kept	tear	tore	tore
lay	laid	laid	tell	told	told
lead	led	led	think	thought	thought
leave	left	left	understand	understood	understood
lend	lent	lent	wear	wore	wore
lose	lost	lost	win	won	won
make	made	made			

3) 앞뒤가 똑같은 전화번호형 태세 변환(A/B/A 태세 변환) - become/became/become

현재	과거	ed분사
become	became	become
come	came	come
run	ran	run

4) 이방원형 태세 변환(A/B/C 태세 변환) – do/did/done

현재	과거	ed분사	현재	과거	ed분사
arise	arose	arisen	hide	hid	hidden
begin	began	begun	know	knew	known
bite	bit	bitten	lie	lay	lain
blow	blew	blown	ride	rode	ridden
break	broke	broken	rise	rose	risen
choose	chose	chosen	see	saw	seen
do	did	done	shake	shook	shaken
draw	drew	drawn	show	showed	shown
drink	drank	drunk	sing	sang	sung
drive	drove	driven	sink	sank	sunk
eat	ate	eaten	speak	spoke	spoken
fall	fell	fallen	steal	stole	stolen
fly	flew	flown	swear	swore	sworn
forget	forgot	forgotten	take	took	taken
freeze	froze	frozen	throw	threw	thrown
give	gave	given	wake	woke	woken
go	went	gone	withdraw	withdrew	withdrawn
grow	grew	grown	write	wrote	written

5) 변태 be동사의 태세 변환

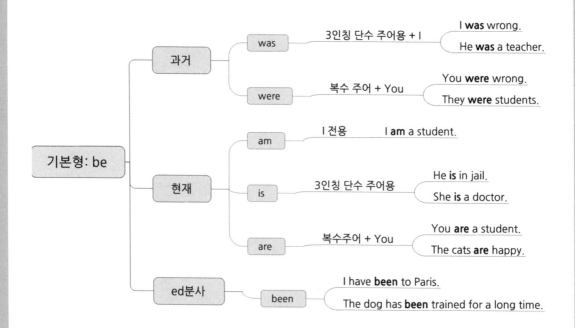

비교질 태세 변환

애를 알기 전에는 먼저 "음절"에 대한 개념을 알아야 합니다. 형용사/부사가 비교급으로 태세 변환을 할 때, 이 음절에 따라 결정되거든요. 음절이 뭐냐 하면, 애는 주로 음절핵 + 여기에 결합하는 성분으로 이루어집니다.

이게 뭔 개소리냐고요? 개/소/리 이렇게 3음절이에요. 우리나라 말은 음절=글자 수죠. 그런데, 영어에서 음절 ≠ 글자 수입니다. 예를 들어, water는 wa/ter 이렇게 2음절입니다. 그래도 여전히 뭔 소리인지 모르겠죠? 더 쉽게 풀면 한 음절=모음 + 쩌리 자음들로 이루어져요.

※모음: a, e, i, o, u // 자음: 모음 빼고 나머지

이걸 더더 쉽게 풀면요, 우리가 뭐 발음했을 때 있잖아요, 그때 딱 아! 이렇게 끊어서 읽으면 될 것 같다! 이런 발음상의 단위를 말해요. 즉, water → 워/터 이런 느낌으로 말이죠.

이제 본격적으로 비교질의 태세 변환을 살펴봅시다. 비교질 안 한 애(원급) → 비교질 하는 애(비교급) → 지가 제일 짱인 애(최상급) 순으로 다루겠습니다.

형용사/부사 비교질 태세 변환

태세 변환 방법		원급/비교급/최상급
비교급	최상급	
형용사인데 1음절?		예: small/smaller/smallest, cheap/cheaper/cheapest, rich/richer/richest
+ er	+ est	
1음절인데 끝이 e?		예: fine/finer/finest, nice/nicer/nicest, rare/rarer/rarest
+ r	+ st	
2음절인데 끝이 y?		예: happy/happier/happiest, pretty/prettier/prettiest, lucky/luckier/luckiest
y → i + er	y → i + est	
1음절인데 끝이 자음 + 모음?		예: big/bigger/biggest, hot/hotter/hottest, fat/fatter/fattest
끝 글자 반복 + er	끝 글자 반복 + est	
2음절 + 2음절 넘어가면?		예: famous/more famous/most famous, boring/more boring/most boring
more/less	most/least	

얘들을 문장에서 보면,

[tall → taller → tallest]
(원급) Jeong-muk is tall.
(비교급) Jeong-muk is taller than Han-gyu.
(최상급) Jeong-muk is the tallest in this class.

[boring → more boring → most boring]
(원급) Yang-ho is boring.
(비교급) Yang-ho is more boring than John.
(최상급) Yang-ho is the most boring person around me.

• 규칙 따원 안 따르는 불규칙한 비교질 태세 변환

얘는 불규칙한 애들이 그렇게 많지 않아요. 중요한 애들을 따로 알아보죠.

원급	비교급	최상급
good	better	best
bad	worse	worst
little	less	least
many/much/some	more	most
far	farther/further	farthest/furthest

시제 + 완료/진행

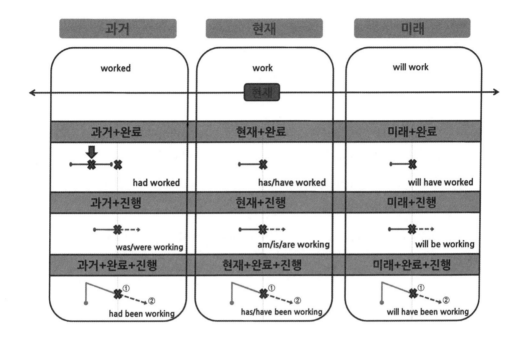

관계사 태세 변환

관계사 태세 변환 who/which/that	주어 빼고 쓰는 관계사	목적어류 빼고 쓰는 관계사	소유한정사 빼고 쓰는 관계사
사람용	who	whom/(who)	whose
동물/사물용	which	which	whose
사람/동물/사물 다	that	that	

참고문헌

• 저서

《Oxford Dictionary of English Grammar》 (Oxford University Press 2014)

《The Cambridge Grammar of the English Language》 (Cambridge University Press 2002)

《Collins Cobuild English Grammar - 4E》 (Collins Cobuild 2017)

《An Introduction to Language》 (Wadsworth Cengage Learning 2011)

《The Anti-Grammar Book》 (Longman 1991)

《The Elements of Style》 (Pearson 1999)

《Tense in English: Its Structure and Use in Discourse》 (London: Routledge)

• 논문

Hosoe Istuki. 1971. 『An Outline of English Syntax』. Tokyo: Shinozaki Shorin.

Jon Barwise & Robin Cooper. 1981. 『Generalized Quantifiers and Natural Language』. Linguistics and Philosophy 4

A.T. Iriskulov. 2006. 『Theoretical Grammar of English』

Hiroyuki Eto. 2009. 『C. T. Onions and Japan: Influence of His Grammar on English Language Education in Japan』

• 그 외

Oxfordamerican

Scientific American

BBC

Skysports

Wikipedia

반도의 흔한 영문법

ⓒ 임진현, 2018

초판 1쇄 발행 2018년 12월 29일
2쇄 발행 2022년 1월 25일

지은이   임진현
펴낸이   이기봉
편집   좋은땅 편집팀
펴낸곳   도서출판 좋은땅
주소   서울특별시 마포구 양화로12길 26 지월드빌딩 (서교동 395-7)
전화   02)374-8616~7
팩스   02)374-8614
이메일   gworldbook@naver.com
홈페이지 www.g-world.co.kr

ISBN   979-11-6222-891-3 (03740)

이 도서의 국립중앙도서관 출판시도서목록(CIP)은 서지정보유통지원시스템 홈페이지(http://seoji.nl.go.kr)와 국가자료공동목록시스템(http://www.nl.go.kr/kolisnet)에서 이용하실 수 있습니다. (CIP제어번호 : CIP2018039396)